페르소나의 진실

에니어그램의 성격심리

고영순 저

학지사

머리말

　미국에서 유학생활이 깊어갈 즈음, 공부에 진전은 없고 한국으로 돌아갈 전망은 멀어지면서 초조감이 밀려오기 시작하였다. 오랫동안 일해 왔고 평화로웠던 교회에서는 내부 갈등이 일어났고 나도 어느 편에 설 수밖에 없는 처지가 되었다. 이쪽 입장의 진심을 아무리 저쪽 편에 전해 주어도 돌아오는 대답은 기대 밖이었다. 설상가상으로 잘 지내 오던 친구들과도 마찰이 생겨 논쟁을 하면 할수록 오해만 사거나 분노로 되돌아왔다. 우울과 강박으로 거의 1년을 두문불출하였다. 어쩌다 집 밖으로 나갔다 하면 누군가와 싸우고 돌아왔다. "당신이 외상을 졌다면 나중에 갚으면 되지만, 깨진 인간관계는 도대체 어떻게 회복하려는 거요?" 참다 못해 남편이 내게 던진 말이다. 단순하고도 쉽게만 여겨 왔던 인간관계는 꼬이고 뒤틀려 손을 쓸 수도 없을 지경이었다. 나는 왜 그 순간에 그렇게 행동할 수밖에 없었을까? 그들을 다시 보지 않겠다고 말한 것이 내 진심일까? 어쩌면 난 그들을 잃게 될까 봐 너무 두려웠던 것이 아닐까? 나쁜 사람이라고 평가받는 것이 불안해서 선수를 쳐 공격한 것이 아니었을까? 나는 도움을 찾아 나섰고, 그때 만난 영성 지도자(spiritual director)가 에니어그램 전문가였다. 여러 달 동안의 상담과 심리치료는 스스로 에니어그램에 입문하게 만든 동기가 되었다.

　몇 번의 여름을 이용해 시카고 로욜라(Loyola) 대학의 와그너(Jerome Wagner) 부부가 인도하는 에니어그램 교육과정을 심화 단계까지 마쳤

다. 세계 각국의 신부, 수녀, 랍비뿐만 아니라 다른 종교적 페르소나
(persona)를 입고 있는 사람들이 함께 모여 저마다의 정체성과 살아가
는 방식을 배운 매우 소중한 시간이었다. 에니어그램 보급지로서 자
주 언급되는 로욜라 대학은 밖에서 보면 건물만 옆으로 연결되어 있어
조금은 메말라 보인다. 그런데 막상 캠퍼스 안에 들어가면 미시간
호수의 긴 자락을 따라 대학 건물들이 연결되어 있는 것을 알 수 있다.
강의실 안이든지 밖이든지 어디에서나 호수를 볼 수 있다. 몇 발자국
만 나가도 바다같이 광활한 호수에 발 담글 수 있는 로욜라의 분위기
는 고대 에니어그램 스승들이 그렇게 강조하던 '안전한, 거룩한, 초연
한' 환경이다. 자기를 기꺼이 개방하고 타인에 대해서도 더없이 수용
적이 되는 평화롭고 자연스러운 곳 말이다.

　와그너는 우리가 에니어그램의 몇 대 손(孫), 누구 계열인지를 긴
역사를 통해 이론적 배경으로 강조하였다. 그는 정보 중심적으로, 그
러면서 분위기를 익살스럽게 이끌어 가는 유형(type)이었다. 같은 과
(科) 교수인 그의 아내는 필요한 때 적절하게 보충 설명을 하면서 학생
들에게 편안한 분위기를 배려하는 유형이었다. 두 사람의 스타일은
보기에도 매우 달랐다. 목소리 톤도 한 사람은 낮으면서 설명조이고
지루한 반면, 다른 사람은 활기 있고 유머가 넘치며 단언적이었다.
한 사람은 그래프(graph)를 사용해 에니어그램을 강의하고, 다른 사람
은 '볼레로(Bolero)' 음악을 이용해 감정으로 느끼게 해 주었다. 둘은
성격유형이 다르고 교수 방법도 달랐지만 누가 보아도 조화로웠다!
어떤 이들은 지식 정보를 많이 주는 교수 방식을 선호하였지만 또
어떤 이들은 춤이나 묵상, 음악으로 인도하는 방식에서 통찰이 더
잘 이루어진다고 하였다. 가르치는 이들의 성격과 교수 방식, 배우는

학생들의 학습 방식이 또 얼마나 다른지, 그것이 얼마나 흥미롭고 신나는 일이었던지, 그때 이후 난 시간만 나면 에니어그램 강좌를 쫓아다녔다.

　'거룩한 춤'을 통한 에니어그램 강좌를 듣기 위해 하와이까지 날아간 적도 있다. 같은 유형에 속한 15명이 1년 동안 만나면서 '바보게임'을 했다. 여러 에니어그램 선생들을 만났지만 팔머(Helen Palmer), 브래디(Loretta Brady), 와그너를 직접 만나 배울 수 있었던 것은 행운이었다. 그들은 아직 문서화되지 않은 에니어그램 전수 방식에 대한 많은 이야기들을 전해 주었다. 이야기는 이야기로 전수되고, 들은 사람이 각색하기도 한다. 그러므로 사람들이 자기에 대해서 어떻게 이야기하는지, 인생을 어떻게 경험하였는지, 생존하기 위해 선택한 그 독특한 전략이 무엇인지, 어떤 지혜로 인생을 그렇게 잘 살아올 수 있었는지 등의 이야기를 듣는 것이 중요하다. 그 다음, 이야기 구술 방식에서 발견되는 패턴과 패러다임에 주목한다. 또한 인간의 성격을 번호로 분류하여 기계적으로 가르치지 말라는 스승들의 당부를 기억하는 일도 중요하다.

　이 책에서는 에니어그램 전통에서 발견되는 신비한 측면이나 특정 숫자에 의미를 부여하는 방식 등은 피하였다. 같은 유형 안에도 하위 유형들이 또 나눠지듯이, 인간 각자가 가지고 있는 고유성을 최대한 존중해야 한다는 것이 에니어그램 정신이다. 에니어그램을 배우는 일은 자기를 알아가는 순례 여행과 같다. 이 여행에 함께하는 동료들이 있다는 것을 잊지 말자. 내가 어떤 유형이고 어떤 성격인지 아는 방법은 내 앞 혹은 옆에 있는 사람들과의 관계를 통해서다. 대상을 통해, 대상과 함께, 대상을 경험하면서 내가 어렸을 때부터 어떻게 사랑받고 싶었는지 또는 어떻게 해야 인정받을 수 있다고 여겼는지 그 생존 방식의 습(習)을 깨닫는 것이 중요하다.

'성격적'이라는 말은 무엇을 의미하는가? 그것은 너무나 안정적이고 지속적이어서 하루아침에 바꾸기가 어려운 삶의 태도를 말한다. 출생가족 속에서 중요 대상들(부모/형제자매/친척)과 상호작용하면서 '아, 이렇게 행동하면 사랑받고 저렇게 행동하면 혼나는구나!'라고 깨닫고 이렇게 저렇게 역할을 잘하기 위해 썼던 가면(persona)이 어느 날 내 인격(personality)이 된다. 이렇게 인간관계나 환경에 적응하기 위해 잠시 잠깐 썼던 가면이 마치 진짜 얼굴처럼 익숙해져 버린 것이 오늘날 우리가 부르는 성격유형이라는 것이다. 그런데 진실은 가면에 있지 않다. 내 본성(Self)은 가면이 아니다. 가면 너머에 있는 열망, 즉 존재 그 자체로 사랑받기를 원했던 자아가 진실이다. 진실과 가면, 이 양가적 삶 속에서 오늘도 나는 나에게 묻는다. 진짜 너는 누구야?

내가 그렇게도 사랑받고 인정받고 싶어 했던 사람들, 내가 한 말을 나 자신도 무슨 뜻인지 몰라 더 상처를 줄 수밖에 없었던 사람들, 그들 모두의 덕으로 오늘 내 얼굴이 있다. 나를 믿어 주고 사랑해 준 사람들에게 고맙다는 말을 전하고 싶다. 내가 상처 준 사람들에게는 미안하다는 말을 꼭 전하고 싶다. 사랑한다고 말하고 싶다. 용서해 달라고 말하고 싶다. 이 책은 그들 모두에 대한 내 진심, 감사의 표시다.

2007년 3월
반포에서 고영순

차 례

제3장 | 아홉 가지 성격유형   55

제4장 | 보통 상황 시의 행동방식   97

제5장　**상황 변화 시의 역동성**　　　　129

제6장　**에니어그램과 심리학의 만남**　　　153

부 록

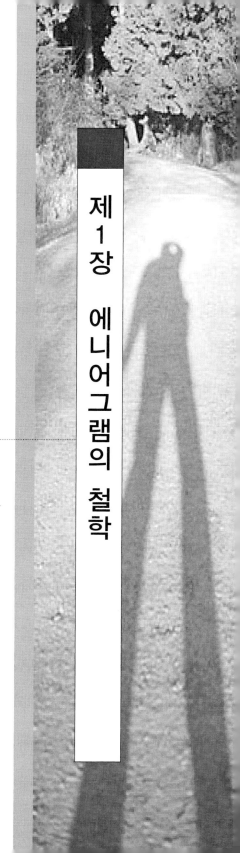

제1장 에니어그램의 철학

에니어그램의 철학

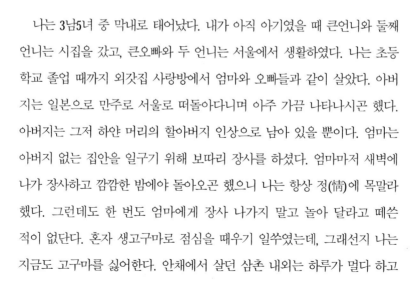

　나는 3남5녀 중 막내로 태어났다. 내가 아직 아기였을 때 큰언니와 둘째 언니는 시집을 갔고, 큰오빠와 두 언니는 서울에서 생활하였다. 나는 초등 학교 졸업 때까지 외갓집 사랑방에서 엄마와 오빠들과 같이 살았다. 아버 지는 일본으로 만주로 서울로 떠돌아다니며 아주 가끔 나타나시곤 했다. 아버지는 그저 하얀 머리의 할아버지 인상으로 남아 있을 뿐이다. 엄마는 아버지 없는 집안을 일구기 위해 보따리 장사를 하셨다. 엄마마저 새벽에 나가 장사하고 깜깜한 밤에야 돌아오곤 했으니 나는 항상 정(情)에 목말라 했다. 그런데도 한 번도 엄마에게 장사 나가지 말고 놀아 달라고 떼쓴 적이 없단다. 혼자 생고구마로 점심을 때우기 일쑤였는데, 그래선지 나는 지금도 고구마를 싫어한다. 안채에서 살던 삼촌 내외는 하루가 멀다 하고 살림을 부수고 두들겨 패며 싸웠다. 지금도 난 누군가가 언성을 높이고 불쾌한 빛을 보이면 너무 무섭고 두려워 얼른 회피해 버린다. 될 수 있으면 조용하게 사는 것이 속 편하고 손해를 보더라도 그 평화를 지키려 애쓴다. 그래서인가 남편과도 싸움이란 걸 해 보질 못했다. 누구든 인상만 써도 불편하고 무섭다.

  아버지는 늙어서야 집으로 돌아오셨다. 6학년 때 서울로 이사 와 결혼한 남매를 제외한 온 식구가 한집에 살게 되었다. 언니들은 하나 같이 결혼생활이 어려워서 집에만 오면 시집살이 하소연을 하였다. 오빠들도 방황하면서 얼마나 부모 속을 썩였는지 하루도 소란과 갈등 없이 지나가지 않았다. 나는 부모님을 보호해 드려야 한다는 생각에 그 철없는 언니 오빠들의 하소연과 횡포를 온몸으로 막기에 바빴다. 어쩌면 언니 오빠들은 결혼해서도 그런 힘든 이야기들만 가져오는지, 나는 사춘기 전에 이미 세상이 고(苦)라는 것을 배웠다. 아주 어려서부터 어른들의 세상을 잘 알았고, 그들의 마음이 어떤지, 어떤 위로가 필요한지 직감적으로 알아 상담자 노릇을 해 주곤 하였다. 또래 친구들은 이런 나를 '애늙은이'라고 불렀다. 나는 내 또래들이 너무 철없다고 느꼈다. 남편은 지금도 나를 가끔 '누나'라고 부르며 놀린다. 그렇게 불릴 때 사실 난 기분이 좋지 않다. 우리 부부는 표면적으로는 문제가 없는데, 성(性)에서는 둘 다 뭔가 아쉬움을 가지고 있다. 아직 정식으로 상담을 받아 보지는 않았지만, 이것이 어쩌면 나의 '애늙은이' 정체성과 관련 있는 것은 아닐까 두려울 때가 있다. 아무도 나를 진짜로 아는 것 같지 않다. 사실 나도 내 자신을 잘 모르겠다. 심리적으로 나는 몇 살일까? 그리고 진짜 나는 누구일까?

1. 기원과 목적

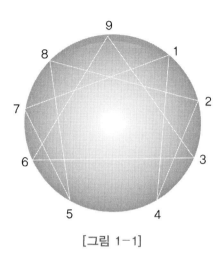

[그림 1-1]

기 원

에니어그램이라는 말은 에니아스(Enneas, 아홉)와 그라모스(Grammos, 무게 · 그림 · 점)가 합쳐진 희랍어에서 유래한다. 아홉 개의 점으로 이루어진 그림이라는 뜻이다. 에니어그램은 2500년 전 중동지역의 영적 지혜에 그 뿌리를 두고 있다. '신의 얼굴'(Hannan, 1992; Hallamish, 1992) 이라고도 불리는 에니어그램은 아홉 개의 에너지 점에서 신의 속성(온전함, 사랑, 완성, 아름다움, 지혜, 믿음, 기쁨, 힘, 평화)이 굴절되어 나타난다고 전하고 있다. 에니어그램은 여러 세대를 통해 이슬람교, 유대교 신비주의, 기독교 교부들 등 영성 전통의 지도자들(spiritual directors)과 영혼의 인도자들에게서 구전(口傳)되어 온 보편적 진리의 압축이라고 할 수 있다. 그 보편적 진리란 인간이 육체를 입고 물질세계에 태어난 영적 존재라는 것이다. 그런데 인간이 육체를 입고 있다는 사실 때문에 자칫 본성인 신성의 빛이 흐려질 수 있다. 각각의 영적 전통에는 인간이 어떻게 그 신성한 빛과의 연결을 잃어버렸는지 설명하는 신화와 교리가 있다. 그 신화와 교리의 이면에는 인간이 영적 존재로서의 근본적인 모습을 찾기 위해 영적 순례가 필요함을 암시하고, 그 순례 과정의 가장 기본적인 요소는 '자기 인식'에 있음을 강조한다.

신과의 만남을 추구하는 이들의 공통적인 출발점은 신(하나님)이 세상을 어떻게 창조했는가에 대한 물음이다. 또한 신성(삼위일체의 의미), 신의 이름(엘 샤다이, 여호와, 야훼 등), 죄악(탐욕, 교만, 인색, 분노, 질투, 기만, 태만 등), 신 앞에 선 인간은 누구인가에 대한 물음도 포함되어 있다. 영성을 추구하는 많은 사람들은 이 문제를 해결하기 위해 영험하다는 산으로 떠났고, 모래사막 속에 숨어 있을지도 모르는 영적 기운을 찾아 나섰다. 이런 이유로 지금도 영산(靈山)이라고 일컬어지는 곳에는 수도원이나 기도원, 영성수련원이 지어지고 있다. 영성 사(史)에 인간이 얼마나 신을 만나고 싶어했는지, 그리고 어떻게 성산이나 사막에서 그들의 마음을 단련했는지에 대한 이야기가 많이 나타난다.

유대교의 카발라(kabbalah) 자료를 보면(Addison, 1998, 2001), 에니어그램은 영성 지도자를 키우는 수도원에서 사용된 것을 알 수 있다. 에니어그램은 인간의 내면을 성숙시키는 영적 지도(spiritual direction)와 상담에 사용되었고, 수도사의 영적인 생활을 인도하기 위한 매우 사적인 도구로 쓰였다. 특이한 것은, 수도 공동체를 이어갈 후계자 두 명에게만 에니어그램을 가르쳤다는 점이다. 그중의 한 사람만 이것을 활용할 수 있도록 하였는데, 두 명에게 가르친 이유는 나머지 한 사람이 첫 후계자에게 생길지 모르는 위기 상황에 대비하도록 하기 위해서다. 이런 이유 때문인지 몰라도 에니어그램은 오래도록 비밀의 장막에 가려져 왔다. 에니어그램의 정확한 기원이 무엇인지 역사 속에 소실되었고, 어디에서 유래되었는지와 누가 어떻게 상징을 만들었는지도 알 수 없다. 문서화되어 사람들의 입에 오르내린 것도 최근 십수 년 전이다.

구전되는 수도원 이야기 중에, 영적 지도를 받다가 영감에 사로잡히는 여러 현상들(방언, 몸이 뜨는 현상, 치유은사, 예언 등)을 체험한 수도사들에 대한 묘사가 있다. 한 예화를 소개하자면, 수련 수도사 중 영감이 너무 충만하여 몸이 천정까지 떠오르는 사람이 있었다. 수련생 누구나 영적 은사를 사모했기 때문에 몸이 뜬 수도사의 모습은 부러움을 사기에 충분했다. 같은 수련생들에게 그런 기이한 현상은 신의 특별한 은총으로 해석되었기 때문이다. 처음에 수련생들은 그 동료를 부러워하다가 급기야는 초조와 불안을 느끼게 되었다. 아무리 명상을 하고 수련을 하여도 자신들에게는 그런 특별하고도 기이한 현상이 일어나지 않았기 때문이다. 그런데 수련생 훈련을 마치고 세상에 내보낼 때 몸이 뜬 수도사는 다른 친구들과 함께 하산(下山)하지 못했다. 세상으로 나가는 사람들은 수도원에 남은 그가 차기 영적 스승이 되기 위한 특별 훈련을 받으리라고 짐작하였다. 그러나 아무리 시간이 지나도 '몸이 뜬' 수도사에게 특혜의 느낌을 갖게 하는 스승의 어떤 조치도 취해지지 않았다. 다른 신입 훈련생들이 들어오고 나가기를 반복하고 몇 해 지나서야, 그 수도사는 몸이 천정까지 떠오르지 않을 만큼 차분해졌고 자신의 영감을 조율할 수 있었다. 스승은 비로소 이제 그 수련생이 세상에 나갈 때가 되었다고 허락한다. 인간의 치기, 즉 남보다 특별하고 싶은 욕망, 남보다 잘나고 싶은 욕심을 내려놓는 것이야말로 훈련의 중심에 있기 때문이다. 영적 스승들은 자칫 교만한 마음 때문에 영성이 뛰어남을 드러내고 싶어 하는 인간적 욕심을 간과하지 않았다. 훈련은 영적 존재로서의 근본적인 모습을 발견하는 데 있지 남보다 두드러지기 위해 있는 것이 아니다. 세상 사람들을 가르치기 위해서는 세상 사람들과 똑같은 모습이어야 한다는 것이 영적 스승의 뜻이었다.

오늘날 우리가 배우고 있는 에니어그램은 고대 종교적 전통에서 합성되었고 현대 심리학이 발전시킨 것이다. 에니어그램을 현대 사회로 도입해 전수시킨 사람들로는 구르지예프(George Gurdjieff), 이차조(Oscar Ichazo), 나란조(Claudio Naranjo), 옥스(Robert Ochs) 등이 있고, 그의 후예들로 리소(Don Richard Riso), 로어(Richard Rohr), 팔머(Helen Palmer) 등이 있다. 이들은 에니어그램을 정신과치료, 영적 지도, 심리치료, 상담과 교육, 경영전략 등 다양한 영역에 확장 보급시켜 왔다. 목회상담의 한 분야인 영적 지도에서는 여러 가지 내면 치유 작업을 끝내고 에니어그램을 가르친다. 자신의 개인적 아픔의 시작이 어디인지, 자기의 취약한 점이 무엇인지(열등감, 부모에 대한 사랑 결핍, 관계의 미숙 등) 한 번쯤 객관적인 안내를 받은 이후에 본질(나는 누구인가)에 대해서 묻는 여행이 적절하다고 여기기 때문이다. 내면 존재를 찾는다는 것은 이미 내 안에 직면할(facing) 준비가 되었음을 뜻한다. 자기 정체성을 찾으려면 자신을 인정할 수 있는 용기와 정직성이 필요하다. 그러기 위해서 '공간(holy place)'에 대한 인식은 필수적이고 중요하다. 당신에게 일상을 떠난 곳은 어디인가? 겸허하고 수용하는 마음 자세로 당신이 세상에 보내진 의미를 찾는 곳으로 어디가 적절한가? 무엇보다 안전한, 초연한 그리고 거룩한 환경과 장소를 중요하게 여겼던 영성 지도자들은 우리 존재의 뿌리인 자연과 마주할 때만 신 앞에 가장 본질인 내 모습을 볼 수 있다고 강조한다. 내 안의 존재에 대한 물음, 신의 현존에 대한 물음, 악에 대한 물음이 생겨날 때 주저 없이 가장 가까운 자연(바다, 호수, 사막, 깊은 산, 계곡, 들판 등)으로 가라는 것이다.

목 적

에니어그램은 아홉 가지 인간 성격의 유형(type)이 있으며, 각 유형의 수는 거의 균등하다고 본다. 각 유형은 정서적 습관, 특징적인 사고방식, 그리고 타인과의 인간관계를 맺는 방식에서 고유한 특성을 가지고 상호작용한다. 아홉 가지 유형은 어린 시절 삶에 대한 여러 가지 강박적인 방어 방법을 발전시킨 데 기초하고 있다. 우리는 우선 인생의 전반기에 체험적 자아를 형성한다. 이 자아는 우리의 태도 및 행동 메커니즘의 총합이라고 할 수 있다. 역할, 습관, 규범에 동화된 모습이 페르소나(persona)이며, 이것은 본래 우리 얼굴이 아닌 역할 연극을 위해 가면으로 쓴 것이다. 우리가 각자 맡은 사회적 역할, 습관 및 성격적 특징들에 지나치게 동화될 경우는 진짜 얼굴(진정한 자아)을 잊어버리고 만다. 우리가 본래의 순수성을 유지하는 것은 어쩌면 잠시 잠깐이다. 이러한 순수성은 우리가 어렸을 때 부모의 사랑과 인정을 받기 위해 그들을 모방하고, 거짓말하고, 가식을 배우기 시작하면서부터 잃어버린다.

나이가 어린 아이들에 대해 섣부르게 어느 유형이라고 범주화하지 말라는 것은 에니어그램의 매우 중요한 지침이다. 18세 이후에는 성격이 거의 형성되지만, 성장기 아이는 몸뿐만 아니라 성격도 만들어지는 과정이므로 어떤 유형이라고 규정하기보다는 어떤 경향성과 선호도를 가지는지, 에너지가 대체로 어느 방향으로 흐르는지 살펴보는 것으로 충분하다. 무엇보다 아이들은 부모의 유형에 따라 아주 많은 영향을 받는다는 사실을 인식할 필요가 있다. 자녀를 자유롭게 키우는가, 엄격하게 키우는가? 스스로 물어보라. 개성이 강한 아이, 섬세하고 예술적 감수성이 풍부한 아이, 에너지가 넘치는 아이, 참여보다는 구경을 더 편안하게 여기는 아이 등 모두 다르다. 당신은 이 다름에 대해서 얼마만큼 수용적인 부모인가?

그러므로 '왜 사람들은 이런 식으로 생각 못하지?' 하는 자기 과신은 에니어그램의 목적이 아니다. 에니어그램에서 말하는 아홉 가지 성격 유형은, 우리가 대부분 9분의 1 인생만 습관적으로 살고 있음을 의미한다. 그 9분의 1은 우리의 특정한 기질이며, 이 특정 기질이 우리로 하여금 다른 것보다 어떤 가치를 더욱 선호하도록 만든다. 여타의 것보다 선호하는 사고, 느낌, 행동 등의 방법을 발전시키는 경향성이 우리 마음 안에 있다는 것이다. 삶의 태도에서 어떤 사람은 인식적 (perceiving), 또 다른 어떤 사람은 판단적(judgmental) 성향을 가지고 있다고 하자. 인식적 성향이 강한 사람은 판단적인 사람이 너무 과제 중심적이거나 여유가 없고 결과만 따진다고 비난할 수 있다. 반대로 판단적 성향의 사람은 인식형에게 목표도 없고 너무 느슨하며 과정 자체에 묶여 일의 결과가 없다고 반론한다. 인식형은 판단형에게 너무 서두른다고 비난한다. 판단형은 인식형에게 게으르다고 반박한다. 자신의 이상적인 자아상을 가치 있다고 여겨, 다른 사람에 대해서는 완고해지고 아집적이 된다. 이러한 태도는 알게 모르게 삶의 다양성을 방해하는 관계 패턴이 될 수 있다(Myers & Myers, 1995; Keirsey &

Bates, 1984; Harary & Donahue, 1994).

특별한 계기가 없는 한 성격은 쉽게 바뀌지 않는 것이 그 속성이다. 에니어그램은 성격개조의 그 어떤 필요성도 가능성도 암시하지 않는다. 성격 차이 때문에 갈등이 생겨 상담을 요청하는 부부들을 종종 만난다. 그들이 열거하는 '차이'란 대체적으로 다음과 같다. 한쪽은 깔끔함과 정리정돈이 생활에 절대적으로 중요하다고 주장하고, 또 한쪽은 조금은 너저분하거나 지저분한 것이 뭐 그리 대수인가 한다. 한쪽은 감정을 더 파헤치며 의사소통하는 반면, 다른 쪽은 감정 표현을 되도록 하지 않으려 한다. 한쪽은 혼자 있기를 원하는 반면(자율성), 다른 쪽은 같이 있기를 원한다(상호의존성). 한쪽은 재정적인 면에 보수적이어서 걱정을 많이 하는 데 비해, 다른 쪽은 돈을 더 쓰기를 원하며 당장 오늘을 사는 데 의미를 둔다. 한쪽은 친척들과 떨어져 지내기를 원하는 반면, 다른 쪽은 친척들과 가까이 지내기를 원한다. 한쪽은 갈등을 터놓고 의논하기를 원하는 반면, 한쪽은 갈등을 피하기를 선호한다. 이 외에도 시간에 대한 태도 차이, 외향과 내향 차이, 영향력 차이(결정과정에서 누가 더 지배적인가), 야심과 일에 대한 중요성의 차이, 자극적 삶(모험)에 대한 차이 등이 있다. 이러한 차이로 갈등을 겪는 부부는 상대방의 성격을 바꾸려고 에너지를 쓸 것이 아니라, 갈등의 주제에는 지속적인(perpetual) 것과 해결 가능한(solvable) 것이 있다는 것을 빨리 배워야 한다. 앞에서 열거한 상호간 차이는 일생을 통해 거의 변하지 않는 '성격적인' 것으로, 영구적이며 지속적이고 안정적이기 때문이다(Gottman, 1999, 2001).

성격유형을 지식이나 정보 차원에서 배우는 것은 에니어그램의 목적이 아니다. 그 성격유형에서 나오는 자동적 반응, 즉 관계를 역기능적으로 만드는 심리기제를 멈추게 하는 데 있다. 내가 알아차리지 못한 무의식적 행동 패턴을 나와 관계하는 대상이 더 잘 알 수도 있다. 그들은 나한테 참을성이 부족하다거나 인내력이 대단하다거나 인간 관계를 무난하게 잘한다거나 너무 자폐적이라는 등의 성격적 경향을 말해 줄 수 있다. 그러나 이것은 단지 내 성격유형을 아는 데 그칠 뿐이다. 나의 자동적 반응을 멈추게 하는 사람은 나밖에 없다. 다르게 말해 보면, 자신의 행동을 정당화하거나 성격 특성을 고정시키는 것은 에니어그램의 정신에서 벗어난다는 뜻이다. "난 두려움이 많아. 안전하지 않고서는 무엇도 못하겠어. 그래서 ⓐ번이잖아!" "새롭지 않고는 너무 심심해. 뭐 그리 진지하게 굴어? 인생을 ⓑ번처럼 낙관적으로 생각할 수 없어?" "그래, 난 ⓒ번이야, 어쩔래?" 하는 식의 태도는 금물이다. 자신의 유형에 대해서 정당성만을 주장하는 것은 그 사람이 자기 유형에 고착되어 있음을 의미하며, 그만큼 다른 유형에 대해서도 수용성이 부족함을 의미한다.

　다른 유형을 닮아 보도록 격려하는 것도 에니어그램의 뜻이 아니다. 다른 유형과 비교하여 특별히 더 좋거나 나쁜 유형은 없다. 자칫 자기가 ⓐ번인 것이 싫은 여성이 있다. ⓑ번 유형인 것이 뭔가 여성적으로 보이지 않을까 염려하는 남성도 있다. 신앙심이 좋다는 얘기를 듣고 싶어, 충성스럽고 책임감이 강한 ⓒ번을 선호하는 헌신적인 종교인도 있다. 또한 "아, 저 사람이 그래서 나를 힘들게 하였구나!" 하고 안도하는 사람이 있다. 그러나 다른 유형과의 관계에서 마찰이 생기는 것은, 상대방 방식의 문제가 아니라 그 유형과 관계할 때 습관적으로 보이는 내 반응 패턴 때문이라는 것을 알아야 한다. 나는 그 관계방식에서 습관적으로 도망쳤거나, 수동공격이었거나, 억제시켰거나, 너무 쉽게 타협하고 후회하였거나 하였다. 갈등처리에서 스스로의 책임은 자신에 대해 진정으로 직면하고, 내 유형에 대해 자신감을 회복할 때 보상으로 주어지는 것이다.

그러므로 이 책에서 소개하는 각 유형의 이야기(story)들에 주목하라. 나란조(1995)에 의하면 에니어그램을 전수하는 방법은 여러 가지가 있지만, 그 어떤 것보다 사람들이 살아온 이야기 자체가 자료라는 것을 강조하였다. 정신과 의사이면서 심리치료사인 그는, 각자 마음속에 어떤 개인적 경험의 이미지가 강력하게 남아 있는지, 부모의 어떤 메시지를 마음 속에 각인시켰는지, 그래서 자신을 어떤 사람이라고 인식하는지, 세상을 어떻게 사는 것이 유리하다고 믿는지 등 개인적 의미를 형성한 심상(心像)이 곧 성격 특성이라고 본다. 그래서 그는 항상 패널방식으로 에니어그램 강좌를 진행한다. 유형마다 주어진 주제나 자극에 대해 어떻게 지각하는지 자기의 생각을 말해 보게 한다. 듣는 사람은 그 이야기의 내용을 거울삼아 자기 경험으로 반추(reflection)해 본다. 지적 정보가 아닌 대화를 나누는 체험을 통해 에니어그램을 이해시키는 방식이다. 나란조가 말하는 체험의 의미는 에니어그램의 상징인 '화살표'를 뜻한다[그림 4-1] 참조). 보통 상황일 때와 스트레스를 받았을 때의 마음 상태는 그 역동이 매우 다르다. 삶의 위기 사건을 '이야기'해 보면 지식이 경험보다 앞서는 통상적 오류에서 자연스럽게 벗어날 수 있다는 것이 그의 뜻이다. 에니어그램에 대한 이론적 정보 자체보다 각자의 삶 속에서 경험한 이야기를 나누는 것 안에서 패턴과 패러다임을 찾아내는 일이 중요하다. 그러므로 이 책에 수록된 이야기 중에 어떤 것이 내 가치관과 믿음을 반영하는지, 나의 경험과 공명하는지 음미해 보라. 분명 자신에게 호소력 있는 이야기를 하나 발견할 것이다. 이 책의 이야기꾼(storyteller)들도 각자의 냉혹한 현실에 적응하기 위해 나름대로의 스타일(style)을 발전시켰고, 그 스타일을 아홉 가지 대표하는 사람으로 분류해 놓았다. 스타일은 일생을 통해 동일하게 유지되는 삶의 태도나 방식인데, 때에 따라 강하게 또는 약하게 나타날 뿐이다. 그리고 스타일은 어떤 계기를 통해 극복하기 전까지는 변화하기 어렵다.

이 세상에서 효과적으로 작용하기 위해서 우리는 아홉(enneas) 자질 모두를 필요로 한다. 이 아홉 자질에는 항상 그 지점으로 돌아오게 하는 특정 지점(vector)이 있다. 자신 있게 나가야 할 상황에서는 자신의 힘(본능)에 호소하고, 돌봄을 베풀어야 할 때는 우리 안의 사랑(감정)에 호소할 수 있다. 재미있게 지내고 싶을 때는 우리 안에 있는 기쁨을 불러낼 수 있다. 다른 경우도 마찬가지다. 유연한 사람은 이렇게 적응하는 태도와 행동을 모든 범위에 걸쳐 활용한다. 그러나 우리는 한두 개의 선호하는 작용방식만 이용하고 의지한다. 기질이나 선호도에 따라 이 특정 지점에 끌리고 인도되며, 작용방식을 개발하여 자아를 조직하고 표현하게끔 만든다. 다른 가치 지점들은 우리의 중심 선택 방식을 보충하기 위한 보조물로 사용된다.

현실을 객관적으로 보려면 아홉 가지 패러다임의 시각 모두 필요하다. 건강한 사람은 현실에 바탕하고 현실로 채워진 이 패러다임들을 다 이용할 수 있으며 이로써 자신의 유형에 유연함과 융통성을 더한다. 효과적이 되려면 어떤 문제나 상황에 대해 다중적인 시각을 취할 필요가 있다. 그러나 우리는 여전히 스스로 선호하고 개발한 한두 개의 시각으로 세계를 보는 경향이 있다. 이것이 우리가 관계하는 사람들에게 보여 주기 마련인 특정 시각, 이해력, 문제해결 방식이다.

자신의 패러다임에 따른 지식으로, 어떤 것을 다른 사람들보다 훨씬 분명하게 지각하고 이해할 수 있는 때가 있다. 어떤 영역에서 당신은 다른 이들보다 훨씬 유능하다. 또한 당신은 어떤 이슈들을 훨씬 쉽게 풀 수 있다. 우리가 건강한 자아에 기반하여 행동할 때, 우리는 재능 그리고 독특한 시각으로 사회에 공헌할 수 있다.

우리의 성격 패턴은 우리에게 익숙한, 조건적인 부분들에 지나지 않으며, 우리는 그보다 훨씬 더 많은 잠재력을 가지고 있다. 우리는 성격 이상의 존재다. 자신에 대한 인식이 변화되는 경험을 할 때, 그래서 자신이 자신의 성격이 아니라는 것을 이해할 때, 비로소 우리는 스스로가 성격을 가지고 있으며 그 성격을 통해서 자신을 표현하는 영적인 존재임을 깨닫는다. 인격적인 성숙도란 열려진 마음의 정도를 말한다. 마음이 열려 있다는 것은 내면에 다양한 기운들이 서로 통합되어 다양한 타인을 더 많이 수용할 수 있다는 것을 의미한다.

한편, 집착이란 내면의 틀 안에 갇혀 다양한 에너지를 굴절시킨다는 뜻이다. 그러므로 집착으로부터 벗어난다는 것은 내면의 기운들이 자유롭게 활동하도록 열어 놓는다는 것이다. 즉, 다양한 에너지가 긍정적으로 통합되어 인격의 성숙으로 드러남을 의미한다. 우리가 스스로를 성격과 동일시하기를 멈추고 자신의 성격을 방어하기를 멈출 때 기적이 일어난다. 우리의 본질이 자연스럽게 드러나서 우리를 변화시키는 것이다. 이럴 때 성격은 좀 더 투명해지고 유연해지며 우리의 삶을 지배하는 것이 아니라 도와준다.

2. 상징들

에니어그램에는 다음의 세 가지 상징이 그림으로 표현되어 있다
(Bennett, 1983; Addison, 2001; Ouspensky, 2005). 외부 원은 우리의 일상
적인 삶을 표현한다. 삼각형은 우리 마음속에 있는 신념이나 가치관,
혹은 심상(心像)을 의미한다. 헥사드는 그것의 구체적인 영적 수행을
뜻한다. 외부 원이 시간의 연속을 뜻한다면, 삼각형은 시간의 초월을
나타내고, 헥사드는 동시성을 표현한다. 따라서 에니어그램은 전체
(원)와 세 에너지(삼각형)가 어떻게 상호작용해서 그 결과가 얻어졌는
지, 어떻게 계속해서 변화하고 진화하는지(헥사드)를 상징적으로 보여
준다. 에니어그램은 정체된 것이 아니라 역동적으로 움직이면서 살아
있는 상징이다. 많은 에니어그램 스승들이 이 정신을 전수할 때 거룩
한 춤이나 다른 상징(날개/화살표)으로 발전시키고, 치료적 도구(프라
이멀/게슈탈트 요법/심상 재구성 등)로 활용한 것은 에니어그램의 역동
성 때문이다. 따라서 고여 있는 물(성격이 영구적 안정적 의미에서 변화
가 어렵다고 말하는 것에서처럼)이 아니라 끊임없이 흐르고 휘몰아치
고 잔잔해지는 그 특유의 속성, '과정'의 깨달음이 중요하다.

[그림 1-2]

원

원(circle)은 통합, 전체, 단일성, 하나를 상징한다. 최초의 본래적인 자기 상태로 되돌아가려는 인간의 근원적인 소망을 의미하는 것이다. 주체와 객체, 너와 나라는 분열된 의식을 극복하여 궁극적으로는 분리된 의식을 하나로 통합 일치시켜서 무위자연의 상태 또는 신과의 완전한 일치를 이루려는 인간의 바람을 나타낸다. 원의 위쪽 부분은 햇빛을 많이 받아서 밝은 부분, 아래는 덜 받아서 어두운 부분이다. 오른쪽은 과거를 현재에 연결시키고, 왼쪽은 현재의 잘못을 바로잡으려는 의지의 기운이 서로 조화를 이룬다. 또한 이 원은 공간과 시간, 형태에서 범위를 한정짓는 것을 나타낸다. 원은 닫혀 있음으로써 확실한 공간을 차지하고 울타리를 쳐서 보호하기도 한다. 원 전체는 항상 '지금'을 나타내는 반면, 원둘레는 순간의 연속인 시간의 흐름을 나타낸다. 독립적인 전체로서 원은 그 자체의 형태나 특징이 있다.

삼각형

삼각형(triangle)은 인간이 세 가지의 에너지 원천을 가지고 있음을 상징한다. 인간은 장(본능), 심장(감정), 머리(사고)를 통해 의지, 감성, 이성의 조화로운 균형으로 인격을 완성해 간다. 기독교의 삼위일체와 유대교 카발라의 생명나무에서처럼 삼각형은 우주만물인 삼라만상이 세 힘의 상호작용의 결과로 존재함을 의미한다. 세 에너지에는 능동적인 힘, 수동적인 힘, 조화로운 중립의 힘이 있다. 따라서 우리가 뭔가를 창조하려고 한다면 이 세 힘을 조화롭게 사용해야 한다. 원이 삼각형에 결합되는 것같이 한 체계에 두 개의 그림이 결합되어 점 3-6-9에서 의식진화의 주요과정이 일어난다([그림 1-1] 참조).

헥사드

헥사드(hexad)는 존재하는 모든 것이 하나의 흐름을 타고 변화와 순환 과정을 거듭함을 의미한다. 헥사드는 주기적인 숫자 1-4-2-8-5-7의 순환이며 다양한 단계로 연결되어 있다([그림 1-1] 참조). 이것은 절대를 상징하는 하나의 원이 어떻게 일곱 가지 수준으로 나뉘어 창조와 퇴보를 반복하는지 말해 준다. 그리고 다시 어떻게 통합되는지 진화를 나타내기도 한다. 이 통합과정은 인간 성장의 진행 방향을 상징한다. 헥사드는 한 사람의 내면에 맞닿아 있는 여러 집착의 변화 양상을 보여 준다. 이것은 자신을 둘러싼 환경과 교육 문화적인 특성 속에서 변화를 거듭하며 개인을 둘러싼 특정한 환경 속에서 변형된다. 헥사드는 자신 안에서 접할 수 있는 여러 유형의 모습이 환경에 적응하면서 어떻게 퇴행과 발전을 나타내는지 그 흐름을 보여 준다.

3. 중요 개념들

날 개

날개란 자기 양옆에 있는 유형을 일컫는다. 즉, 자신의 성격유형 양옆에 있는 다른 성격유형이다. 예를 들어, 내가 2번 유형이라면 2번의 양옆에 있는 1번과 3번이 날개가 된다. 보통 자신을 둘러싼 특정한 환경에 적응하기 위해 필요에 따라 날개 에너지를 쓴다. 주어진 상황을 받아들이면서 유연하게 대응하고자 하는 전략이지만 경우에 따라서는 자신의 집착을 깊은 내면에 밀어 넣은 채 아예 날개를 더 강력하게 쓰기도 한다. 탐구자(5)의 날개는 낭만적인 사람(4)과 충성스런 사람(6번)이다. 날개는 우리의 유형에 더 미묘한 차이를 준다. 6번 날개를 가진 5번은 의심과 근심이 더 많지만, 4번 날개를 가진 5번은 더 감정적이고 화려해질 수 있다. 날개는 좁고 부분적인 안목으로부터 우리를 더 넓고 멀리 날게 한다[그림 1-1] 참조).

화살표

우리는 스트레스(배우자 사망, 경제문제, 직장, 퇴직, 자녀문제, 결혼문제 등)를 받을 때와 안정을 취할 때 각각 다르게 생각하고 느낀다. 이렇게 보통 상황 때와 달리 스트레스(stress)를 받을 때와 상태가 안정적으로 회복될 때, 내 성격유형의 자리 이동이 일어난다. 스트레스를 받을 때는 화살표 원래 모양대로 자리 이동을 하지만, 편안하고 안정적일 때는 화살표 반대쪽 성격유형의 긍정적인 점을 취하는 것이다. 기본적인 유형은 변함이 없지만, 스트레스와 안정은 부정적으로 또는 긍정적으로 생각하고 느끼는 습성을 갖게 한다. 성격역동은 화살표 움직임에서 나타난다[그림 4-1] 참조).

복(福)

복(blessing)이란 타고난 좋은 점을 말한다. 복은 영적 에너지가 명료하고 왜곡 없이 객관적으로 표현되는 상태를 말한다. 우리가 본성 혹은 본질적 자아, 그리고 우리의 패러다임에 따라 살 때, 객관적이고 정확하게 가정하고 지각할 수 있으며, 이런 태도 때문에 내재해 있는 복이 자연스럽게 표출된다. 예를 들어, 용기의 축복은 우리 자신과 타인의 내적 본성에 대한 믿음과 신뢰감에서 자연스럽게 흘러나온다. 복은 우리의 본질적인 천성에서 발산되며 최선의 자아를 발현시키는 성향에 해당되는 적응적 심리도식이다. 복은 우리가 현실과 연결되도록 조화를 이루게 하고, 우리의 진정한 자아에 힘을 불어넣어 주며, 그것을 성취하고 초월하게 하는 가장 적합한 태도들로 나타난다. 유형마다 자신을 진정한 길로 걸어가게 해 줄 특징적인 축복, 즉 인도하는 힘이 되는 적응적인 심리도식이 있다.

▎집 착

집착(passion)은 나쁜 습관이다. 집착은 복을 대체하려 하는 영적 에너지의 왜곡된 표현이다. 집착은 성격에 연료를 공급하여 확장시키지만 핵심 자아에는 양분이 되지 않기에, 우리는 집착을 행사하거나 그에 사로잡혔을 때 결코 진정한 만족을 느낄 수 없다. 이상화된 자아 이미지는 필연적으로 집착을 일으키며 집착은 다시 우리가 자신의 성격에 자동적으로 따라오는 생각과 행동을 추구하도록 몰아간다. 그리하여 아홉 가지 주관적 패러다임마다 특징적인 집착이 생겨난다. 예를 들어, 완벽의 추구는(이 경우 우리는 만사를 결코 도달할 수 없는 이상에 맞추어 비교하고 그 이상에 도달하려고 시도한다.) 원한으로 이어진다. 왜냐하면 어떤 것도 마땅히 그러해야 할 만큼 괜찮거나 만족스러워 보이지 않기 때문이다. 그런 다음에 분노와 원한은 우리가 완벽해지기 위해 더 열심히 노력하도록 몰아간다. 우리가 이상화된 자아 이미지를 딱 하나만 가지는 경향이 있는 것과 마찬가지로, 우리 각자는 집착 혹은 악덕을 하나씩 갖는 경향이 있다. 집착은 그릇된 자아나 성격에서 생겨나, 활용 자원이 부족한 상태의 자아를 대표하며, 진정한 자아와 세계 사이의 만족스러운 연결로 이끌지 못하는 까닭에 부적응성 심리도식이라고 불린다.

행동양식

행동양식이란 주어진 환경에 반응하는 우리의 태도를 말한다. 인간은 냉혹한 현실에 적응하기 위하여 세상을 살아가는 강박적인 유형을 발전시키고, 약육강식의 세상에서 살아남기 위하여 각 유형의 집착에 맞는 행동방식을 택한다. 어떤 사람은 자신의 욕구를 직접적이고 당당하게 요구하고 타인에게 전달한다(공격형). 또 어떤 사람은 자신이 원하는 것을 정확히 알고 있지만 그것을 세상에 요구하고 드러내 놓을 자신감이 부족하다(후퇴형). 또 다른 이는 자신의 바람(want)을 알지만 주위 상황에 따라 자신의 욕구를 조절한다(의존형). 자신의 욕구를 직접 전달하는 사람은 '맞서는' 태도를 취하고, 욕구는 있지만 두려운 사람은 '움츠리는' 태도를 취한다. 그리고 자신의 욕구를 조절하는 사람은 사람들에게 '의지하는' 태도를 취한다([그림 5-1] 참조).

방어기제

평소에 회피하는 사람, 주제, 영역에 접근할 때 우리는 불안해진다. 그래서 받아들이기 어려운 자신의 면모를 의식하지 않을 방법을 고안한다. 방어기제(defense mechanism)는 우리의 사회적 이미지(persona), 이상화된 자아와 그림자(shadow) 특성, 회피하는 자아 사이의 완충

장치로 작용한다. 자신 속에서 무엇인가 그것 때문에 불편한 것(분노
나 두려움, 성적 느낌 등을 갖는 것처럼)을 희미하게 깨달을 때 또는 다른
이가 당신이 불편해하는 어떤 얘기를 꺼낼 때, 그것을 회피하기 위해
당신이 하는 일은 무엇인가? 생각에 몰두하여 지나치게 머리로 판단
하는가? 이성을 잃어버리고 지나치게 감정적이 되는가? 별 생각이나
느낌 없이 그저 충동적으로 행동하는가? 다른 사람들의 탓으로 돌리
고 그들을 비난하기 시작하는가? 진짜 하고 싶은 것과 반대로 행동하
는가? 누군가와 맞서고 싶으나 그 대신에 더 친절하게 대하는가? 다른
사람들에게는 아주 분명해 보이는 것을 억누르거나 부정하는가? 우리
가 심리적으로 살아남기 위해서는 이런 방어기제들이 필요하다.

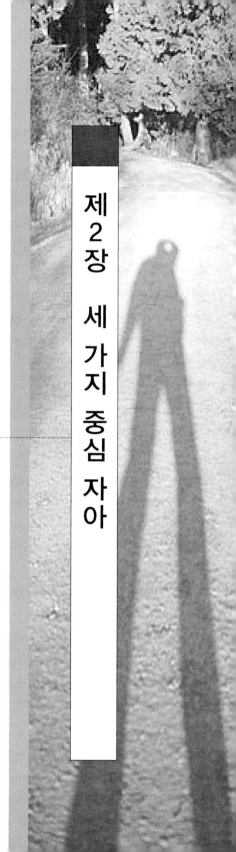

제 2 장 세 가지 중심 자아

제2장

세 가지 중심 자아

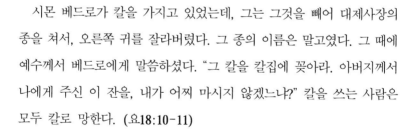

시몬 베드로가 칼을 가지고 있었는데, 그는 그것을 빼어 대제사장의 종을 쳐서, 오른쪽 귀를 잘라버렸다. 그 종의 이름은 말고였다. 그 때에 예수께서 베드로에게 말씀하셨다. "그 칼을 칼집에 꽂아라. 아버지께서 나에게 주신 이 잔을, 내가 어찌 마시지 않겠느냐?" 칼을 쓰는 사람은 모두 칼로 망한다. (요18:10-11)

예수께서 어떤 마을을 들어가셨다. 마르다라고 하는 여자가 예수를 자기 집에 모셔 들였다. 이 여자에게 마리아라고 하는 동생이 있었는데, 마리아는 주님의 발 곁에 앉아서 말씀을 듣고 있었다. 그러나 마르다는 여러 가지 접대하는 일로 분주하였다. 그래서 마르다가 예수께 와서 말하

였다. "주님, 내 동생이 나 혼자 일하게 두는 것을 아무렇지 않게 생각하십
니까? 가서 거들어 주라고 내 동생에게 말씀해 주십시오." 그러나 주님께
서는 마르다에게 대답하셨다. "마르다야, 마르다야. 너는 많은 일로 염려
하며 들떠 있다. 그러나 주님의 일은 많지 않거나 하나뿐이다. 마리아는
좋은 몫을 택하였다. 그러니 아무도 그것을 그에게서 빼앗지 못할 것이
다." (눅10:38-42)

열두 제자 가운데 하나로 쌍둥이라고 불리는 도마는, 예수께서 오셨을
때에 그들과 함께 있지 않았다. 다른 제자들이 그에게 "우리는 주님을
보았소." 하고 말하였으나, 도마는 그들에게 "나는 내 눈으로 그의 손에
있는 못 자국을 보고, 내 손가락을 그 못 자국에 넣어 보고, 또 내 손을
그의 옆구리에 넣어 보지 않고서는 믿지 못하겠소!" 하고 말하였다. 여드
레 뒤에 제자들이 다시 집 안에 모여 있었는데 도마도 함께 있었다. 문이
잠겨 있었으나, 예수께서 와서 그들 가운데로 들어서서서 "너희에게 평화
가 있기를!" 하고 인사말을 하셨다. 그리고 나서 도마에게 말씀하셨다.
"네 손가락을 이리 내밀어서 내 손을 만져보고, 네 손을 내 옆구리에 넣어
보아라. 그래서 의심을 떨쳐버리고 믿음을 가져라." 도마가 예수께 대답하
기를 "나의 주님, 나의 하나님!" 하니, 예수께서 도마에게 말씀하셨다.
"너는 나를 보았기 때문에 믿느냐? 나를 보지 않고도 믿는 사람은 복이
있다." (요20:24-29)

에니어그램은 인간에게 세 가지 에너지 중심 혹은 세 가지 의사
결정의 장소가 있다고 본다. 신체적, 영적, 그리고 인간 상호간의 영역
에서 우리가 살아남고 번창하도록 하는 세 가지 본능이 바로 이 중심에
있다. 현대 신경해부학은 뇌의 발달에 세 층이 있다는 것을 밝혀냈

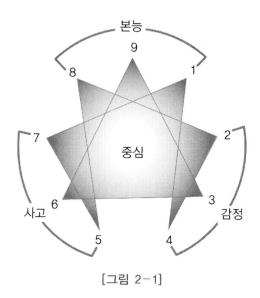

[그림 2-1]

다. 뇌간 위쪽에는 파충류 뇌(reptile brain)가 자리 잡고 있다. 그 다음에 파충류 뇌를 둘러싸고 있고 변연체로 구성된 구(舊) 포유류 뇌가 발달되어 있다. 마지막으로, 포유류 뇌 주위로 신피질이 전개된다.

자기 보존 본능은 골반강 안에 있는 장 중심에 위치하며, 우리가 자신과의 관계에서 어떠한지에 대해 신체적 감각을 공급한다. 자기 보존 본능은 자신이 필요로 하는 것을 자연스럽게 알려 준다. 이 본능이 잘못 기능하거나 손상되면 자신에 대해 깊은 불안정감을 경험한다. 전통적인 지혜 전승에서, 이것은 우리가 중심을 잡고 잠잠해지기 위한 곳이다. 이 중심을 작동시키기 위해 다양한 숨쉬기, 움직임, 그리고 자세 연습들을 이용한다. 파충류 뇌에서는 숨 쉬고 조절하고 원활하게 하는 움직임을 책임지는 뇌기능들이 다른 자율신경계 활동과 함께 발견된다.

사회적 관계 본능은 우리의 심장 중심에 있으며, 우리가 타인과의 관계에서 어떠한가에 관해 정서적 감각을 제공한다. 이것은 우리에게 타인이 필요로 하는 것을 말해 준다. 이 본능이 기능하지 않을 때 우리는 외로움의 감각을 경험한다. 전통적 지혜 전승에서, 이것은 헌신과 사랑의 중심이다. 이 심장 중심은 합창이나 소리 내어 말하는 기도와 같은 청각적 행위로 작동될 때가 많다. 구 포유류 뇌가 쾌락/고통 중심과 함께 정서를 통제하는 뇌의 이 부분을 담고 있다.

연결과 방위 결정 본능은 우리 두뇌의 중심에 있으며 우리가 어디에 있는지, 어디에서 왔는지, 그리고 어디로 가고 있는지에 대해 지적 감각을 제공한다. 이 본능은 우리가 방향 감각, 목표 그리고 의미를 찾는 것을 돕는다. 연결과 방위 결정 본능이 손상되었을 때 우리는 어디에도 연결되어 있지 않고, 쓸모없으며, 부족하다고 느낀다. 두뇌 중심은 깨우침(enlightenment)이 일어나는 장소다. 신피질 혹은 회백질은 연합피질이라고 불리기도 하는데, 이는 그것이 연합하며, 사전에 계획하고 결과를 검토하며, 연기하고 억제하며, 자발적 움직임을 담당하고 외계 환경과의 담화를 수행하는 능력 때문이다. 우리 각자가 이 세 가지 중심을 모두 가지고 있고 필요로 하는데, 그중 한 가지 중심을 다른 중심보다 선호하고 거기에 의지하는 것이 우리의 전형적인 모습이다. 8-9-1 유형은 장 중심(gut center)을 선호한다. 2-3-4 유형은 심장 중심(heart center)을 선호한다. 5-6-7 유형은 두뇌 중심(head center)을 선호한다[그림 2-1] 참조). 한 중심이 다른 중심의 일을 하려고 노력할 때, 우리는 균형을 잃고 지나치게 신중해지든지, 감정에 지배되든지, 지나치게 충동적이든지 할 때가 많다. 그러나 세 중심이 모두 자유롭게 조화를 이루어 기능한다면, 우리는 온전함과 통합, 그리고 균형의 감각을 경험한다(Wagner, 1996; Rohr & Ebert, 1990).

다음 세 도시 이야기는 필자가 시카고의 클라렛 영성 센터(Claret Spiritual Center)에서 어느 가톨릭 수사가 인도한 에니어그램에서 실습한 것이다. 실제 모형도시를 만들어 놓고 각자 그곳에 찾아가는 방법을 통해 선호도와 경향성을 탐색하기 위해 고안한 것이다. 세 도시 탐방 실습은 아홉 유형으로 아직 세분화되지 않은, 조금이라도 미분화된 상태에서의 우리 모습을 보자는 데 그 의도가 있다. 선택한 도시의 시민으로서 왜 그 도시가 가장 끌리는지, 왜 다른 도시를 선택한 사람을 이해할 수 없는지 등에 대해 자기의 주장을 강하고 과장되게 연설하는 게임이다. 자신이 특정 도시유형의 변호사로서 오로지 다른 유형들을 이겨야만 하는 법정 상황에 있다고 가정하고 소리를 질러야 한다. 종종 '소경 코끼리 만지기'라고도 하는 구르지예프의 이 '바보게임'은 세 중심 에너지를 통찰하는 도구로 활용된다(부록 참고). 이 실습은 에니어그램 워크숍의 도입 부분에서 활용되기도 하지만, 에니어그램을 끝낼 때 다시 한 번 실습해 보면 그 의미가 훨씬 명확해진다. 처음에는 무의식적 경향에 따라 나도 모르게 어떤 도시에 이끌리지만, 에니어그램을 배우고 나서 다시 실습하면 의식화된 선택에 따라 내가 자발적으로 움직여 나가는 주체적 존재라는 것을 깨닫는다.

1. 세 도시의 탐방

사람들은 저마다 효과적인 삶의 전략을 가지고 있으며 그 전략은 각각의 관점에 따라 매우 다르다. 만약 7~8세 아이가 당신에게 다음과 같은 질문을 한다면 어떻게 대답하겠는가? 아이한테 하는 대답인

만큼 단순하고 짧아야 한다.

　당신은 이 지구에 왜 있는가, 이 땅에 사는 이유나 목표에 대해서 말해 보라. 생존경쟁의 이 사회 속에서 어떻게 살아남았는가? 생존 전략이 있다면 무엇인가? 사람들이 당신을 넘어뜨리지 못하게 먼저 사람을 넘어뜨려라, 그저 사람들에게 잘해라, 나서지 말고 되도록 사람들로부터 멀찌감치 떨어져 있어라 등. 당신이 정말 원하는 것이 있는데, 못하게 막는 두려움이 무엇인가? 당신 내면에서 항상 당신을 꼬집는 말(critic), 비난하는 말, 용기 내지 못하게 하는 것은 무엇인가? 당신의 방어기제가 무엇인지 아는가? 어떤 상황이나 사람에 대해 불안이나 걱정, 두려움을 느낄 때 어떻게 반응하는가? 머리로 분석하는가, 아니면 가슴에서 뭔가 뜨거운 것이 일어나면 그것만 붙들고 해결을 보려 하는가, 생각이나 느낌보다 먼저 행동해 버리는가? 진정으로 표현하고 싶은 것의 반대로 행동하는가? 감정을 억제하거나 아예 부정하는가?

　이런 질문들을 유념하면서, 다음의 세 도시 사람들에 대해 생각해 보자. 어느 도시에 속한 사람들이 편안하게 느껴지는가? 각 도시마다 갖는 특색에 대해 주목하면서, 어떤 도시에서 스트레스도 덜 받으면서 생산성과 행복감을 느낄 수 있겠는지 탐색해 보라.

A도시

이 도시에 들어가면 역사와 전통을 말해 주듯이 건물들이 즐비하게 늘어서 있다. 과거가 드러나는 분위기(경주나 전주를 떠올려 보라). 스타일에는 별로 관심이 없는 듯 보이지만, 건강식품을 파는 곳이 많고,

캠핑장과 나무가 많은 공원에서 휴가를 보내는 사람들이 눈에 띈다. 사람들의 생활방식이나 관심은 매우 단순해 보이지만, 사회정의나 환경에 대한 이야기가 풍성하다. 대화 방식은 가끔 시끄럽고, 논쟁적이고, 단순 담백하고, 자기표현을 정직하게 하는 듯하다. ⓐ형─말투가 투박하고, 상대의 말을 자르기도 하고, 불평불만에 대한 표현이 자연스러워 보인다. ⓑ형─삶이 비교적 만족스러운 듯하나 어떤 목적에 대한 뚜렷한 의지(힘)가 보이지 않는다. ⓒ형─어떤 것에서도 단점을 잘 찾아내어 지적하는데, 방식이 차분하고 겸손하다. ⓐ ⓑ ⓒ형 모두, 사람들이 자기들을 어떻게 볼까 하는 이미지에는 관심이 없어 보인다. 하지만 밤낮 구별 없이 부지런하고 성실하다.

이 도시의 상징적인 사원은 베드로 사원이다. 예수님을 만나기 위해 물속으로 뛰어드는 베드로의 모습과 고기를 잡는 그물이 그려져 있는 배너(banner)가 사원 앞면에 크게 걸려 있다. 이 교회에 속해 있는 사람들의 특성은 매우 현실적(earthy)이며, 인간의 삶과 직결된 영성을 비전으로 제시하고 있다. 세계가 무엇을 필요로 하는가와 지금 당장 자기 지역에서 필요로 하는 것이 무엇인가에 관심을 두며, 소외된 자를 위해 구체적으로 구호품을 모으는 것이 교회의 중요한 행사다. 이 도시에 일단 갔다 오면, 양심상 왠지 세련미 또는 추상적 아름다움에 대해 어떤 변명을 늘어놓는 일은 더 이상 못할 것 같다. 이곳이 아니면, 왠지 옳은 일을 피하는 세상에 살고 있다는 느낌이 들 것 같다.

B도시

계획도시는 아닌 것 같다. 집들이 매우 가까이 지어졌고, 각 집의 커튼은 올려 있으며, 사람들이 울타리 넘어 자기 이웃과 편안하게 대화를 나누고 있다. 실용성하고는 거리가 멀어 보이지만, 인간관계나 인간의 필요(need)에 따라 집이나 건물들이 지어진 듯 보인다. 사람들은 매우 따뜻하고, 가깝고, 친절해서 서로 자기의 마음이나 느낌을 편안하게 표현하는 모습이다. ⓐ형 – '왜 나는 항상 다른 사람들을 위해 분주해야 하지?' 하며 불만스러워하지만, 손님들에게 표시 안 내고 열심히 대접하고 있다. ⓑ형 – 사무실은 최신식 설비를 갖추었고, 최신 컴퓨터에 예약한 손님만을 받으며, 사무적인 옷차림과 친절함으로 사람들을 대한다. ⓒ형 – 우아한 거실, 그림이나 조각을 이용한 실내디자인, 음식도 진귀하다. 대화 방식은 이미지와 상징을 많이 사용하며 마치 그림을 보듯 생생하게 얘기한다.

병원 건물과 사회복지기관 건물이 많은 것으로 보아 사람들을 도와주는 전문직종이 많은 도시인가 보다. 아니나 다를까 유니폼을 입은 간호사들과 명찰을 단 사회복지사들이 활발하게 거니는 모습을 볼수 있다. 사람들은 매우 편안하게, 자신감 있게, 가장 유행하는 옷차림(이미지 중요)을 하고 있다. 세련된 운동복을 선전하는 간판과 효과적으로 살 빼는 방법을 선전하는 건물들이 즐비하고, 사람들은 역시 살 빼는 법, 최근 스타일, 유행, 성취, 업적 등에 대해 주로 대화를 나눈다. 빌딩 간판에는 정당 후보를 내세우는 문건, 품질 보증이나 TV에 소개되었다는 광고를 붙인 레스토랑, 그 레스토랑 사이에 연결된 영화관과 소극장이 있다. 심지어 레스토랑 안에도 벽보에 여러 행사를 알리는 광고(걸스카우트, 골프회, 여성회 등)들이 널려 있다. 이

도시의 특징적 상징은 마르다 사원인데, 스테인드글라스가 매우 화려하게 장식되어 있다. 의자도 딱딱하지 않고 쿠션이 부드러워 안락한 느낌을 주며, 사원의 분위기는 사뭇 예전적(liturgical)이다.

C도시

도시가 구획정리가 잘 되어 있어 마치 바둑판같다. 공원도 계획성 있게 배치되어 있고, 빌딩들이 도시 경계선 안에서 공동체 기능을 잘 수행하도록 지어졌다. 거리도 번호대로 잘 연결되어 있으며(1가, 2가, 3가 등), 길 표시판도 쉽고 단순해서 지도 한 장만 가지고도 이 도시를 충분히 돌아볼 수 있다. 누가 봐도 이 도시가 기능적 계획에 따라 용의주도하게 지어졌음을 알 수 있다. 다운타운을 가로지르는 강줄기를 첨단기술을 이용하여 미시간 호수와 연결시켜 아름다운 배가 드나들게 해 놓아 정말이지 장관을 연출한다. 집 창문이 큰 유리창으로 되어 있는데 밖에서는 안을 볼 수 없지만 안에서는 밖을 내다볼 수 있다. 집 문은 안전하게 잠겨 있으며, 울타리는 낮고, 큰 공공건물에는 깨끗한 복장을 한 경비원들이 서 있다. 거리는 조용하고 한적해 보인다. 거리를 걸어 보면 조그마한 전문대학, 종합대학, 연구기관들이 줄지어 있고, 현대 감각의 도서관도 눈에 띈다. 도서관 안에서는 사서가 예의 바르게 고객들을 도와주고 있는데, 세계 도처의 어떤 희귀한 자료도 일주일 안에 찾아 줄 수 있다고 자신감 있으면서도 암시적으로 말한다. 누가 봐도 이 도시는 '배우는' 사람들이 많은 것 같은 인상을 준다. 사람들은 실용성, 합리성에 바탕을 둔 듯이 보이고, 매우 온화하며 비폭력적인 모습이다. 자기 개인의 감정의 깊이를 자유롭게 표현하기보다는 관념, 아이디어, 추상적 사고(내적 세계)가 강한 인상이다. ⓐ형－내성적으로 보이지만 정보나 지식이 많은 사람 같다. ⓑ형－호스티스로는 충실하지만, 대화 이슈가 사회문제에 관계되면 뭔가 불편한 듯 얼른 화제를 딴 데로 돌린다. ⓒ형－도대체 인생에 어려움이 없었던 것처럼 보이는 태평한 사람이다. ⓐⓑⓒ 모두 뭔가 따뜻한 느낌을 주고 자발적이거나 적극적이지는 않지만, 예의 바르고 호의적인 인상을 준다. 외모가 세련되었다고 할 순 없지만, 어떤 이들은 색감이 매우 뛰어나 보인다. 토마스 사원이 우뚝 서 있고, 예수님 손의 못 자국을 확인해 보는 도마의 모습이 그려진 배너가 장중하게 걸려 있다.

위의 세 도시에 사는 사람들이 사용하는 기본 기능을 이름하여 본능(A도시형), 감정(B도시형), 사고(C도시형)라고 한다. 세 기능은 에고(ego)가 가장 강하게 형성되어 있는 지점이며, 또 어떤 면에서는 가장 자유롭지 못한 에너지 중심점이다.

2. 세 중심 에너지

본능유형

본능유형(A도시형)은 현실에 대한 저항을 유지하는 데 관심을 둔다. 이 유형은 공격이나 억압과 관련된 문제들을 갖고 있는데, 자아를 방어하는 행동의 밑바탕에 분노가 있다. 이들은 본능(원동력, 생명력 중심)과 습관에 따라 기능하며 생존에 관심이 많다. 그래서 현 상황과 자신의 존재에 대해 온통 마음을 쏟는다. 진지한 성격이며, 냉혹한 현실을 조정하고 질서 회복을 위하여 본능적으로 대응한다. 무게 중심이 하복부에 있어 즉각적이고 자발적이며 감각적이고 본능적이다. 단도직입적이고, 공격적이며, 자기영토를 주장한다. 겉으로는 자기확신이 강해 보이나 속으로는 도덕적인 자기의심으로 괴로워한다. 본능은 과거의 경험을 통하여 형성되기 때문에 이들은 과거에 지배받기가 쉽다. 본능유형이라고 말하기에는 매우 침착하고 평화로운 ⓐ 유형이 가장 적대적이다(수동공격형). 또한 '좋은 사람'으로 평가받고 싶은 ⓑ 유형은 분노를 억제하여 선량한 모습으로 자신을 표현하려 한다. 캘빈, 루터, 마틴 루터 킹과 같은 사람들이 그 예다. 내면의 원칙이 강하고, 열정적, 판단적, 도덕적인 사람들이다.

▌감정유형

감정은 주로 타인과 관련하여 변화하는 것이어서 그 에너지가 '관계'에 많이 집중되어 있다. 감정은 타인과 개인적으로 만날 때 체험할 수 있는 것이다. 이 유형(B도시형)은 자아 이미지와 권위에 관심이 많다. 이들은 주변 환경에서 일어나는 것이면 무엇이든지 그 책임을 떠맡는다. 따라서 주변에 어떠한 결핍이나 갈등도 일어나서는 안 된다. 사람들이 나에게 무어라 할까? 사람들이 나를 어떻게 생각할까? 내가 사람들에게 어떻게 보일까? 이렇게 자신에 대한 이야기와 가장된 특성들이 자신의 실제 정체성이라고 믿는다. 자아를 방어하는 행동의 밑바탕에는 많은 근심, 걱정, 불안을 가지고 있다. 사회적 상황에 끼어들면서 '저 사람은 우호적인가, 아니면 적대적인가'를 끊임없이 묻는다. 외부 세계는 그들이 모든 단서를 얻는 곳이며 그들의 에너지는 다른 사람들과 교류하는 데서 온다. 상황을 직관적으로 파악하며,

사람 위주로 일처리를 한다. ⓐ형과 ⓑ형은 모두 옷을 잘 입는 사람들이나, ⓐ형은 '멋있게 입었다', ⓑ형은 '이국적으로 입었다'는 말을 각각 듣고 싶어 한다. 이들은 자신을 표현하고 싶어 하고, 자신을 독특한 존재로 주장하고 싶어 한다. 결정과정에서는 관여된 사람이나 그 결정에 영향을 받을 사람 모두를 고려한다. 겉으로는 자기확신이 강하고 쾌활하고 조화롭게 보이나 내면은 공허감, 무력감, 슬픔, 수치심을 느낀다. 스스로 모든 것을 할 수 있다고 생각하기 때문에 구원을 순수한 선물로 받아들이기가 힘들다. 이들은 기도할 때 음악과 시를 좋아하며, 신은 연인으로서, 함께 하는 존재로서, 따뜻한 친구로서 자기 내면에 존재한다.

▌사고유형

사고할 때는 현실에서 멀어지기 때문에 타인과 거리를 유지하는 과정이 필요하다. 사고 차원에서 산다는 것은 사고에 무게를 둔 행동을 한다는 의미다. 사고유형(C도시형)은 사고와 심사숙고의 수준에서 기능하며, 관찰, 분석, 비교, 대조의 사고과정을 통하여 상황을 파악한다. 정보와 자료 다루는 일을 잘하는데, ⓐ형은 참고할 만한 전통을 찾아내고, ⓑ형은 책을 읽고, ⓒ형은 미래에 대한 멋진 비전을 제시한다. 명령과 의무에 대한 감각이 발달하였으며, 생각한 후에 행동으로 옮기고, 방법론을 통해 일에 임한다. 이들의 공포와 두려움은 지원과 안내의 부족을 경험한 것에서 비롯한다. 그래서 자신을 안전하게 해준다고 믿는 일을 먼저 하려고 한다. 자아를 방어하는 행동의 밑바탕에 많은 두려움을 가지고 있다. 그것을 극복하기 위해 ⓐ형은 먼저 의심하고, ⓑ형은 정보를 수집하고, ⓒ형은 머릿속에서 온갖 환상과 멋진 일들을 만들어 낸다. 겉으로는 확실하고 설득력 있고 현명하게 보이지만, 내적으로는 고립되고 혼돈스럽고 무의미함을 느낀다. 지나치게 발달된 내면 세계와 불안하게 느껴지는 외면 세계를 통합하려 노력하는 이들에게는 마음의 평화(묵상기도)를 얻을 수 있는 명상이 자기 인식에 좋다. '자서전 쓰기'나 '특별한 기억들 쓰기'를 통해 개인사를 표현하는 것도 자기 성찰이나 자기 이해에 도움을 준다.

3. 세 유형의 사람

이제 세 도시의 사람들을 성경에 나와 있는 인물의 특성과 관련하여 비교해 보자.

▎베드로 유형

내면 세계와 외면 세계의 비율이 거의 비슷하다. 내부와 외부 세계를 왔다갔다 하는데, 이것이 그의 장점이기도 하고 단점이기도 하다. 외부와 내부를 잘 발달시켰다면 긍정적인 본능유형이다. 종종 침묵을 원하며, 에너지는 매우 강도가 있고 빠르다. 의도는 좋았으나 어떤 결정을 내렸을 때 실패한 경험이 많은 사람으로 분노가 주요 감정이다. 내면에서 쉴 새 없이 비판을 해 오기 때문에, 기도 방법은 말로도 행동으로도 생각으로도 아닌, 그냥 앉아서 조용히, 단순하게, 평화롭게 있는 것만으로도 훈련이 된다. 본능 중심은 의식이 개입하지 않은 자연스러운 행동을 지배한다. 자연의 소리, 안과 밖의 열린 공간, 계절의 오고감, 아침과 저녁을 바라봄, 땀 흘려 밭을 일굼 등의 행위를 통해서 에너지를 순화시키며, 그 자체가 기도 행위가 된다. 산상수훈을 반복하여 읽는 거룩한 독서(Lectio Divina)를 통해 생명과 평화를 느낄 수 있다(허성준, 2003). 숲의 나무 사이사이에서 흘러 나오는 빛을 쳐다보며 그 빛과 함께하는 가운데 자신의 통제적 힘의 중심을 정화시킨다. 침묵, 자연, 계절의 변화 등을 알아차리는 영성수련을 통해 내면 공간이 확장되고, 에고는 느슨해지고 평화로워진다.

마르다 유형

외적 세계가 내적 세계보다 훨씬 큰 사람으로 다른 사람에게 보인 자신의 모습을 유지하는 것을 중요하게 생각한다. 타인의 인정이 중요해서 이미지 자아(image ego)가 형성된 유형이다. 다른 눈이 날 지켜보고 있다는 생각에 불안해한다. (두려움의 모든 근거가 안에서의 신호, 메시지에 따른 것이라면) 불안은 밖에서 오는 신호나 메시지에 따른 것이다. 불안은 구체적 대상이나 물건에 연관 없이 그냥 가볍게 떠 있는 느낌이다. 밖의 세계에서 오는 메시지, 지시적 말들, 기대감에 맞추기 위해 끊임없이 걱정하고 불안해한다. 다른 사람들을 너무 의식하고 예민하여 생긴 불안이다 보니까 내면의 창의성과 자발성, 원래성(originality)은 불구가 된다(무기력, 불확실함, 산만한 걱정). 비승인(non-approval)을 모험하는 것은 곧 극도의 안전성을 위협하는 것과 같다. 사람과 떨어지는 고독이나 공허는 그야말로 정체성의 마비를 가져온다. 필요한 기도는 숨 쉼 속에서 자발성을 가지는 것이다. 언어적 반복 없이 숨을 들이쉬고 내쉬면서 남의 기분을 맞추는 자아가 아니라 자연스러운 자아가 출현하도록 하는 영성수련이 필요하다. 좋은 음악과 시 혹은 상징과 의식을 통해서 자신의 마음 상태에 이름을 붙여 주고, 내면 세계에 목소리를 부여하는 시편을 통해서도 잔잔한 평화를 누릴 수 있다.

도마 유형

내적 세계가 외적 세계보다 훨씬 큰 사람을 대표한다. 내면이 많은 것(생각, 계획, 꿈, 비전 등)으로 채워져 있어 밖으로 표출하기가 어렵다. 이런 사람에게는 관조하고 바라보는 삶이 직접 뛰어들고 몸으로 참여하는 삶보다 훨씬 쉽다. 다른 사람들에게는 왠지 감정이 없는 것처럼 보일 수도 있다. 두려움이 주요 감정인데, 원칙적으로는 자신의 안전을 해하는 사람(적, 공격자), 대상(사나운 개, 물건), 상황(어두컴컴한 집)에 집중되어 있다. 자신보다 힘이 있어 자신의 평형이나 균형을 깰 수도 있는 어떠한 공격성도 두려워한다. 하다못해 눈싸움 같은 작은 장난에도 극히 조심하고 두려워할 정도로 두려움에 취약하다. 기대하지 않았거나 막연한 상태에서 질문받는 일 또는 모르는 것(정보/지식)에 대한 두려움이 그것이다. 두려움은 (밖에서 들어오는 것이 아니라) 안에서 밖으로 나가는 자기보호적 에너지다. 이 유형의 지식에 대한 추구는 아직 확인하지 않았거나, 너무나 자명한 사실이어서 갖는 두려움이기 때문에 왜곡되어 있는 경우가 허다하다. 촛대, 십자가, 성만찬식상 등의 상징물은 절대자와의 연관성 혹은 인간 경험의 깊이를 반영한다. 이들은 구조화되어 있는 교회월력에 따른 기도문들에 편안함을 느낀다. 눈을 뜨고 기도하거나 초를 켜 놓고 포커스를 맞추는 명상은 누구보다 오래 할 수 있다(Metz & Burchill, 1987; Hannan, 1992; Keating, 1987).

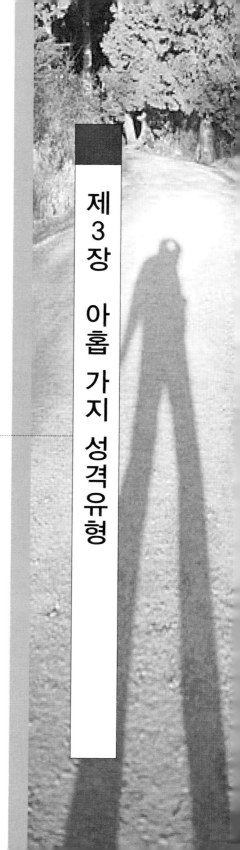

제3장 아홉 가지 성격유형

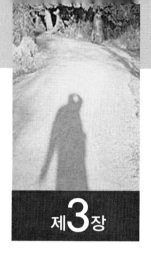

아홉 가지 성격유형

1. 본능유형(8, 9, 1번)

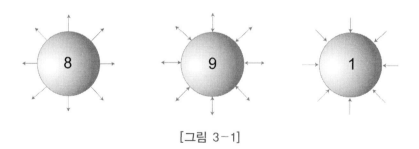

[그림 3-1]

🔖 감정을 통제하거나, 은폐하거나, 적절히 표현하려고 애쓰거나, 제
거하거나, 부정하거나, 억압하려 해도 '정서기능'이 주된 본능이다.

정서과다형의 대표적인 사람들이다.

▨ 결정과정에서 요구에 따라 상황에 응한다. 인간존중이나 공적인 인상 혹은 자기의 개인적 감정을 거의 고려하지 않는다.

▨ 본능은 과거의 경험을 통하여 형성된다. 미해결된 과거의 사건들에서 야기된 매우 강렬한 판단들을 현재의 반응을 통해 체험한다.

▨ 에너지 방향이 환경에 대항하여 밖으로 뻗는 8번 유형, 자신의 충동에 대항하여 내부로 향하는 1번 유형, 내면과 외부의 위협에 대하여 양쪽 모두로 향하는 9번 유형이 대표적이다(Riso-Hudson, 1999; Palmer, 1995; Hurley & Dobson, 1991).

도전하는 사람, 8번

사람들한테 강하다는 이야기를 많이 듣는다. 여자들도 내가 강하다고 하고, 남자들도 나를 센 여자라고 한다. 이 세상에 '세다'는 말을 듣고 좋아할 여자가 어디 있겠는가? 고등학교 전까지는 여자들하고만 학교생활을 했는데 리더를 많이 맡았기 때문에, 다른 사람들에 비해 리더십이 있는 편이다. 그런데 나는 대학생활부터 나의 '센' 것에 대해 좀 의식하게 되었다. 남자와 관계를 잘하고 싶었고 사랑도 하고 싶었기 때문이다. 내가 센 여자가 아니라 자신감 있는 사람으로 보여지길 바랐지만, 갈등 상황에서는 여지없이 내 감정이 터지고 말았다. 사실 난 정이 많아서 눈물 흘릴 일도 많은데, 아마 내 주변 사람들은 결코 믿지 못할 것이다. 단지 좀 솔직한 편이라서 맘에 안 들면 속 끓이지 않고 결국 표현하고야 만다. 그러나 뒤끝은 없어서 아무 일 없다는 듯 일이나 관계를 다시 시작할 수 있다.

내가 그룹에서 이야기를 하지 않고 있으면 사람들이 화났냐고 묻기도 한다. 내 표정이 그렇게 밝지는 않은가 보다. 나는 다른 사람에 비해 내 주장을 펼칠 줄 아는 편이다. 내가 주장적이기보다는 다른 사람들이 소극적인 편이라고 말해 주고 싶다. 나는 꾸며서 말하거나 우회적으로 하지 못하고 직선적으로 말해서 사람들을 상처 입히기도 한다. 나는 힘 있는 사람들한테 아부하는 비굴한 사람들을 좋아하지 않는다. 그리고 나는 그것을 폭로해 버리고 싶은 충동을 종종 느낀다. 사람들은 내가 의리를 중요하게 여긴다는 것보다 내가 목소리가 커서 다른 사람이 상처를 입는다고만 한다. 나보다 약해서 상처를 입는 사람들이 나만큼 책임감이 있다고 생각지 않는다. 어떤 조직에 가더라도 나는 누가 가장 힘(power)이 있는지, 누가 그것에 빌붙어 출세하려고 하는지, 누가 그 속에서 소외를 당하는지 금방 알아차릴 수 있다. 그리고 나는 장담하건데, 약자 편이다. 나는 나보다 약한 사람을 언제라도 지켜 주고 보호해 줄 마음이 있다. 사람들은 내가 들꽃을 보고 좋아하는 모습을 보고 의아해한다. 나처럼 작은 생명체에 대해서 연민을 느끼고 보호해 줄 사람이 있으면 나와 보라고 해!

① 8번 유형의 이미지

강하다, 직설적이다, 자신만만하다, 영향력 있다, 에너지가 많다, 대담하다, 아량이 넓다, 의지가 강하다, 정의롭다, 자주적이다, 확신에 차 있다, 유능하다, 선두에 선다, 세련되지 못했다, 보복한다, 허세 부린다, 소유욕이 강하다, 압도한다, 위협적이다, 둔감하다, 퉁명스럽다, 무정하다, 둔하다, 듣지를 않는다, 거칠다, 오만하다, 호전적이다, 독재적이다, 맞선다, 폭군적이다.

② 복(福)

▨ 자신감이 넘치고 정직하며 솔직하다.

▨ 단호하며 공정하고 관대하다.

▨ 겁이 없으며 놀라운 의지력과 활동력이 있다.

▨ 강하고 용감하며 리더십이 있다.

▨ 정열적이고 현실적이다.

▨ 결단력이 있고 약자를 끝까지 보살핀다.

③ 집착

▨ 삶이 위협적이고 적대적이다. 세상은 전쟁터이며 살아남기 위해서는 힘이 필요하다.

▨ 주도권이 중요하다. 모든 일을 통제하면서 자신의 책임 아래 놓여 있기를 원한다.

▨ 자기주장이 강해 직설적이므로 남에게 겁을 주며 맞선다.

▨ 위협적이거나 스트레스가 많을수록 거칠어지고 공격적이 된다. "나에게 덤벼 봐!"

▨ 도전이 주는 강렬함과 흥분을 즐긴다. 경고 문구를 무시하고 무모하게 덤빈다.

▨ 개인적인 진실함과 완전무결함은 지도자의 강인함과 공평성을 판가름하는 가장 중요한 요소라고 고집한다.

④ 회피

▨ 약함—약함을 싫어하고 또한 자신의 약함을 남들에게 보이고 싶

어 하지 않는다. 힘이 없고 약한 사람을 경멸하고 무시한다—자기
투사

▨ 틀에 박힌 일정이나 권태로움을 좀처럼 참기 힘들어해서 새롭고
자극적인 체험을 찾는다.

▨ 남과 친밀한 관계를 맺어 사랑을 나누지 못한다(사교술이 다소 거
칠다).

⑤ 방어기제

▨ 부정—현실을 부정하거나, 자기가 한 행동에 대해서 인정하기를
거부한다. 인정한다는 것은 위협적인 현실을 수긍한다는 뜻이다.
그리고 불안을 가중시키기 때문에 거부한다. 자기가 생각하는 것,
느끼는 것, 인식하는 것을 충격(trauma)으로 지각하기 때문에 그렇
다. 부정은 급격한 변화의 시기에 일어나는 극단적인 자기보호를
가리킨다.

⑥ 근원적 문제

▨ 인생을 싸움터로 생각하기 때문에 항상 다른 사람과 대결하는 자
세를 취한다.

▨ 자신의 일이 타인의 위선이나 부정을 폭로하는 것이라고 생각한다.

▨ 다른 사람의 힘을 재빠르게 알아차리고 약점을 발견하며 도전받으
면 그것을 공격한다.

▨ 자신이 강하다는 것을 과시하려 하며 강한 사람을 존경한다.

▨ 황소고집을 부리며 그 태도가 오만하다.

평화로운 사람, 9번

나는 느긋한 사람이다. 운전하다 차도를 바꾼다고 해서 몇 분이나 일찍 가겠는가? 괜히 빨리 좀 가겠다고 신경 쓰고 에너지 써 봐야 별로 차이도 안 나는데, 뭘 조바심 내는가? 가까운 친구들이나 직장 동료들은 이런 나의 성격이 답답하다고 말하지만, 내가 보기엔 그들이 인생을 너무 서두르는 것 같다. 나는 무엇보다 '갈등'이 싫다. 일을 제때 맞춰야 하는 데서 오는 내면의 갈등, 불편한 인간관계 때문에 오는 갈등은 나를 긴장하게 만든다. 머리를 좀 복잡하게 하는 과제가 있을 때는 애써 모른 척하려고 다른 일을 붙들기도 한다(사실 난 해야 할 그 과제에 대해 신경을 끈 것이 아니다). 일 사이사이에 마음이 불안해지고 긴장되는 것을 감출 수가 없다. 결국 시일이 임박해서야 일을 해결하는데, 이때는 누가 건드리기만 해도 그 긴장이 터질까 봐, 그래서 일을 해결하지 못할까 봐 두려워한다. 사람들은 내가 일에 대해 얼마나 스트레스를 받는지 겉으로 드러난 평온함 때문에 상상도 못할 것이다. 아내는 내가 하루 종일 빈둥대고 낮잠 자고 TV만 본다고 잔소리하지만, 나는 마음속 긴장이 완전히 풀려야 일을 착수할 수 있다(결국 아내의 심한 잔소리를 듣고서야 움직이기는 하지만). 마음이 복잡하면 일단 잠부터 자고 본다.

내가 보기에 대부분 사람들은 너무 호들갑스럽다. 나는 늘 차분하고 냉정하고 평화로운 상태이며, 목소리도 낮은 편이다. 그리고 상황이나 분위기도 그렇게 이끄는 편이다. 아이들에게는 아이들 상태에 맞춰 주고, 어른들에게는 어른들 상태에 맞춰 주어서, 이쪽저쪽 조율하는 데는 타고 났다는 이야기를 듣는다. 직장에서도 되도록 내 목소리를 내지 않으려고 한다. 목소리를 높여 봐야 갈등만 생기고, 그래 봐야 서로에게 유익도 없다는 것을 나는 너무도 많이 봐 왔다. 진득하게 있다 보면 좋은 일이 생기기

마련이다. 이런 나의 진득한 면을 쇠심줄 같고 똥고집이라고 비난하는 아내를
보면 답답하지만 그래도 어쩌랴!

① 9번 유형의 이미지

인내심 있다, 여유가 있다, 겸손하다, 동요하지 않는다, 안정적이다,
편안하다, 수용적이다, 침착하다, 허용적이다, 허세가 없다, 평온
하다, 조화를 이룬다, 방임적이다, 느긋하다, 참작한다, 양보한다,
일을 미룬다, 별 기대가 없다, 지루하다, 우유부단하다, 화를 억누
른다, 장황하다, 안일하다, 나태하다, 태만하다, 지나치게 순응한
다, 수동-공격적이다, 초연하다, 완고하다.

② 복(福)

평화적이고 공정한 중재자다.

침착하고 편안하며 겸손하다.

넓게 받아들이는 수용성을 가지고 있다.

누구에게나 위안을 준다.

어떤 상황에서도 좋은 점을 찾아내어 화합하고 일치시킨다.

인내심이 강하고 온순하며 스스로 만족한다.

③ 집착

모든 것이 평화롭고 욕구들이 충족되며 영양분이 공급되는 안정에
집착한다.

집착에 사로잡힐수록 내외적 갈등과 투쟁에 관여하기를 거부하며
시간을 허비한다.

▨ 가혹한 진실을 아무것도 문제되지 않는다는 식으로 조용하고 덤덤하게 표현한다. 위급한 상황인데도 항상 "잘 해결되었어."라고 한다. 나중에 보면 손을 쓸 수 없을 정도로 꼬여 있어 속 터지는 경우가 많다.

▨ 인생에서 심각하거나 흥분할 일이 없다. 평화를 위한다는 명분아래 고생할 준비가 되어 있다. 말과 동작이 느려, 세월아 네월아 식이다.

▨ 다른 사람의 말을 잘 따라 주기는 하나 내면에 고집스러움과 저항이 있다(수동공격형). 어떤 일에 동의해 놓고 싫으면 행동으로 거부하는 고집불통이다. 말은 yes, 행동은 no!(주말에 김 씨: 연극관람하자, 박 씨: 영화 보자, 9번 유형: 속으로 뮤지컬 보자, 그러나 침묵. 회원들은 연극으로 결정, 다음 날 9번 유형은 약속 장소에 안 나타난다).

④ 회피

▨ 갈등-연결을 잃는 것과 자기 혼자 떨어져 나가는 것에 대한 두려움이 있다.

▨ 다른 사람의 요구에 따라 좌지우지될 가능성이 많다.

▨ 결단이나 선택을 못하고 일의 우선순위를 정하지 못한다. 누군가 요구할 때 혹은 자신이 뭔가를 선택할 때 '알아서 하세요.'라는 말을 자주 쓴다.

▨ 문제 발생 시 어떠한 반응도 보이지 않고 무시하거나 끝까지 해결되도록 견딘다. 상사의 간섭이 심해도 왜 그러는지 알려고도 해결하려고도 하지 않고 그만둬 버린다.

⑤ 방어기제

🔳 수면－시간 내에 해야 하는 일이 너무나 많다고 생각하기 때문에 뭔가 변화가 생기면 곧 혼란에 빠지고 만다. 외부에서 강한 자극제나 수면제를 찾아 혼수상태나 수면에 빠져 무기력해진다. 만사를 똑같이 취급하고 어떤 것도 부각시키지 않는다. 큰일도 하찮게 만들어 버린다.

⑥ 근원적 문제

🔳 나태(게으름)－세상에 뛰어들어 활기차게 살려고 하지 않고 안일하다.

🔳 새로운 지식과 기술을 습득하는 데 게으르다－있는 상태 그대로 만족하고 변화를 싫어한다. 무언가 결정해서 배움을 '시작'하는 데 5~6년이 걸릴 정도로 엉덩이가 무겁다.

🔳 소극적인 공격성향－상대에게 딴죽을 걸거나, 냉소적인 논리를 통해 분노를 표출한다.

🔳 장시간 가만히 앉아서 과자를 먹으며 TV 시청이나 독서하는 것을 무료하게 느끼지 않는다.

🔳 자신에게나 타인에게나 잠에 대해 관대하다. 아침에 남편과 아이 보내 놓고 한숨 잔 다음 일을 시작하거나, 직장인인 경우 근무 시간에도 여건이 되면 어딘가에서 졸 수 있다.

🔳 할 일을 미루는 경우가 많다. 보고 날짜가 촉박해서야 시동이 걸려 일을 한다. 일과 나 사이의 '갈등'이므로 싫어한다.

개혁적인 사람, 1번

나는 모든 게 깨끗한 것이 중요하다. 그리고 모든 것은 정리되어 있어야한다. 그렇지 않으면 난 어찌해야 할 지 모른다. 왜 사람들은 나처럼 생각하고 행동하지 않는지, 도대체 그 사람들은 무엇이 도덕성이라고 생각하는지 이해할 수 없을 때가 많다. 남한테 피해 주지 않고 예의와 약속을지킨다는 것이 뭐 그리 대단한 일인가? 나한테는 지극히 당연하고 마땅한일인데 말이다. 그렇다고 이 불만을 밖으로 표출하지는 않는다. 내 생각의대부분이 분명 옳지만 그렇다고 공격적으로 주장할 것까진 없다고 생각한다(집에서는 잔소리 왕이다). 물론 사람들이 내 방법에 따라오지 않을경우 화가 나거나 짜증이 난다.

식구들은 나한테 피곤한 성격이라고 한다. 언제나 눈만 뜨면 걸레질부터 시작하고, 먼지나 머리카락 하나 떨어진 것도 찾아다니며 테이프로여기저기 먼지를 제거한다. 신혼 초에는 남편이 내 수건을 사용해서 얼마나 싸웠는지 모른다. 남편은 부부간에 무슨 수건을 따로 쓰냐고 항변했지만, 난 부부간에도 지켜야 할 예의가 있다고 생각한다. 어린 아들에게도등하교 할 때 시간 지키는 것을 얼마나 철저하게 가르쳤는지 모른다. 허겁지겁 다니지 말고 항상 먼저 가서 기다리는 사람이 되어야 한다고 교육시킨다. (이건 좀 너무한다고 나 스스로도 생각하지만) 나는 아이에게 모래놀이는 제발 하지 말라고 종용한다. 정말이지 지저분한 꼴은 참을 수 없기때문이다. 내가 좀 깐깐하게 군다고 생각할지 모르지만, 사실 난 인정이많은 사람이다. TV에서 하는 동물을 이용한 게임이나 오락은 동물학대로생각되어 당장이라도 전화해 그런 짓 하지 말라고 가르치기도 한다. 불치병이 걸린 어린 아이가 나오는 프로그램은 정말이지 마음이 아파 볼 수가없다.

① 1번 유형의 이미지

책임감 있다, 양심적이다, 신뢰할 만하다, 정확하다, 정직하다, 도덕적이다, 기준이 높다, 이상주의적이다, 철저하다, 공정하다, 윤리적이다, 열심히 한다, 비판적이다, 분노한다, 기대치가 높다, 참을성이 없다, 요구가 많다, 도덕적이다, 지나치게 노력한다, '해야 한다'가 많다, 지나치게 진지하다, 간섭한다, 날카롭다, 완벽주의적이다, 초조하다, 비현실적이다, 엄격하다, 청교도적이다.

② 복(福)

이상적이고 원칙적이다.

정리정돈을 잘하고 부지런하다.

근면 성실하고 일을 정확하게 처리하여 신뢰를 얻는다.

말과 행동에 일관성이 있는 정직한 사람이다.

양심적이고 공정하다. 개인적인 이득 때문에 일하지 않는다.

세상에 대한 개선의 의지가 강하며 윤리 도덕적이다.

③ 집착

완벽함과 옳은 일, 성실함에 집착한다. 아이가 집에 돌아오면 숙제부터 하게 하고, 쇼핑할 때는 철저히 계획하고 구매하며, 가계부 정리도 잘한다.

강한 의무감으로 모든 상황을 개선시키는 것이 자기의 할 일이라고 생각한다.

어떤 일에서든 잘못된 부분을 지적하고 더 나은 방식을 제시한다.

이미 완성해 놓은 일도 다시 뜯어 고친다(뭔가 부족하다고 느낀다. 예를 들면, 조금 수정해도 될 강의록을 처음부터 다시 기록한다).

▨ 일을 할 때 가장 좋은 방법을 꼭 가르쳐 준다(단순한 설거지나 신문 정돈, 노트 정리하는 법까지 알려 줘야 성이 풀린다).

▨ 방문한 집의 현관에 신발정리가 안 된 것이나 벽에 액자가 비뚤어지게 걸린 것 등이 눈에 꼭 띄고 거슬린다. 시각이 부정적이다.

▨ '~하지 않으면 안 된다' 또는 '~해야 한다'라는 말을 자주 사용한다. 내면의 비판자(critic)가 있어 꼭 '~해야 한다'는 자기만의 기준이 많다.

▨ 지나쳐 버릴 수 있는 것까지 자기변호와 자기비판을 잘한다. 못 가서 미안하다고 말하면 되는데 '그날 이래저래 못 갔다.'고 자기변호를 한다.

▨ 자연스러운 본능(성과 배설)도 더럽고 부끄러운 것이라고 여겨서 지나치게 감추려고 신경 쓴다(몸이 아파 누워 있는데 장롱 부분이 더러우면 닦고서야 잠이 들고, 10년이 된 싱크대도 반짝거리게 닦고, 화장실 옆에 누가 있으면 볼일도 못 본다).

▨ 늘 긴장하고 심각해서 휴식을 취하기 어렵다. 휴가를 가서도 의무감에 뭔가를 해야 한다고 느껴, 진지하고 유익한 책을 꼭 가져간다. 노는 것도 일하는 것처럼 한다.

④ 회피

▨ 분노를 피하거나 누른다.

▨ 이룰 수 없는 이상을 추구하므로 항상 현재에 만족하지 못한다.

▨ 자신의 분노를 인식하지도, 표출하지도 못하고 억압한다. 화내는

것은 완전하지도, 옳지도 않은 일이라고 생각하기 때문이다.

▨ 분노를 피할 때 화는 내지 않지만 얼굴이 붉어지고 불만족한 표정이 역력하다.

⑤ 방어기제

▨ 반동 형성—위협적인 충동에 대처하기 위해 그런 충동과 반대되는 행동을 하는 것을 말한다. 무의식적인 소망은 충동적인데, 겉으로 드러나 보이는 것은 그 반대다. 분노가 올라오는 것을 의식적으로 억압시켜서 의젓하게 행동하지만, 쌓이면 한꺼번에 폭발한다. 필경 '남이 나를 화내게 해서 어쩔 수 없이 화를 내야만 했다.'고 변명할 것이다.

⑥ 근원적 문제

▨ 어떤 일에 집중해 있을 때는 그 일만 생각한다. 어딘가에 너무 초점을 맞추다 보니 쉽게 화를 낸다. 대화 중에 누군가 끼어들어 초점을 잃게 하면 매우 불편해한다.

▨ 억누른 분노 때문에 많은 부작용을 초래한다. 변덕스러워지고 우울감에 빠진다. 배우자나 아이에게 분노를 폭발할 때 폭언이나 폭력을 휘두를 수도 있다.

▨ 자기 마음대로 안 될 때는 자기, 남, 세상에 대해 낙담하거나 분노감을 느끼며 남을 탓한다.

▨ 남들은 노력하지 않고 책임감 없이 행동한다고 느껴 원망이 나온다. '왜 나만 이렇게 열심히 일해야 하는 거지?'

▨ 원형 그림자—내면에 자신의 부정적인 감정을 너무 오래 방치해

두면, 언젠가 그 쌓인 감정이 자신을 압도하여 이성을 잃어버리게
만든다.

▨ 전치－감정을 발산하고 싶은 대상은 따로 있는데, 그 직접적인
대상한테 표현하지 못하고 자기보다 힘이 약한 대상을 골라 자신
의 실제 감정을 폭발한다.

2. 감정유형(2, 3, 4번)

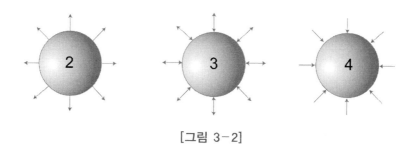

[그림 3-2]

▨ 감정유형은 자존심과 사랑받는다는 느낌을 지탱하기 위해 다른
어떤 유형들보다 타인의 '동의와 인정'에 의존한다. 인정받기 위해
너무 많이 움직인다(행동과다).

▨ 누가 권위가 있는가와 지금 어떤 이미지가 중요한가에 대해 상당
히 관심이 많다. 이미지는 대개 거짓된 혹은 가장된 이미지에 고착
된 것이다.

▨ 이들이 내세우는 단호한 주장은 보이는 만큼 확고부동한 결단이
아닌 경우가 종종 있다. 감정유형은 타자가 주입한 내용에 따라
자기의 태도나 결정들을 쉽게 수정한다.

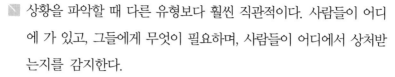

■ 상황을 파악할 때 다른 유형보다 훨씬 직관적이다. 사람들이 어디에 가 있고, 그들에게 무엇이 필요하며, 사람들이 어디에서 상처받는지를 감지한다.

■ 동의와 인정을 보장받기 위해 다른 사람들이 수용해 주고 특별히 바라보도록 '자신의 이미지'를 창출하기도 한다. 그 이미지를 2번은 외부로 나타나는 것으로, 4번은 자신을 향해 내면으로, 3번은 자신과 다른 사람 모두를 향해 나타나는 이미지로 하기 위해 에너지를 쓴다(Riso−Hudson, 1999; Palmer, 1995; Hurley & Dobson, 1991).

돕는 사람, 2번

우리 엄마는 내가 네 살 때부터 친척들이 오면 그 많은 신발을 가지런히 정리해서 친척 할머니들의 칭찬을 받았다고 자랑하셨다. 아마도 그런 자극들이 나로 하여금 더 칭찬받을 일, 사랑받을 일을 하게끔 이끌었는지도 모르겠다. 나는 다른 사람들에게 무엇이든 충분히 나누고 있는지 스스로에게 묻는다. 뭔가가 생기면 친구에게든, 이웃에게든 나누지 않고는 왠지 죄책감이 들 정도다. 동네에 낯선 사람이 여기저기를 기웃거리면 나는 얼른 다가가 어디를 찾느냐고 일단 묻는다. 많은 경우, 내가 가르쳐 줄 수 없기도 하여 남편에게 책망을 듣는 데도 나는 누군가 도움이 필요하다 싶으면 일단 다가가고 본다. 또 먼 여행을 가는데, 옆 사람과 이야기 한마디 안 나눈다는 것은 상상도 할 수 없는 일이다. 나는 누구하고든 금방 친해진다.

사람들에게 도움을 주는 존재가 되고 싶다. 나는 나보다 다른 사람에게 관심의 초점을 더 모으고 있는 것 같다. 다른 사람들이 무엇을 필요로 하는지 말하지 않아도 나는 직감적으로 알 수 있다. 그리고 그것을 내가 채워 줄 수 있거나 도움이 된다면 더 없이 행복감을 느낀다. 그러다 보니 사람들이 내게 도움을 요청하거나 부탁하는 일이 많다. 예를 들어, 시험공부를 해야 하는데 사촌 동생의 부탁을 거절하지 못해 하루 종일 따라다니면서 물건 사는 일을 도와주는가 하면, 헤어진 애인 때문에 가슴 아파하는 친구와 함께 밤을 새워 주느라고 정작 내 할 일은 놓쳐 버리기도 한다. 선물이 들어오면 벌써 '이거 누구 줄까?' 하는 마음부터 든다. 누구에게 그 선물이 더 필요하고 좋겠는지 먼저 생각하면서 '난 괜찮아!' 한다. 옷을 사러 가도 '이 옷은 누구에게 잘 맞겠다.' 싶어 사 오곤 해 예상보다 많은 돈을 지출하는 경우도 있다. 막상 필요한 사람에게 내 것을 포기하고 주었는데, 별 반응이 없거나 시큰둥해하면 (매우) 서운하다. 사실 난 그렇게 서운함을 느낀 경험이 많다.

① 2번 유형의 이미지

▨ 돕는다, 이타적이다, 베푼다, 민감하다, 칭찬한다, 돌본다, 배려한다, 사랑이 많다, 양육한다, 공감한다, 긍정적이다, 수용적이다, 희생적이다, 남을 먼저 생각한다, 함께 아파한다, 귀를 기울인다, 관계 중심적이다, 지지해 준다, 불평한다, 요구가 많다, 맞서지 않는다, 과잉보호한다, 간섭한다, 소유욕이 강하다, 조종한다, 순교적이다, 아부한다.

② 복(福)

▨ 사람을 잘 돌보고 이해심이 많다.

▨ 관대하고 동정심이 많고 남에게 도움이 된다.

▨ 순교자처럼 자신을 버릴 수 있다.

- 타인의 필요, 욕구, 감정까지도 빨리 알아차린다.
- 사람들의 긍정적인 점을 지지하고 격려해 준다.
- 공감력, 직관력, 적응력이 관계 영역에서 뛰어나다.

③ 집착

- 항상 남을 도와야 한다. 좋든 싫든 상관없이 남들이 무엇을 원하는지 신경 쓰고 돌봐 줘야 마음이 편하다.
- 부탁을 받으면 거절하지 못하고, 부탁하지 않은 일도 앞장서 도와준다.
- 돕는 일이 충분치 않다고 느낄 때 (호감 사기 위해) 사람들의 기분을 맞춘다. 그 결과 자신의 감정을 남에게 맞추어서 행동하게 된다.
- 다른 사람들이 자신에게 어떻게 반응하는지 지나치게 중시하며, 상대방이 지지하거나 관심을 보여 주지 않을 때 쉽게 상처를 받는다.
- 모든 사람들과 똑같이 친해져야 한다고 생각한다(우체부, 경비원, 목사님, 이웃아이 등).
- 모든 친구에게 특별히 중요한 사람이 되기를 원한다(비밀을 나누는 의논 상대).
- 사람들에게 봉사하기 위해 시간, 돈, 에너지를 많이 쓰는 편이다.
- 사람들에 대한 소유욕과 애정관계에서 독점욕이 강하다(애욕).
- 내면의 저편 어디에선가 '아니요'라는 소리가 들리지만, 그 말을 꺼낼 엄두조차 내지 못한다.

④ 회피

▨ 자신의 욕구를 부정한다. '나는 어쨌든 좋으므로'라는 생각 속에서 자신이 필요한 것은 인정하지 않는다.

▨ 남을 돌보아 주기 위해 자기의 연약함, 성(性), 애착, 상처 등을 억제하거나 희생한다.

▨ 자신에 대해 진지하게 생각해 보지 않아서 자기 내면을 들여다보는 것이 어렵다.

▨ 내적으로 하는 묵상기도가 어렵고 여러 가지 봉사활동으로 과다행동을 한다.

⑤ 방어기제

▨ 억압－자신의 부정적인 충동, 욕구, 감정을 억압한다. 자신이 자각하고 싶지 않은 어떤 것을 무의식중에 의식 밖으로 몰아내는 것이다. 자신의 필요가 스스로를 근심하게 만들기 때문에, 그것을 억압하여 자신의 필요를 다른 사람들에게 투사한다.

⑥ 근원적 문제

▨ 교만(자만심)－자만심은 자신의 상처를 인식하고 도움을 청하기를 거부한다는 뜻이다.

▨ 다른 사람들을 도우려고 노력하면서 자신의 필요를 거부한다. '나는 어떤 것도 필요치 않아. 나는 괜찮아. 나는 너를 돌보기 위해 여기 있는 거야. 내가 없다면 네가 어떻게 되겠니?'－구원자 콤플렉스

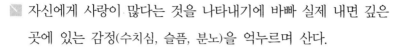

■ 자신에게 사랑이 많다는 것을 나타내기에 바빠 실제 내면 깊은
   곳에 있는 감정(수치심, 슬픔, 분노)을 억누르며 산다.

■ 독립적이거나 홀로 있어 보기가 너무 어렵다. 자율성, 동기, 자기
   중심을 찾는 일은 어느 정도 관계로부터 벗어나야 할 수 있다.

성취하는 사람, 3번

난 스스로 성공적이었다고 자부하며 남들에게도 유능하고 멋지다는
이야기를 종종 듣는다. 사람들과 함께 있을 때 다른 사람들이 내게 주목하
거나 나의 의견이 영향을 미칠 때 나의 긍지감은 높아진다. 그렇다고 나
혼자만 너무 나대는 것은 아니다. 나는 사람들과 일하는 것을 좋아하고
사람들도 대부분 나와 함께 그룹이 되어 일하는 것을 좋아한다. 사람들하
고 잘 지내는 특별한 기술을 쓰는 것도 아닌데, 사람들하고 친하게 지내는
것이 내게는 그렇게 어려운 일이 아니다. 다른 사람들이 내가 한 일에
대해 부정적으로 말하면 기분이 많이 상하지만 되도록 그것에 얽매이지
않으려고 털어 버린다.

남들이 나를 어떻게 볼까하는 점이 중요하며 그런 의미에서 이미지
관리를 철저히 하는 편이다. 힘들고 슬픈 일이 있어서 눈이 퉁퉁 부을
정도로 울다가도 약속 시간이 되면 벌떡 일어나 차림새를 완벽하게 꾸미
고 나가는 나를 보면서 스스로도 놀랄 때가 있다. 유행에 뒤쳐지지 않으려
고 옷차림에도 늘 관심을 가지며, 무대체질이라 떨리다가도 무대에만 서
면 갑자기 자신감이 생기고 힘이 나며 행복해진다. 나는 어떤 분야든지
전문가라는 말을 듣고 싶다. 사소한 일이라도 꼭 수첩에 기록하고 스케줄
을 확인해 가며 일(그것이 살림이라도)을 하는데, 같은 일의 반복은 정말
이지 지루하고 따분하다. 새로운 프로젝트에 뛰어들 때 이미 그 일이 성공

리에 끝났을 때의 기분을 상상하며 먼저 만끽한다. 매일 아침 일어나면 '오늘 뭐 특별한 일 없을까?' 기대하며 계획한다. 과거의 실패나 슬픔은 금방 잊어버리는 경향이 있어서, 하늘이 곧 무너질 것처럼 굴다가도 다음 날이면 언제 그랬냐는 듯 싹 털고 행동한다.

① 3번 유형의 이미지

능률적이다, 성공적이다, 동기부여자이다, 실용적이다, 실제적이다, 목표 지향적이다, 인기 있다, 활동적이다, 다재다능하다, 자신감 있다, 팀 조직자, 능력이 있다, 친화력이 있다, 일을 끝낸다, 관리자 스타일이다, 타산적이다, 편의주의적이다, 앞서 간다, 안달한다, 외모중시, 일 중독자다, 카멜레온 같다, 이미지를 의식한다, 자기선전적이다, 정치적이다, 오도한다, 과다성취한다, 연기를 잘한다, 감정을 무시한다, 과다활동한다.

② 복(福)

자신감과 힘이 있고 적응력이 뛰어나다.

활발하고 효율적이며 실용적이다.

부지런하고 낙관적이며 목표 지향적이다.

동기부여자이며 누구와도 일할 수 있다.

상황에 따라 탄력성이 있으며 유연하다.

긍정적이며 어떤 일도 성공으로 이끈다.

③ 집착

주위 환경에 잘 적응하고 확신에 찬 모습으로 다른 사람들에게 보이길 원한다.

- 가정과 사회에서 성공이라고 정의되는 것이면 무엇이든 성취하고 싶어 한다.
- 가치 없는 존재는 질색이다. 성공을 위해 산다.
- 성취하기 위해 목표 지향적이 되고, 일에 매진한다. 아이 교육이나 큰 집을 사는 것이 목표이면 오로지 그 일에 매진해 조만간에 그렇게 하고야 만다.
- 한꺼번에 여러 가지 일을 동시 다발적으로 해낼 수 있는 능력과 에너지가 있다. 모든 일들을 쉽게, 그리고 아무 탈 없이 잘 성사시킨다.
- 동료와 비교해서 경쟁적이며 최고가 되고 싶어 한다(회사에서 컴퓨터를 제일 잘하는 사람). 일 중독자라는 이야기를 듣기도 한다.
- 항상 무엇을 하려 하며 매우 바쁘게 생활한다(활동적). 스케줄이 꽉 차 있다.
- 화술이 좋아 상황에 따라 자신을 연출하며, 상대방 위주로 말과 행동을 한다.
- 실리를 추구하며 잇속에 밝다. 자신이 하는 일의 도덕적 의미는 중요하지 않다. 일이 성사된다면 그것이 진실이며 또 좋은 것이다.

④ 회피

- 실패를 피한다.
- 실패했을 때 쉽게 패배를 인정하지 않고 남 탓으로 돌린다.
- 실패한 것은 기억에서 지워 버리고 성공한 것만 떠올린다.
- 위기에 몰리면 슬픔과 두려움을 보이지 않고 감정을 닫아 버린다(냉정하고 냉혈적).

⑤ 방어기제

▨ 동일시−이것을 통해 개인은 자기가치감을 고양하거나 실패감에 대처한다. 자신을 성공적인 사람, 사례, 조직 등에 동일시함으로써 자기가치감을 올리고 남들도 그렇게 생각해 주기를 바란다. 매사에 성공한 사람으로, 성공한 조직체에 속한 사람으로 자신을 동일시한다. 자기 자신이 아니라 자기 역할과 동일시한다.

⑥ 근원적 문제

▨ 성공에 대한 집착 때문에 자기와 남을 쉽게 속인다(속임수, 허풍쟁이, 자기기만). 의도적으로 거짓말하지는 않지만 결과적으로 허위가 드러나는 행동을 한다.

▨ 과도하면 허영에 빠진다. 빚에 시달리면서 자녀를 사립학교에 입학시키거나, 적은 월급에 과용하며 이미지에 신경 쓴다.

▨ 자신이 열심히 추구하는 성공을 위해 사생활을 희생하며, 그러기 위해서는 개인적인 감정을 무시해야 된다고 생각하거나 곧잘 그렇게 한다. 역할에 자기를 매몰시켜 버린다.

▨ 너무 많은 시간을 자기와의 관계에 쏟아 부으면 외적인 성과를 제대로 수행하지 못할까 봐 두려워한다. 외적 성과가 없다면 자기평가의 근거가 되는 구체적 기준이 아무것도 없기 때문이다.

낭만적인 사람, 4번

나를 낭만주의자라고 불러도 어쩔 수 없다. 농사꾼은 낭만주의자가 될 수 없는가? 나는 도시에서 학교를 나왔지만 농촌에서 '아름답게' 정원생활을 하며 농사짓는 여성이고 싶었다. 농사꾼 청년과 결혼하기 위해 부모

2. 감정유형(2, 3, 4번) | **77**

형제들 몰래 도망가 결혼한 일은 지금도 내 동네에서 이야깃거리다. 시어머니, 남편, 자녀들까지도 내게 가장 많이 하는 소리가 '개념 없다'는 말이다. 한 마디로, 현실성이 없다는 뜻이다. 난 고구마 밭에 해바라기를 심어 시어머니를 복장 터지게 하고, 여름 밤 앞마당에서 음악회를 열어 전국에서 사람들이 몰려들게 해서 남편을 어이없게 만든다. 난 지금도 꿈을 꾼다. 바다 바로 앞에 있는 새로 산 땅에 고구마 농장과 함께 사람들이 와서 쉬어 갈 집을 지을 것이다. 주변 사람들은 또 일을 벌인다고 어이없어 하지만, 이미 난 그곳에 동백나무를 심어 버렸다! 내가 꿈을 꿔서 안 된 일이 없다.

난 예민하다기보다 감수성이 풍부하다는 말이 더 맞는 사람이다. 난 사춘기를 너무나 힘들게 보냈다. 내 자녀들에게 사춘기가 오기도 전에 그들이 겪을 사춘기 고통 때문에 내 마음이 미리 아팠다면 사람들이 또 웃겠지. 역시나 세 자녀도 혹독하게 사춘기를 보냈지만, 남편이 놀랄 정도로 나는 그들의 광란(!)에 대해 수용적이었다. 사람들은 나한테 항상 하는 말이 '다르다'는 것이다. 고상한 삶을 추구하고 사람들에게 예의 바르게 행동하며, 예술적인 것들에 마음이 끌리는 게 뭐 그리 이상한가? 사람들은 내가 자기네들하고 잘 지내지 못하는 것처럼 말하지만, 누구보다 나는 인간관계에 대해 고민을 많이 한다. 나처럼 사람과 인생에 대해 고민을 많이 하는 사람 있으면 나와 보라고 하라. 단지 난 이런 것들에 대해 함께 이야기를 나눌 고상한 인격을 간절히 만나고 싶다. 사람들이란 어쩌면 그렇게 피상적이고, 마음 통하는 사람 만나기가 왜 그리도 힘든지…. 내 감정이 무시당하거나 이해받지 못할 때 나는 스트레스를 많이 받는다. 그런 상황일 때 식사를 하면 나의 의지와 상관없이 그만 체하고 만다.

① 4번의 이미지

▨ 민감하다, 독창적이다, 미를 창조한다, 취향이 고상하다, 두드러진
다, 느낌이 중요하다, 고급스럽다, 세련되다, 직관적이다, 교양 있
다, 표현력 있다, 특별하다, 오르락내리락, 초연하다, 극적이다, 과
장한다, 소유욕이 강하다, 까다롭게 군다, 비탄한다, 엘리트 의식
이 있다, 조종한다, 관심을 요구한다, 매달린다, 격렬하다, 즉흥적
이다, 감정이 들쑥날쑥하다, 지나치게 예민하다, 오해받는다, 밀고
당긴다.

② 복(福)

▨ 직관적이고 창조적이다.

▨ 상징적인 표현을 잘한다.

▨ 교양 있고 우아하며 기품 있다.

▨ 예술적이고 독창적이고 섬세하다.

▨ 유행에 민감하고 감성적이다.

▨ 감정의 용량과 깊이가 누구보다 넓다.

③ 집착

▨ 특별하고 남과 다른 독특한 자기를 추구한다. 아무도 자기를 이해
하지 못한다고 느낀다.

▨ 깊은 감동을 갈망하고, 희로애락의 모든 감정을 강하게 느낄 때
살아 있음을 자각한다.

▨ 상상 속에서 시나리오를 만들어 자신의 감정을 지속시키고 강화시

킨다. 떠나간 사람을 떠올릴 수 있는 음악을 골라 반복적으로 들으면서 그 감정을 되살린다.

미적이고 감각적인 것(스카프, 귀걸이, 보석과 같은 액세서리)을 통해서 자신의 감정을 유지한다. 주변에 있는 물, 음악, 향, 조명 등을 살려 분위기에 취하기도 하고, 자신의 환경과 물건(펜, 침실의 조명, 커튼 등)에 대해서도 매우 까다롭다.

주변 환경과 대조적인 감정을 갖는다. 다른 사람이 행복하면 왠지 슬프고, 슬프면 왠지 웃음이 나온다.

자존감이 낮아 실제 자신의 능력을 개발하지 않고 환상 속의 자아를 개발함으로써 보상하려 한다. 자신의 실제 능력이 수치심의 원천이 되기도 한다.

인간의 어두운 부분(상실, 이별, 고통)에 흥미가 있고 특히 죽음과 친화력이 있다. 어두운 감정과 친숙하다. 자신의 죽음까지도 미적으로 종종 그려 보곤 한다.

자신의 인생에는 많은 것이 결핍되어 있다고 느껴 대단치 않은 장벽에도 쉽게 상실감에 빠지고 자존심에 상처를 받는다.

예민한 감수성 때문에 자신의 섬세하고 민감한 부분을 알아주지 못할 때 상처받고 의기소침해하고 우울해한다.

④ 회피

모든 평범함을 꺼린다(진부한 것, 관례적인 것, 품위 없는 것, 피상적인 대화 등).

남들과 똑같아지는 것에 공포를 느낀다.

사회규칙을 무시하기 쉽고, 다른 사람들이 강제로 시키는 일에 저항감을 느낀다. 획일적이고 규칙에 얽매이는 공동체 생활을 힘들어 한다.

⑤ 방어기제

인위적 승화-승화란 성적(性的) 혹은 공격적 에너지를 사회적으로 인정받고 존경받는 방향으로 돌리는 것이다. 4번의 항상적 느낌은 이해받지 못한 것이거나 개인적 이상에 맞지 않은 것에 대한 자신의 수치심이다. 그것이 드러날 것에 대한 두려움이 간접적인 표현으로 나타나는데, 바로 실내장식, 고상한 취미, 우아한 삶, 영성 모임 등이다. 이것들은 우연한 것 같지만 승화의 일환으로 이루어지는 것이다.

⑥ 근원적 문제

질투-선망에서 나온다. 늘 뭔가 부족하다는 느낌 때문에 자신에게 없는 것을 다른 사람이 갖고 있으면 부당하다고 느낀다. 그래서 누가 나보다 더 두각을 나타낼지 모른다는 두려움을 종종 상상한다.

어릴 적부터 가족이나 친구들이 자신보다 더 훌륭하다고 느껴 왔다. 그 결과 만성적인 외로움과 갈망을 갖고 있다.

성공하면 애정을 원하고 애정을 얻으면 고독을 얻고 싶어 한다.

어떠한 관계도 완전할 수 없다는 비관적 태도에 사로잡힌다. 모든 관계가 실패하는 것은, 자신에게 어떤 필수적 요소가 결여되어 있기 때문일 것이라고 생각한다.

자신에게 없는 다른 것을 추구하기 때문에 현실에 잘 만족하지 못하고 삶에 주어진 작은 축복들을 알아차리기 어렵다.

3. 사고유형(5, 6, 7번)

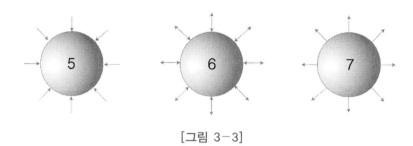

[그림 3-3]

▨ 자신을 안전하게 해 준다고 믿는 일을 하려고 하기 때문에, 세상과 관계 맺을 때 앎을 중추적 기능으로 삼는다. 정보나 지식에 너무 많이 집착한다(지각과다).

▨ 상황을 파악한 후에 자신을 어떻게 이에 적응시킬 것인지를 결정한다. 사람들의 변덕에 놀아나는 것을 싫어한다. 그래서 성찰을 위해 한 걸음 물러나는 자세를 취한다.

▨ 결정과정에서 논리적이고 이성적이며, 타당성이 있는지와 권위자와 자신이 속한 단체에서 받아들여질 수 있는지에 마음을 쓴다.

▨ 3인칭 화법－사고유형의 전형적인 익명성과 은둔성을 말한다. 자기의 생각을 표현하기 위해 제삼자를 끌어들여 인용한다. '그들의 말에 따르면' 혹은 '~라고 이야기하더라'의 형태를 취한다.

▨ 외부 세계에 대한 두려움 때문에 내면으로 도망치는 5번, 내면 세계에 대한 두려움 때문에 밖으로 도망치는 7번, 외부의 위협을 피하기 위해 내면으로, 내면의 위협을 피하기 위해 외부로도 도망치는 6번 유형이 대표적이다(Riso-Hudson, 1999; Palmer, 1995; Hurley & Dobson, 1991).

탐구하는 사람, 5번

나는 사람들을 싫어하는 것은 아닌데, 사람들과 시간을 보내는 일이 좀 피곤하게 느껴진다. 기본적으로 남의 눈에 띄는 상황을 만들려고 하질 않으며 사교모임이 어색하기도 하다. 사람들은 자기 문제를 왜 그렇게 까발리며 나누기를 좋아하는지…. 누군가 내게 호의를 보이며 도와주겠다고 나설 때도 고마운 게 아니라 오히려 당황스럽다. 나는 내 문제를 혼자 해결하는 편이다. 내 이야기를 남한테 좀처럼 하지도 않지만, 하더라도 내가 텅 빈 것 같은 공허감이 들어 후회하곤 한다. 사람들은 내가 비밀이 많은 것 같다고 하지만, 사실 난 입이 무거운 사람이다. 타인의 이야기에 대해서도 비밀을 잘 지켜 줄 수 있어서 그런 면에서 사람들이 날 신뢰한다. 나는 혼자만의 시간과 공간을 가져야 하며, 누구에게도 그것만은 방해받고 싶지 않다.

주로 책이나 신문을 통하여 정보를 얻고, 필요할 때 다시 한 번 읽기 위해 스크랩을 잘 해 둔다. 보통 사람들도 필요한 정보를 잘 보관하겠지만, 내 경우는 그보다 더하다고 말하고 싶다. 어떤 책에 한번 빠지면 끝장 볼 때까지 독서를 한다. 사람들이 보통 알지 못할 거라고 생각되는 정보를 만나면 호기심이 더 생겨 밤을 새워 가며 파헤칠 수 있다. 책도 단편은 말할 것도 없고 10권 혹은 15권짜리 대하소설을 주로 읽는다. 사람들에게 내 지식을 자랑하기 위해서가 아니라, 내 생활이 신문이나 잡지, 책들과 가깝다는 말이다. 사람들 앞에 서서 발표를 한다거나, 사람들이 나만 쳐다보고 있는 상황은 싫어하지만, 그렇다고 사람들이 내 존재를 모르는 것을 원하는 건 아니다. 내가 지은 아이 이름을 보고 사람들이 가끔 특이하다고 말할 때, 그것이 내가 존재하는 방식이라고 말해 주고 싶다. 그러나 예의 바르게 미소만 지을 뿐이다.

① 5번 유형의 이미지

생각한다, 탐구적이다, 관조적이다, 지적이다, 진리를 추구한다, 신중하다, 관찰한다, 합리적이다, 논리적이다, 이해한다, 나서지 않는다, 철학적이다, 지각이 예리하다, 추상적이다, 분석가다, 아는 것이 많다, 혼자서 행동한다, 인색하다, 억제한다, 지나치게 초연하다, 말이 없다, 대리체험을 한다, 저장한다, 경멸한다, 신경 쓰지 않는다, 차갑다, 완고하다, 숨어 있다, 탐욕스럽다.

② 복(福)

분석적이며 지각이 있다.

생각이 많으며 깊고 관찰적이다.

자제력이 있고 현명하다.

초연하고 객관적이다.

정보를 많이 소지하고 있다.

나서지 않으며 예의 바르다.

③ 집착

현명하기 위해 모든 것을 '알고, 이해하고 싶다'는 것에 집착한다. 모든 것을 알면 삶이 보장받을 것이라고 생각하여 끊임없이 지식을 끌어 모으고, 세미나 등을 쫓아다닌다.

항상 미래를 예측하고 대비하고자 한다(예기치 못한 사태를 두려워하여 미리 정보 입수).

현실에서 얻는 정보를 정리하기 위해 혼자만의 시간과 공간이 필요하다.

▨ 독특한 것, 환상, 비밀, 신비한 것에 관심이 많다(남들이 알지 못하는 분야).

▨ 시간, 에너지, 자원에 대해서는 '탐욕적'이다. 지적 활동에 대해서는 시간과 노력을 아끼지 않으나 타인을 위해 몸으로 직접 봉사하기는 꺼려 한다.

▨ 수집욕이 강하다. 신문, 잡지, 관심 분야에 대한 노트나 책, 레코드, 선물 등 수십 년된 것들이 책상 서랍에 가득하다.

④ 회피

▨ 사람 앞에 나서는 것, 주목받는 것을 별로 좋아하지 않는다. 사교적이지 않다.

▨ 내적 공허감을 피한다. 공허감을 채우기 위한 훌륭한 도구는 지식이라고 생각한다.

▨ 사생활이 공개되는 것이 두려워 조심스러운 자세로 관계를 맺고 현실에 개입하지 않으려고 한다. 그러나 관찰자로서 모든 것을 알기 원한다.

▨ 정서적 표현을 요구하는 개인적 관계나 왁자지껄한 단체모임을 피한다. 심지어 자신을 도우려는 사람들조차 피한다.

⑤ 방어기제

▨ 퇴행─과도한 긴장이나 부적절한 행동으로 되돌아감으로써 자신이 느끼는 두려움에 대처하려고 한다. 5번은 감정이 얽힌 것을 해소하기 위해 퇴행한다. 지나치게 의존하거나, 숨거나, 권위자에게 지나치게 매달리거나 한다. 삶의 실제적 부분을 연관시켜 생각

하기보다 부분으로 단편화시켜 분할하는가 하면 그것을 지적으로 추상화시켜 논쟁하려 한다.

⑥ 근원적 문제

- 인색―나누면 마음이 텅 빈 것 같다. 그래서 자신을 드러내기에 인색하다.
- 지식·정보를 단지 비축하는 데 여념이 없다.
- 사생활 공개 등의 사적인 노출을 거의 하지 않는다.
- 자신의 욕구에도 인색하다. 자신의 필요를 최소한으로 줄인다(먹을 것, 입을 것).
- 다른 사람들의 보살핌을 거절함으로써 나중에 생길 상처와 좌절에서 미리 자신을 방어한다.

충실한 사람, 6번

나는 늘 '준비'하는 일에 많은 노력과 시간을 기울인다. 허황된 욕심을 부린다거나 기적 또는 요행수 등은 기대하지 않기 때문이기도 하다. 내 자신이 계획하고 힘쓰고 노력한 결과가 다행스럽게도 거의 괜찮았다. 무엇이든 스스로 성실하게 한 일에 대해 생각할 때 기분이 좋다. 일례로, 나는 내가 만든 음식을 가장 맛있어 한다. 사람들은 "남이 해 준 음식은 다 맛있는데 내가 한 음식은 별로야."라고 말하는데, 내겐 이해가 안 된다. 음식점에서 만든 음식은 그 조리과정이 어떤지 알 수가 없어 안심이 안 되지만, 내가 만든 음식이야말로 가장 믿을 만하지 않은가? 그런 점에서 내 안에 의심이 있다는 걸 인정한다.

어떤 선택을 할 때는 의심(혹은 의문) 때문에 결정을 내리는 것이 힘들다. '만약 ~라면 어쩌지?' 하는 의심이 끊임없이 내 마음을 혼란스럽게 한다. '이렇게 결정했을 때 결과는? 저렇게 했는데 결과는?' 이렇게 계속적인 고민의 끝은 결국 또 고민이다. 그래서 나 대신 누군가 차라리 결정을 내려 줬으면 하고 바랄 때가 많다. 나는 일단 주어진 일에는 최선을 다하지만 어떤 모임에서 되도록 책임을 맡지 않으려고 한다. 이상하게도 사람들은 책임 맡을 일을 대부분 나한테 맡기는 것 같다. 인생에서 신용만큼 중요한 것은 없기 때문에 누구와의 약속이든 약속은 꼭 지켜야 한다고 생각한다. 당신이 지금 뭔가 필요하다면 그래도 다른 사람보다는 내가 도와줄 수 있을 것이다. 실과 바늘, 이쑤시개, 껌, 물티슈, 생리대, 반창고, 손톱깎기, 하다못해 두통약까지 만약을 대비해 가지고 있는 사람이 바로 나이기 때문이다.

① 6번 유형의 이미지

조심스럽다, 믿을 수 있다, 공손하다, 충성스럽다, 책임감 있다, 신뢰할 만하다, 분별력 있다, 양심적이다, 신중하다, 명예를 존중한다, 권위를 의식한다, 결연하다, 준비되어 있다, 완고하다, 교조주의적이다, 의심한다, 초조하다, 소심하다, 보수적이다, 가이드라인이 있다, 최악의 상황을 가정한다, 우유부단하다, 경계한다, 근심이 많다, 규칙을 따른다, 도전한다, 확신이 없다, 공포순응/공포대항한다.

② 복(福)

충성적이고 간호적이다.

책임감이 강하고 믿을 수 있다.

- 꾸준하게 성실하고 노력한다.
- 남을 존중하고 배려한다.
- 항상 준비되어 있다.
- 용감하다(어떤 점에서).

③ 집착

- 안전하고 확실해야 한다. 삶은 위험과 불확실함으로 가득 차 있다. 돌다리를 두드려 보고도 건너지 않는다(안전제일주의).
- 자신감이 없어 자기 의지대로 행동하는 것을 두려워한다. 그래서 외적인 권위(조직, 법, 자기 편, 신념)에 의존한다.
- 소속되어 있는 공동체에는 충실하나 외부인에게는 경계심이 많다 (우리 편, 우리 교인, 집단 이기주의 가능성). 가족을 따뜻하게 보살피고 살림을 잘 꾸려 나간다.
- 지나치게 충실하고 책임 있는 사람이 되려고 한다. 아내에게 외식을 약속해 놓고, 나중에 절친한 친구로부터 전화가 오면 어쩔 줄 몰라 한다.
- 너무 신중해서 결정을 내리지 못한다. 내면에 '위원회'가 있어서 '이 일을 해야 할지 모르겠다, 아들은 뭐라 할까, 그는 찬성할 거야, 그렇지만 남편은 반대할 텐데, 신문에는 이렇게 나와 있던데, 목사님께 한 번 여쭤 볼까?' 하며 끊임없이 묻고 확인한다(우유부단).
- 권위가 있으면 복종하나 그렇지 않을 때는 거역한다. 냉장고가 고장나 전문가를 불러 고쳤는데, 또 고장나면 그 권위에 심한 불신과 분노를 느끼고 저항한다.

④ 회피

▨ 불확실성, 특별함, 단체에서의 일탈(불순종)을 피한다. 조직, 틀, 사람, 사상에 있을 때 안정감을 느낀다. 상황 변화에도 불구하고 약속은 지켜야 한다. 한밤중에도 횡단보도를 지켜 건넌다.

▨ 조금만 정도에서 벗어나도 극단적으로 대처한다. 고발자, 비난자, 경계자, 감시자다.

▨ 갑작스런 변화와 모험, 도전을 좋아하지 않는다. 부동산 투자의 일확천금주의를 혐오한다.

⑤ 방어기제

▨ 투사─자신이 수용하기 싫은 소망이나 충동을 다른 사람의 탓으로 돌리는 것을 말한다. 혐오감이나 공격성 혹은 수용하기 싫은 충동을 '그 사람 때문이지, 내 탓이 아니야.'라는 식으로 받아들인다. 6번은 타인을 믿지 못하는 자신의 마음을 적의, 혐오, 부정적 생각으로 투사한다. 최악을 예상하는 부정적 상상력도 투사에서 비롯된다.

⑥ 근원적 문제

▨ 두려움과 공포─내적 권위가 없어 남의 권위에 의존하기 때문에 최악의 상태까지 상상한다.

▨ 미래에 대한 걱정이 많다. 안전을 보장해 줄 확실한 것을 찾는다. 보험도 믿을 수 없어 은행을 선호한다. 전망은 있으나 위험 부담이 있는 곳에서는 일하기 꺼려 한다. 그래서 공무원 같은 안정된 직장

을 선호한다.

 사소한 근심과 불필요한 의심으로 두려움에 시달린다. 지붕이 새진 않나, 타이어가 갑자기 펑크 나면 어떡하나, 아이가 늦으면 유괴되지나 않았을까 등의 걱정을 한다.

 공포순응형 — 어떤 상황에서 행동보다 분석을 시도하고 권위 있는 자가 시키는 대로 한다. 의심에 시달리고 우유부단하다(집에 없는 사이에 시어머니가 전화했다는 소리를 듣고, '나보고 매일 놀러 다닌다고 하면 어떻게 하지?' 별별 생각을 다하다가 먼저 전화해서 변명부터 한다. 시어머니 왈, "얘야, 고모 전화번호 알려고 전화했다.").

 공포대항형 — 어처구니없는 일로 위험을 감수하며 무모한 행동을 하기도 한다. 과민반응한다. 대리시험을 보려는 동생에게 정색하며 "경찰에 고발할 거야!"라고 협박한다. 사고 나서 감옥 가고 어려운 일이 생길까 봐 두렵기 때문이다.

낙천적인 사람, 7번

나는 남편이 "당신은 지나가는 참새도 불러 한잔 하자고 할 사람이야."라고 말할 정도로 낙천적이다. 나는 새로운 곳을 여행하고 모험하는 것이라면 언제든지 기꺼이 하고 싶은 사람이다. 나는 틀에 박힌 삶, 관성적인 일은 견디지 못한다. 하다못해 같은 곳이라도 새로운 길로 운전해 가 보기를 마다하지 않는다. 낙천적이지 않고서 얻는 유익이 있다면 말해 보라. 그래봐야 인생 쓸쓸하고 손해만 있을 뿐이다. 좋은 게 좋은 것 아닌가? 인생은 얼마나 볼 것이 많고, 만날 사람은 또 얼마나 많은가? 집안에 틀어박혀 있느니 나가서 세상을 모험하고 흥미로운 것들을 보는 것이 세상 사는 맛 아닌가?

나는 진지하고 슬픈 주제를 가지고 이야기하는 것을 좋아하지 않는다. 내가 제일 하기 싫은 것은 병원에 찾아가 아픈 사람을 위로해 주는 일이고, 제일 가기 싫어하는 곳은 장례식장이다. 고통스럽고 슬프고 우울한 얼굴을 보며 이야기하는 것은 제발 사절이다! 주제를 흥미롭고 재미있고 즐거운 것으로 바꾸는 것이 내 능력이기도 하다. 어렵고 힘든 일이 있으면 누구보다 빨리 극복해 내는 것도 나의 좋은 점이며, 인간관계도 복잡하게 얽히는 것을 싫어한다. 사실 난 머릿속이 복잡하고 두려움이 있지만 겉으로 드러내지 않을 뿐이다. 사람들이 날 좋아하는 것도 내게 재밋거리가 많기 때문이다. 내가 가는 곳에는 항상 사람들이 들썩거린다. 그렇다고 내가 놀기만 좋아한다고 생각하면 오산이다. 나는 필요한 것을 배우는데 그렇게 많은 시간이 걸리지 않는다. 뭔가를 깊게 탐구하는 것은 지루하지만 그래도 남들만큼 여러 분야를 정통하고 있다.

① 7번 유형의 이미지

낙관적이다, 우호적이다, 열광적이다, 창조적이다, 모임을 좋아한다, 상상력이 풍부하다, 기쁨에 차 있다, 명랑하다, 외향적이다, 안목 있다, 재미있는 것을 좋아한다, 재미있다, 재미있게 해 준다, 활기 있다, 쾌락주의적이다, 즉흥적이다, 피상적이다, 순진하다, 무르다, 자기도취한다, 분산되어 있다, 비현실적이다, 도피주의자다, 산만하다, 충동적이다, 무책임하다, 일관성이 없다, 백일몽을 꾼다.

② 복(福)

낙천적이고 사교적이다.

유머감각이 풍부하다.

- 긍정적이고 천진난만하다.
- 쾌활해서 분위기를 주도한다.
- 상상력이 풍부하고 호기심이 많다.
- 모험을 좋아한다.

③ 집착

- 행복추구자 – 모든 일에서 쾌락과 재미에 사로잡혀 있다. 혼자 있을 때도 마음속은 재미있는 일과 아이디어로 가득 차 있다.
- 한 가지 일에 열중하지 못하고 이 일 저 일 옮겨 다니며 새로운 것을 배우기 좋아한다. 그러나 어떤 일도 끝내지는 못하고 맛만 보고 다니는 경향이 있어 전문적이 되기는 힘들다.
- 스스로를 '에너지를 주는 사람'으로 정의한다. 사람들의 기분을 들뜨게 하고 활기 있게 만드나 깊이 있게 사람을 사귀는 일은 드물다.
- 삶의 많은 영역에서 지나치게 많은 활동에 열중한다. 생각과 일에서 흥분과 강렬한 자극(감각적 자극)을 추구하며 지루한 것을 싫어한다.
- 마음은 항상 바쁘고 여러 가지 생각으로 가득 차 있다. 아이디어는 무궁무진하지만 생각만으로 끝나고 실천하지 못할 때가 많다. 좀처럼 욕구의 만족을 접어 두지 못한다.
- 우선적인 선택을 하거나 구속당하는 것을 싫어한다. 여행을 할 때도 가능한 한 많은 도시, 유적지를 방문하기를 원하고 더 많이 새로운 것을 체험하기 원한다.
- 매사를 과장하여 밝은 면만 보려 하므로 삶의 깊이와 진지함이 부족하다. 어떡해서든 부정적 감정으로부터 벗어나기 위해 쾌락에 빠져들기도 한다. 감정적인 문제를 처리하기 어렵기 때문이다.

④ 회피

▧ 행복하고 괜찮은 상태로 보이고 싶기 때문에 고통은 어떤 모양이
든지 불편하며 받아들일 수 없다고 생각한다. 자기 삶 속의 고통에
접촉하지 않거나, 그것을 알고는 있지만 타인에게 보여 주기를 꺼
린다.

▧ 7번 유형의 사회적 성향은 종종 내면 깊숙이 자리잡은 두려움을
은폐하고 회피하기 위한 것이다. 이 두려운 감정을 물리치기 위해
수다스러운 표현으로 대화를 지속시키는 경향이 있다.

▧ 매일 반복되거나 지루해질 수 있는 일상적인 일, 그리고 그것 때문
에 자유로움을 구속당할 수 있는 일을 회피한다. 7번 유형의 끊임
없는 아이디어는 일상성을 견디지 못한다.

⑤ 방어기제

▧ 합리화−실패나 상실 등 상처받은 자아를 그럴듯한 이유로 변명하
는 것을 말한다. 높아서 따 먹지 못한 포도를 신포도라고 변명하는
것이 그 예다. 남에게 상처 입을 가능성을 어떻게든 피하거나 부정
하기 위해 자신의 행동이나 태도에 대해 변명한다.

⑥ 근원적 문제

▧ 재미, 기쁨, 쾌락에 탐닉(폭식, 방종, 무절제)한다. 내면의 두려움과
공허함 때문에 외부의 것으로 자신을 채우려 한다.

▧ 흥분과 도취감을 유지하기 위해 기쁘게 해 주는 것을 더 많이 요구
한다. 더 많이 먹고, 마시고, 일하고, 표창을 받고, 아름다운 집에

살고, 더 많이 소유하려 한다.

금전감각이 없어 충동구매하기 쉽다.

모든 것을 과장해서 부풀린다. 단순한 사건을 재미있게 풍선처럼 부풀리는 데 재주가 뛰어나다.

계획이나 일, 관계 등 무슨 일이나 어려워지면 허둥대며 지체하는 경향이 있다. 시간 내에 일을 못하는 경우가 허다하며, 그래서 주위를 자주 당황하게 만든다.

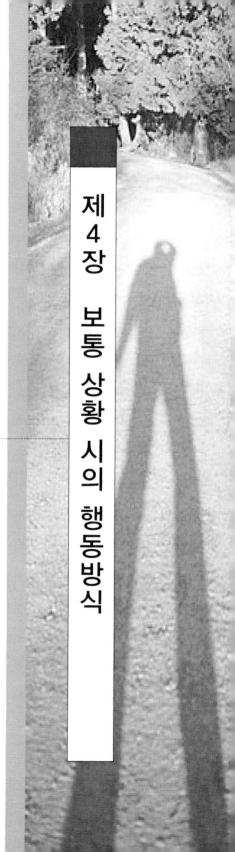

제4장 보통 상황 시의 행동방식

제**4**장

보통 상황 시의 행동방식

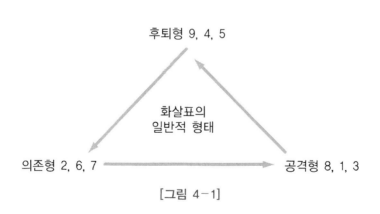

후퇴형 9, 4, 5

화살표의
일반적 형태

의존형 2, 6, 7 ⟶ 공격형 8, 1, 3

[그림 4-1]

　사람들은 대부분 삶의 공포를 극복하기 위해 세 가지 반응을 나타
낸다. 타인에게 의지함으로써 순종하든지, 타인에게 대응 공격을 하

는 적대적 태도를 취하든지, 타인들로부터 고립되어 후퇴하든지의 반응이다. 이것은 인간이 근본적 불안으로부터 자신을 보호하기 위해 노력하는 주된 방식이기도 하다. 아동이 점점 발달해 가면서 소외되고 무력한 느낌, 즉 불안감을 갖는 것은 환경 내의 광범위한 악조건들 때문이다. 악조건이란 직접적 혹은 간접적 지배, 무관심, 변덕스러운 행동, 아동의 개인적 욕구에 대한 존중의 결핍, 진정한 돌봄의 결여, 폄하하는 태도, 너무 많이 칭찬하거나 전혀 칭찬하지 않는 태도, 신뢰할 만한 따스함이 결핍된 것, 부부간 불화에서 편을 들어야 하는 것, 책임감이 너무 많거나 적은 것, 과잉보호, 다른 아동들과의 관계에서 고립, 불공정, 차별, 약속을 지키지 않는 것, 적대적인 분위기 등의 여건들이다.

이런 혼란 상황으로 괴로움을 당하면서, 아동은 이를 버틸 방법들, 즉 위협적인 세상을 다룰 방법들을 모색한다. 자신의 연약함과 두려움에도 불구하고, 환경 속에서 작용하고 있는 문제들의 힘에 대응하기 위해 무의식적으로 나름의 전략을 형성한다. 그렇게 함으로써 사후 전략들을 개발할 뿐만 아니라 인격의 일부가 될 영속적인 특성도 발달시키게 된다. 즉, 아동은 사람들을 향해서 나아가거나(move toward people), 대항하거나(against them), 회피하게(away from them) 된다. 이러한 행동 양식의 기본 동기는 다르다.

세상을 향하든지, 대항하든지, 회피하든지, 어떤 행동방식을 택하든지 그 세 방식 안에는 하위 유형이 있다. 세상을 향하는 이유가 '세상은 내가 적응해야 하는 곳'이라고 생각하기 때문에 그렇게 하는 사람이 있고, '나는 세상보다 더 크다.'고 믿기 때문에 그 방법을 택하는 사람도 있다. 세상을 향하기는 하지만 '나는 세상에 비하면 너무 작다.'고 생각하기 때문에 생존 양식으로 그 방법을 택하기도 한다. 세상에 대한 인식이 어떠하냐에 따라 '의지하거나, 맞서거나, 움츠리는' 방식에도 차이가 있다.

사람들을 향해서 나아가는 애착자(attacher)는 자신의 무력함을 인정하고, 소외와 두려움에도 불구하고 타인에게 애정을 구하며, 그들에게 '의지하고자' 애쓴다. 애착자가 타인에게 안전함을 느끼는 방법은 이 방법뿐이다. 가족 중 사이좋게 지내지 못하는 구성원이 있다면 그는 가장 강력한 사람이나 그룹에 애착을 갖는다. 그들에게 동조함으로써 자신이 덜 약하고, 덜 고립되어 있다고 느낄 수 있는 소속감과 지지감을 얻을 수 있기 때문이다.

사람들에게 대항하며 자신을 지키려고 하는 방어자(defender)는 주변 사람의 적대감을 인정하고 당연시하며, 의식적 혹은 무의식적으로 '맞서고자' 결심한다. 또한 암묵적으로 자신을 향한 타인의 감정과 의도를 불신한다. 그러므로 한편으로는 자신을 방어하기 위해, 또 한편으로는 보복하기 위해 더 강해지고 사람들을 패배시키기를 원한다.

사람들로부터 분리되어 회피하려 하는 후퇴자(detacher)는 소속되기도, 대항하여 싸우기도 원치 않고 동떨어져 있고자 한다. 자신이 그들과 공통점이 별로 없으며, 그들이 자신을 이해하지 못한다고 여기고는 자신만의 세계-자연이나 인형, 책, 자신의 꿈과 같은 자기만의 세계-에 '움츠린다'.

이와 같은 세 가지 태도에는 각각 근본적 불안과 관련된 요소 중 한 가지가 과대 강조되어 있다. 첫번째에서 무력감, 두 번째에서 적대감, 세 번째에서 고립감이 그것이다. 이 우세한 태도는 실제 행동을 강력하게 결정한다. 이것이 가장 편안하게 느끼는 대인관계 방식이자 수단들을 나타내기 때문이다(Horney, 1987, 2006; Beesing & Nogosek, 1984).

1. 후퇴하는 사람(9, 4, 5번)

▨ 그룹 안에 있으면서도 전심을 다하여 그룹의 활동에 끼어들지 않는 유형이다.

▨ 자신만의 사색과 더불어 홀로 있기를 선호하고 그룹의 일에 적응하려고 애쓰지 않는다. 그룹 안에 있을 때 다른 이들을 관찰하길 즐기면서 자신은 뭇사람에게 주목의 대상이 되지는 않는다.

▨ 아주 강한 충동을 갖고 있지 않다. 문제 혹은 골칫거리 상황에서 물러나고자 한다.

▨ 자기만의 인생 목표를 가지고 그것을 어떻게 시작할지 알고 있으나, 그 모든 것을 상당한 초연함으로 추구한다.

▨ 스스로 단체 생활의 주변에 머무르는 이 유형은 가깝게 지내는 개인이나 단체로부터 다음과 같은 소리를 듣는다.

　•고립: 그룹으로부터 떨어져 있기를 선호하고 항상 자기만의 공간을 가지려고 한다.

　•수동적: 할 일이 있을 때 자신과 남들을 편성하는 대신, 남이 자신에게 할 일을 말해 주기 바란다. 불필요하게 자기주장을 하지 않는다.

　•무심하다: 남들의 깊은 열망으로부터 떨어질 수 있으므로 다른 이들의 복지에 대한 관심이 결여되어 있고 기본적으로 이기적이

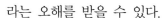

라는 오해를 받을 수 있다.

- 지루하다: 저조한 기력, 불합리한 두려움, 비현실적이며 무미건 조한 이상들은 다른 이들로 하여금 함께 어울리기를 따분하게 만든다.
- 무기력하다: 아무것에도 긴박감을 느끼지 않아서 단체가 무엇을 해도 전혀 열성을 내지 않는다.
- 문제성: 곤경을 이겨 내기 어려운 문제로 확대하는 경향이 있다.

평화주의자, 9번

다음과 같은 면들이 있는가? 그렇다면 당신은 9번 유형이 아니다.

- 사람들이 내게 살아 있고 생명력이 넘친다고 한다.
- '나는 정말로 중요해.' 하고 스스로에게 거듭 말하곤 한다.
- 사람들과 의견이 다를 때, 내 직관에 따라 빨리 결정한다.
- 배우자가 권위적인 태도로 하고 싶지 않은 일을 하라고 요구할 때 즉시 따른다.
- 동창회나 가족 모임을 왁자지껄한 분위기로 이끌 수 있다.
- 자신이 화가 났다거나 왜 화가 났는지를 정확하게 사람들에게 알려 준다.
- 공감을 필요로 하는 친구가 전화를 걸었을 때 "난 말하고 싶지 않은데."라고 말한다.
- 극도로 비판적인 태도로 어떤 사람과 얼굴을 맞댈 수 있다.
- 우유부단해서 입장을 정하지 못하는 사람을 볼 때 비굴하다는 생각이 든다.

9번 유형은 본능 중심 유형으로 '나는 안정되었다. 흔들리지 않는다.'라고 생각하는 특징적인 태도의 사람들이다. 그들은 매사에 '움츠려 있는' 모습으로 후퇴해 있다. '나는 세상에 적응해야 한다.'고 생각하는 사람들이다. 세상이 자기를 올바로 평가하지도 않고 사랑하지도 않기 때문에 이에 적응하기 위해 세상으로부터 움츠러든다. 이는 단념행위이자 갈등을 피하기 위한 방어 전략이기도 하다. 이들은 어떻게든 일이 많이 일어나지 않기를 바라고, 그들 자신이나 남들로부터 기대할 만한 것도 별로 없다고 여겨서 물러나 있다.

이들은 안정되어 있다는 이상화된 자아 이미지에 지나치게 동일시하고, 갈등은 어떠한 형태든지 피하려고 한다. 직장에서 보통 수동-공격적 전술을 쓰는데, 일을 제때 못 마치는 이유도 일과 자신과의 갈등이기 때문이다. 이들은 누군가한테 배신을 당하면 자신도 일말의 책임이 있다고 느낀다. 되도록 갈등 상황을 이해하려고 노력하느라 후퇴해서 생각하는 시간을 갖는다. 그런데 시간이 지난 다음에 여전히 자기가 분한 마음을 풀지 않았다는 것을 알게 되고, 어느 날 적대감이 쌓여 화를 낼 수도 있다. 그렇지만 여전히 9번 유형은 참아 낼 수 있을 만큼 참아서 그들과 정면으로 부딪히지는 않을 것이다.

9번 유형은 도형([그림 1-1])에서 보면 에니어그램의 도착 지점에 있다. 어떤 경지나 목적지에 도착해서 서두를 필요가 없는 지점이다. 그래서인지 지도자로서도 중도파이며, 좌우로 기울지 않는 경향성을 가지고 있다. 그룹과정이 그대로 진행되고 그룹이나 개인의 뜻이 우세하도록 내버려 둘 수 있다는 점에서 민주적이라 할 수 있다. 표면에 거의 '나서지 않으며' 초연한 그들은 공무에서도 통합성의 표본이 된다. 그렇지만 입장을 정하거나 어느 편을 선택할 것인지에 대해서는 곤란해한다.

9번 유형에게는 비폭력적 저항을 가르칠 필요가 없다. 왜냐하면 9번 유형이 세상을 사는 방식이기 때문이다. 다른 이들을 있는 그대로 놔두고 무엇을 하든 있는 그대로 인정한다. 9번 유형의 온화함은 불안정하고 신경증이 있는 사람들도 진정시킬 수 있다. 따라서 까다로운 사람들을 다루는 데 최적격이다. 9번 유형이 어떤 결정을 내리려면 정말로 심각한 위기여야 한다. 9번 유형이 원하지 않는 한 9번 유형이 알아서 시작하게 하는 것이 어려운 것처럼, 9번 유형이 결정을 내렸을 때, 9번 유형의 생각을 바꾸는 것도 매우 어렵다. 9번 유형은 일단 결정한 일에 대해서는 의심을 품거나 재고하지 않을 정도로 명확하고 단순하다. 9번 유형의 내적 침착성과 자세는 단조롭고 변화 없는 억양에서도 드러난다. 결코 성급함을 느끼지 않는 9번 유형은 어떤 처지에서도 가장 침착하다. 질문에 어떤 열의도 보이지 않고, 있는 그대로의 사실적 태도로 평범하게 감동 없이 답한다.

개인주의자, 4번

다음과 같은 면들이 있는가? 그렇다면 당신은 4번 유형이 아니다.

- 무난하고 평범한 사람들이 진실로 인생을 잘 사는 것이다.
- 자기 생각과 느낌을 자연스럽게 흘러나오는 대로 표현한다.
- 누구나 쉽게 잘 사귀는 점은 나의 강점이다.
- 모임에 똑같은 옷을 입은 사람을 만났는데 '그럴 수도 있지.'하고 신경 안 쓴다.

- 평범한 옷을 입고, 흔히 먹는 음식을 주문하는 나는 무난한 사람이다.
- 한 달 내내 자신의 인생에서 일어났던 긍정적인 일만 생각한다.
- 영혼을 찾는 일이 너무나 진부해 쉽게 포기한다.
- 옛 이성 친구의 사진을 냉정하게 버린다.
- 마음이 통하는 사람을 만났는데, 시간이 되었기 때문에 잠자리에 든다.

4번 유형은 감정 중심 유형으로 '나는 특별하다. 독창적이다. 세련되었다.'라고 생각하는 특징적인 태도의 사람들이다. 그들은 보통 상황에 '움츠려 있는' 모습으로 후퇴해 있다. 4번 유형은 자신이 세상보다 작다고 여기면서 자라났기 때문에, 한편으로는 오해받고 있다는 생각에 따라서, 다른 한편으로는 독창적인 방법으로 자신을 표현하려고 한다. 이들은 흔히 다른 사람들과 함께하는 진정한 삶을 경험하기를 기다리는 동안에, 이미 세상은 그들을 떠나버렸다고 느낀다. 막상 슬픈 일이 일어났을 때는 현실이 아니라고 믿고 싶어 해서 직면하기를 회피한다. 상실 이후에는 혼자 떨어져서 그 사건을 오래도록 잊지 않으며 자신의 슬픈 현실을 생각하기 좋아하고 항상 어려움이나 시련의 관점에서 자신의 현실을 바라본다. 자신의 슬픔을 더 확대하여 옛날에 겪었던 슬픈 경험들을 다시 하나하나 끄집어내어 슬퍼하고, 자신이 그렇게 겪어야만 했던 고난을 생각해 본 후에야 비로소 마음이 가벼워진다. 그들은 얼마나 그 느낌을 생생하게 재현하는지, '목이 타는 듯, 가슴 위쪽으로, 명치끝이, 송곳으로 가슴을 후비듯, 가슴이 터져 산산조각 나듯, 현기증이 날 만큼' 등의 생생한 감각적 표현으로 고통을 되새긴다.

이들은 자기가 특별히 공헌한 것에 대해 이해받지 못하거나 미진한 감사의 표현을 들었을 때 감정적으로 상처받는다. 자신은 버림받고 돌봐 주거나 사랑해 주는 사람이 아무도 없다고 느끼기 때문이다. 자신이 무가치하다는 느낌에 외로워하고 저술, 그림, 예술 혹은 자기 자신을 충분히 표현할 수 있는 일기를 꾸준하게 써서 자기표현을 위한 배출구로 삼는다. 미적 감각이 뛰어나기 때문에 4번 유형은 만지는 모든 것에서 아름다움을 쉽게 끌어낸다. 또한 교육적, 사회적, 경제적 배경이 어떻든 간에, 모든 유형 중에서 가장 우아하며 귀족 같은 품위를 지닌다. 아무리 오래되고 낡은 옷을 걸치더라도 기품이 있다.

4번 유형은 자기가 좋아하는 사람들에게 다가가는 것이 무척 힘들다. 다른 사람이 먼저 우정의 주도권을 취해 주어서 자기도 마음을 내보일 수 있기를 선호한다. 막상 다가가서는 '밀고 당기기' 식으로 관계해서 상대를 힘들게 할 수 있다. 그룹에도 잘 끼지 못하는데, 단체 안에 천박함과 피상적인 면이 많다고 느끼기 때문이다. 시끄러운 사람들과 어울리기 힘들어하며, 사람들과 어느 정도 거리를 유지하고 싶어 하는 성질이 그들을 특별하게 보이게 한다. 자신이 다른 사람들과 다르다고 느끼기 때문에 '물러나 있어' 단체의 분위기와 어울리지 않는다.

도형([그림 1-1])을 보면 4번 유형과 5번 유형 사이의 공간이 다른 유형에 비해 넓다. 이 격차를 어떻게 메우느냐에 따라 4번 유형의 태도가 다르다. 5번 유형 날개를 잘 발전시켰다면 효율적인 4번 유형으로, 어떤 글을 썼다면 진실과 아름다움이 묻어 나와 사람들이 이끌리게 된다. 이들은 사람들과 대화하고 반응하는 데 걸리는 시간이

길다. 자기의 대답에 남이 무엇이라고 할까를 궁금해하고 자기의 이미지를 매우 염려하면서 남들의 부정적인 피드백과, 진실이 아닌 이야기를 들으면 동요한다. 4번 유형은 언제나 자신의 응답이 자기를 가볍게 또는 평범하게 보이도록 하지 않는다는 보장을 받고 싶어 한다.

관찰자, 5번

다음과 같은 면들이 있는가? 그렇다면 당신은 5번 유형이 아니다.

- 사람들과 연결되어 있고 누군가에 속해 있다는 느낌은 나한테 매우 중요하다.
- 삶이란 서로 나누고 베풀고 친밀하게 상호작용하며 사는 것이다.
- 내가 그녀를 좋아하고 있다는 사실을 주위 사람들이 알았을 때 오히려 잘됐다고 여긴다.
- 내가 수집한 것들(편지, 신문, 작은 인형 등)을 어느 날 없애고 다시 모으기로 한다.
- 마음에 드는 물건이나 옷을 사 가지고 집에 왔는데 정말 잘 샀다고 만족해한다.
- 고등학교 동창회에 가서 회장을 자원한다.
- 각자 무대에 나와 유머를 발휘하는 모임에서 멋지게 관객을 휘어잡는다.
- 남들의 비밀을 나도 모르게 발설할 때가 있어 당혹스럽다.
- 아이 이름을 지을 때 (남들처럼) 되도록 평범하고 무난하게 짓는다.

5번 유형은 사고 중심 유형으로 '나는 현명하다. 지각이 예민하다.'

라고 생각하는 특징적인 태도의 사람들이다. 그들은 보통 상황에 '움츠려 있는' 모습으로 후퇴해 있다. 5번 유형은 '나는 세상보다 크다.'고 생각하는 사람이다. 모든 것에 대해 지적인 감독관이 되려는 목적에서 사람들로부터 멀찌감치 물러나 있다. 항상 위기 상황을 분석하고 사람들이 거기에 어떻게 반응하는지 관찰한다. 세상에서 최고가 되기 위하여 스스로 연구하고 심사숙고함으로써 현실을 올바로 이해할 필요가 있다고 생각한다. 그래서 모든 것을 다 아는 것이 중요하다. 수줍어하면서 뒤로 물러나 '후퇴하는' 5번 유형은 사생활과 신체적, 심리적 공간의 침해로부터 자신을 보호하려 한다. 5번 유형은 대개 그룹 안에서 무명인으로 자처하거나 단체로부터 이탈하기 때문에 자기들 스스로 따로 놀고 있다는 것을 보지 못하면서 종종 버림받았다고 느낀다. 이들은 남들에게 단지 생을 수용하고 있을 뿐 생을 살고 있지 않다는 인상을 준다. 이들은 인생에서 일어나는 일들을 방관자로서 바라본다. 그러므로 공개적인 경쟁과 대인적인 접촉이 필요한 일들 (정서적인 접촉이 필요한 일, 재빨리 돌아가는 대인관계 일, 호텔에서의 고객 서비스 자리 등)은 어려울 수 있다.

5번 유형은 천성적으로 말과 미소, 함께 있는 것, 금전 문제에서 인색하다. 그들은 내부에서 돌아가고 있는 일의 대부분을 나누면 자기 영혼을 잃어버린다고 느낀다. 그 누구와도 전념하는 관계를 갖지 않기 때문에 우정을 유지하고 지속하기가 어렵다. 그들은 관념적이고 지적인 수준에서 우정을 유지할 수 있다. 배신을 당했을 때는 당장 그 사람을 자기 삶에서 제외시켜 버린다. 어쩔 수 없이 그 사람을 만나야 한다면 아주 피상적으로 무뚝뚝하면서 무례하지 않게 대한다. 정서적으로 스스로 격리시키고 혼자서 모든 것을 해결하고 혼자 있는 것을 좋아한다. 생의 의문들에 대한 해답을 끊임없이 추구하는데, 인생 여정을 자기 자신들과 연결시키지 못하는 결함 때문에 생을 지배할 능력이 없는 것 같다. 대개 적성 분야에 속하는 주제가 아니라면 그 무엇에 관해서도 말하고 싶어 하지 않는다.

5번 유형에 속하는 사람들의 아이디어는 창의성이 있으며 전통에 도전한다. 그들의 두뇌는 항상 정반합의 사고에 끊임없이 사로잡혀 있다. 그러나 현실과 지금 당장이라는 실용주의에 직면했을 때는 꼼짝 못 한다. 일을 할 때는 감정을 개입하지 않고 냉철하면서 빠르게 효율적으로 처리한다. 그리고 일이 끝난 후에 감정적이 된다.

어떤 5번 유형들은 말이 많아서 정보나 이론, 사실을 계속해서 말한다. 이들은 세부사항을 지나치게 이야기함으로써 상대방을 지루하게 한다. 움츠리는 형이지만 자기의 재능을 확인하고자 시도할 때, 특히 다른 아이디어를 한데 모으려고 시도할 때 아주 미묘한 반응을 보인다. 그들은 자신의 발언을 지키려고 몹시 경계하고 그 발언을 불신하려는 어느 누구의 시도도 방어한다. 자신의 신념 체계를 변호하고자 권위, 연구, 조사, 그리고 성서를 인용한다. 도형으로 보면, 4번 유형과 함께 에니어그램의 제일 아래 있어서 가장 우울해 보일 수 있다. 이들은 끊임없는 사고 과정을 통해 문제를 확대하고 결국은 어두운 쪽으로 각본을 쓴다. 그들의 두뇌는 수없는 장애물을 만드는 미해결의 갈등으로 가득 차 있다.

2. 의존하는 사람(2, 6, 7번)

▨ 의존적인 사람들은 다른 사람 또는 그룹과 함께 하고자 하는 욕구를 공유한다. 삶의 관심사는 항상 다른 사람 또는 그들이 속한 단체에 관한 것이다. 그래서 그들은 언제나 다른 사람의 복지나 단체의 안녕을 배려해서 무슨 계획이든 세운다. 남을 기쁘게 하거나 행복하게 해 주고, 남의 필요를 채워 주고자 하기 때문에 교제가 중요하다.

▨ 그들의 의존성은 그들이 할 일에 대해 아주 명확한 방향 지시나 지침을 요구하는 데서 잘 드러난다. 이들은 대체로 과업 또는 목표 지향적이 아니다. 인생에서 그들의 관심은 사랑하고 돌봐 주는 삶을 영위하는 것이다. 그들은 언제나 남과 조화를 이루기를 바라며 논쟁할 어떤 문제도 갖지 않으려고 한다. 또한 좋아하거나 사랑하는 사람의 안녕을 위해 자기 자신의 일이나 필요 혹은 우선권을 포기하기 십상이다.

▨ 결정과정에서 이들은 친구나 그룹이 바라는 편에서 호의를 갖고 결정한다. 가까운 사람이나 공동체가 말하는 의존형들의 문제점은 다음과 같다.

• 비자발적: 해야 할 일을 자발적으로 처리하지 못한다.

• 억압되어 있다: 자신을 충분히 표현하지 못한다.

• 무책임: 특히 엄격한 기준이 제시되지 않은 상황에서는 책임을 지지 않는다.

• 열등의식: 항상 자신은 다른 이보다 기본적으로 가치가 떨어진다고 생각한다.

•확신부족: 남에게 상처를 입힌다는 두려움 때문에 갈등상태에서 어떤 입장을 취해야 할지 모른다.

▌돕는 사람, 2번

다음과 같은 면들이 있는가? 그렇다면 당신은 2번 유형이 아니다.

- 먼 기차 여행을 하는데 옆 사람에게 말 걸지 않고 조용히 가고 싶다.
- 다른 사람들이 나에게 베풀어 기분을 좋아지게 해 주면 얼마나 좋은가!
- 내 필요와 연약함을 다른 사람들이 알아준다면 얼마나 좋을까!
- 부탁을 잘 거절하고 거절할 때도 아무런 이유를 대지 않는다.
- '우는 아이 젖준다.'는 말이 무슨 뜻인가? 나는 모르겠다.
- 동료의 푸대접을 곱씹어 보지 않는다.
- 잘 나가는 사람에 대하여 어떻게 해서든지 결점을 잡으려고 애쓴다.
- 무정하다는 이야기를 들을 때가 종종 있다.
- 식구들이 집에만 박혀 있지 말고 밖에 좀 나가라고 성화다.

감정 중심 유형인 2번은 '나는 줄 수 있다. 도울 수 있다. 지지할 수 있다.'라고 생각하는 특징적인 태도의 사람이다. 그들은 보통 상황에서 사람에게 의존한다. '나는 세상보다 더 크다.'는 자아개념을 가지고 있기 때문에 솔선해서 유대 관계를 형성한다. 2번 유형은 남들이 자신의 보살핌을 받고 있다는 느낌을 갖게 함으로써 이를 달성한다. 관계를 맺는 방식으로서 남들이 의존해 주기를 바란다. 타인 위주의 성향을 가지고 있어 곤경에 처한 사람들을 돕기 좋아한다. 이들에게

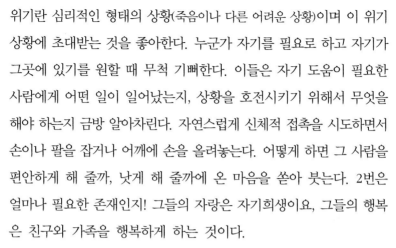

위기란 심리적인 형태의 상황(죽음이나 다른 어려운 상황)이며 이 위기 상황에 초대받는 것을 좋아한다. 누군가 자기를 필요로 하고 자기가 그곳에 있기를 원할 때 무척 기뻐한다. 이들은 자기 도움이 필요한 사람에게 어떤 일이 일어났는지, 상황을 호전시키기 위해서 무엇을 해야 하는지 금방 알아차린다. 자연스럽게 신체적 접촉을 시도하면서 손이나 팔을 잡거나 어깨에 손을 올려놓는다. 어떻게 하면 그 사람을 편안하게 해 줄까, 낫게 해 줄까에 온 마음을 쏟아 붓는다. 2번은 얼마나 필요한 존재인지! 그들의 자랑은 자기희생이요, 그들의 행복은 친구와 가족을 행복하게 하는 것이다.

이처럼 다른 사람들의 궁핍에 대해서는 민감하지만 자기 자신의 욕구에 대해서는 소홀하거나 부정하는 경향이 있다. 이들은 생에서 혼자가 되는 것을 견디지 못한다. 그런 상황에 처하면 마치 정체성을 잃어버린 것처럼 당혹스러워하거나 비참해한다. 자신의 사랑을 표현할 수 있는 누군가를 필요로 하며, 사랑하고 사랑받고 싶은 크나큰 욕구 때문에 다른 사람에게 '의지하고' 그들과의 관계 속에서 모든 것을 찾으려 한다. 사람들로부터 칭찬과 동정을 받기 위해 자기가 한 희생을 알린다.

또한 육체적, 감정적, 영적인 차원에서 친밀한 존재가 되고 싶어 다른 사람들을 해치기 싫어한다. 자기 탓이 아닌 이유로 관계가 불편해졌을 때라도 먼저 행동을 취한다. 그리고 소원해진 사람과 화해하기 위해 먼저 흉금을 터놓고 대화를 시작한다. 대화방식에서 이들의 말투는 관심을 보이고, 충고적이다. 사람을 중요시하기 때문에 용기 주는 말을 통해 남을 지원하는 뒷바라지형으로 존재하는 것에 행복을 느낀다. 이들은 친근하고 마음을 잘 터놓으며, 다른 사람이 자신의 상황을 쉽게 털어놓도록 만드는 재주가 있다. 또한 고민거리를 자기에게 이야기하도록 용기를 주고 설득한다. 그런데 그 사랑이 자칫 침범적(intrusive)이어서 동료들은 2번 유형의 관심과 도움을 받다가 어느 날 갑자기 비난받는다고 느낄 수 있다. 아마도 2번 유형은 사랑으로 깊이 개입하려다 보니 적절하게 반응하는 것을 망각하는 것 같다. 이들은 타인중심적이라 결정과정에서 이미 결정을 내린 뒤에도 자신의 결정을 남들의 의견과 비교 검토하려고 다른 사람들의 의견을 구하기도 한다.

▌충성주의자, 6번

다음과 같은 면들이 있는가? 그렇다면 당신은 6번 유형이 아니다.

▨ 직장을 옮기려고 할 때 혼자 조용히 생각해 보고 결정한다.
▨ 해야 하는 것이 아니라 하고 싶은 것을 한다.
▨ 나도 믿고 당신도 믿는다. 삶은 믿는 것이다.
▨ 중요한 물건을 사고 현명한 선택을 했다고 자신한다.
▨ 밤에 혼자 있는데 어떤 기척을 감지하고 무시할 수 있다.
▨ 여행을 갔는데 다른 사람보다 응급을 위한 준비가 소홀하다.
▨ 권위가 없음을 확연하게 알아차렸는데 '그럴 수 있지'하고 받아들인다.
▨ 누군가에게 치명적인 실수를 해 놓고 '그럴 수 있지'하고 자위한다.
▨ '내일 일은 내일 맡기라.' – 내 삶의 모토다.

사고 중심 유형인 6번은 '나는 순종적이다. 신실하다. 충성스럽다.'라고 생각하는 특징적인 태도의 사람이다. 그들은 보통 상황에서 무

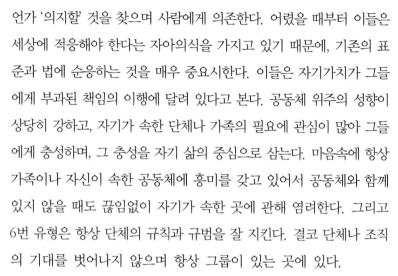

언가 '의지할' 것을 찾으며 사람에게 의존한다. 어렸을 때부터 이들은 세상에 적응해야 한다는 자아의식을 가지고 있기 때문에, 기존의 표준과 법에 순응하는 것을 매우 중요시한다. 이들은 자기가치가 그들에게 부과된 책임의 이행에 달려 있다고 본다. 공동체 위주의 성향이 상당히 강하고, 자기가 속한 단체나 가족의 필요에 관심이 많아 그들에게 충성하며, 그 충성을 자기 삶의 중심으로 삼는다. 마음속에 항상 가족이나 자신이 속한 공동체에 흥미를 갖고 있어서 공동체와 함께 있지 않을 때도 끊임없이 자기가 속한 곳에 관해 염려한다. 그리고 6번 유형은 항상 단체의 규칙과 규범을 잘 지킨다. 결코 단체나 조직의 기대를 벗어나지 않으며 항상 그룹이 있는 곳에 있다.

근심걱정을 사서 하는 경향이 있어 종종 불필요한 의심, 불확실함, 두려움으로 시달리며, 자기의 생각이 올바른지 자주 의심한다. 그들은 자신보다 현명하다고 생각되는 사람들의 조언을 구한다. 보통 편안한 상태에서도 스트레스 상황이 일어날 것을 예상하는 사고습관이 있다. 막상 스트레스 상황이 일어나면 누구보다 차분하게 일처리를 잘하지만, 미리 염려하는 것이 미래의 안전을 보장이라도 해 주는 듯 걱정을 많이 한다. 인간관계가 안 좋아지면 감정의 흐름을 감당하기 힘들어 하기 때문에 처음에는 혼자 있다가 누군가 혹은 무언가 믿을 만한 권위가 있는 대상을 찾아 나선다. 감정 처리하는 방식은 편지를 쓰거나 일기를 쓰는 것이다. 만약 누군가를 신뢰한다면 '그가 앞으로 나에게 안정감을 줄까? 그 사람이 언제까지나 나를 위해 있어 줄까?' 묻고 또 묻는다.

이들이 진실에 대한 확신을 가졌을 때는 그 진실에 매우 충실하다. 묵묵히 충실하게, 필요하다면 어떤 일이든 마다하지 않는다. 그러면서도 앞에 나서기는 싫어한다. 그저 옳다고 믿는 일을 지지하기 위해 무엇을 해야 할까를 생각한다. 그들에게 헌신할 명분이 분명히 있다면 말이다. 그런데 지침이 모호하거나 내부의 운영 방침이 따로 있거나, 막후에서 조정되고 처리되는 작업 환경에서는 매우 힘들어한다. 그래서 6번 유형은 사소한 일과 쓸데없는 근심걱정에서 오는 피곤함이 많다.

또한 6번 유형은 계획을 세우면서도 그 계획을 이행할 수 없다고 느끼는데, 책임지는 일을 맡고 그 책임을 다하지 못할까 봐 두려워서 그 짐에서 벗어나기를 바란다. 그 온유함 때문에 간혹 혹사를 당하기도 한다. 종종 '왜 사람들은 항상 나에게 심부름을 시킬까?' 하고 성가시게 여긴다. 그리고 남들이 부과하는 이런 형태의 강요에 반발할 수 있다. 자신감이 부족하여 철저한 변화를 일으키는 데 요구되는 책임을 좀처럼 지려고 하지 않는다. 그래서 의견을 묻기가 아주 어렵다. 올바른 것을 생각하고 올바른 것을 말하고 싶어 하는 그들의 규범은 대부분 법률과 규정, 합법적 권위의 선언과 명령들이다. 그들은 이 규범에 '의지하기' 때문에, 자신의 의견을 형성하는 데 상당한 어려움을 겪는다.

▌낙천주의자, 7번
다음과 같은 면들이 있는가? 그렇다면 당신은 7번 유형이 아니다.

▨ 일주일 동안 할 일의 목록을 정해 놓고 그대로 따른다.
▨ 어떤 것을 완수하는 데서 오는 만족감을 아는가?
▨ 심오한 인격은 고통을 참고 견디고 인내한 것의 보상이다.

▧ 이야기할 때 사실 이상의 것을 더 보태지 않는다.

▧ 책 한 권 읽기를 다 끝내고 새 책 읽기를 시작한다.

▧ 한 프로젝트에 뛰어들어 오로지 그것만을 성실하게 마무리한다.

▧ 오로지 한 친구와 하루 종일 즐거운 시간을 보낸다.

▧ 자기 문제를 털어놓는 친구에게 상담해 주느라 한나절을 기꺼이 보낸다.

▧ 내게 공격해 오는 사람을 차분하게 설득할 수 있다.

사고 중심 유형인 7번은 '나는 괜찮다. 훌륭하다. 잘 어울린다.'라고 생각하는 특징적인 태도의 사람이다. 이들은 보통 상황에서는 낙관성에 '의지하며' 사람에게 의존한다. 이들은 '나는 세상보다 작다.'고 느끼면서 자랐다. 그래서인지 주어진 환경에서 활기를 띠려면 즐거운 시간과 기쁜 일로 가득 차 있어야 한다고 생각한다. 결과적으로 이들은 무엇이든지 고통스럽거나 힘든 것을 아예 포기해 버린다. 스트레스를 잘 받지 않는 유형으로 스트레스를 직면할 필요가 없다. 갑자기 위기상황이 닥치면 감정을 마음속 깊은 곳에 처박아 둔다. 이 사람과 안 좋으면 저 사람에게 가면 된다. 어떤 사람이 나에게 상처를 준다면 그 사람과 왜 상대를 하겠는가? 다른 재미있는 일을 얼마든지 찾을 수 있다. 지금 아니면 나중에 해결된다. 모든 것은 만사형통이다!

7번 유형은 심리적, 육체적 고통을 피하려고 하기 때문에 유형 중에서 여리다. 이들이 어떤 그룹이나 사람을 좋아하면 그 그룹이나 그 사람의 잘못에는 눈을 감는다. 또한 대상에게서 언제나 좋은 점을 찾아낸다. 긍정적인 것만 보기로 작정한 사람처럼 그들은 얼굴도 참으로 젊다! 기쁨을 늘 표현하고 살기 때문이다. 그들은 자기에게 고통을 주거나 다른 사람과 정면충돌을 하게끔 이끄는 것이면 무엇이나 회피한다. 그리고 7번 유형은 고통스런 과거를 낭만화 혹은 이상화시키는 버릇이 있다. 보통 때보다 스트레스 상황 때 농담을 더 하며 좋은 상황이 아니라도 좋게 보려고 행복한 쪽으로 합리화시킨다.

그들은 선택의 여지가 너무 많아 결정을 내리기가 힘들다. 인정을 받고 그들의 관심사를 추구하는 자유를 얻을 때 활짝 펴고, 문제가 많고 사는 것이 지루할 때 불구가 된다. 어떤 일을 끈기 있게 못하여 짧은 순간에 강렬하게 경험하고 다른 것으로 관심을 옮겨 버린다. 그들은 항상 이야기를 나눌 상대나 무언가 할 일이 있어야 한다. 놀라울 정도로 창조적이고 상상력이 풍부하지만, 세세한 것들에 집중하기는 힘들다. 세부적인 것들은 계획과 꿈을 지루한 노역으로 만들고 개념을 뚜렷하게 하는 동안 모든 진기함을 없애 버리기 때문이다. 자신을 보다 흥미롭게 만들기 위한 술책을 부릴 수 없는 직업이나 자극을 못 받는 반복적인 일은 너무 어렵다고 느낀다(실험실 기사, 은행의 금전출납계, 조립공, 재봉사 등). 단조로움과 기계적인 일상에 곤란을 느낀다. 빡빡한 구조에 매일까 봐 두렵기 때문이다.

고통스러운 것을 끊임없이 피하면서 다른 사람을 위한 책임을 지지 못한다. 잘못을 판단할 일이 생겼을 때 관여된 사람들을 대면하기가 어렵다. 따라서 7번 유형은 누군가 다른 사람에게 그것을 해 달라고 부탁한다. 어떤 곤란을 청산하기 위해 대면이 불가피한 상황에 처하면 어린애처럼 성가시게 애태우는 모습을 보이며 장황해진다. 7번 유형에게 이야기할 때는 가볍고 재미있으며 즐겁도록 유지하라. 그리고 당신의 문제를 이야기하지 말라. 그것이 바로 7번 유형이 피하는 주제이기 때문이다. 고통스러운 것을 피하려는 욕구가 있어 자기의

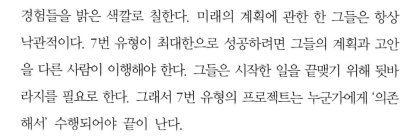

경험들을 밝은 색깔로 칠한다. 미래의 계획에 관한 한 그들은 항상 낙관적이다. 7번 유형이 최대한으로 성공하려면 그들의 계획과 고안을 다른 사람이 이행해야 한다. 그들은 시작한 일을 끝맺기 위해 뒷바라지를 필요로 한다. 그래서 7번 유형의 프로젝트는 누군가에게 '의존해서' 수행되어야 끝이 난다.

3. 공격하는 사람(8, 1, 3번)

공격적인 사람들은 대개 혼자 있거나 다른 사람들과 함께 있거나 다 편안하다. 문제 상황에 처했을 때 잘못된 점을 빨리 알아차리고 이들은 솔선하여 해결점에 이르게 한다.

목전에 놓인 특별한 문제에 대한 의견 조성에서 공격적인 사람들은 다른 사람들에게 많은 영향을 줄 수 있다. 건전한 공격형은 개념을 정리하는 능력, 실현 가능성, 조직력과 행동력을 모두 어우러져 갖추고 있다.

공격형은 친한 사람들로부터 다음과 같은 문제점을 지적받는다.

• 지배적이다: 다른 사람에게 반대 의견을 제시할 기회를 주지 않고 그룹에게 자기주장을 강요한다.

• 엄격하다: 아주 세세한 부분까지 추종을 요구하고 지나치게 쩨쩨하게 군다.

• 충동적: 남의 감정이나 그 결과를 고려하지 않고 아주 하찮은 자극에도 화를 내거나, 먼저 생각하지 않고 행동한다.

• 경쟁적: 자기가 한 일이나 성취한 것의 우수성에 주의를 끌려고

남의 업적이나 성취를 비하한다.

- 권위주의적: 자신의 권위나 개인 의견에 맹목적 순종을 요구한다.
- 경솔하다: 남의 편의나 불편에 대한 관심이 부족하고 오직 생각으로만 관심을 갖는다.
- 판단적이다: 충분히 식별하지 않고 자기의 틀에 따라 부정적인 의견을 구한다.
- 복잡하다: 설명이나 명확한 표현을 하기에 앞서 행동하거나 간섭하기 때문에 남들은 잘 이해가 안 된다.
- 조작적: 어떤 반응 또는 바라던 결과를 이끌어 내기 위해 갖은 수단을 동원하여 진행 과정을 처리하거나 통제한다.

도전자, 8번

다음과 같은 면들이 있는가? 그렇다면 당신은 8번 유형이 아니다.

- 말할 때 점잖은 표현을 쓰는 일이 자연스럽다.
- 다른 사람들의 위로를 받고 그들의 돌봄을 받는다는 것은 얼마나 감사한 일인가!
- 사람들은 내가 "다정다감하다, 부드럽다, 상냥하다."고 말한다.
- 사람들이 말하는 것과 의견이 아주 다를 때 내 의견을 숨기는 것이 상책이다.
- 다른 누군가가 더 잘할 것이라고 생각하기 때문에 리더로서 물러선다.
- 경기나 게임에서 (상대를 위해) 이기려고 애쓰지 않는다.
- 논쟁할 때, 상대를 배려하는 마음에서 내 의견을 잘 철회한다.
- 상대방에게 항상 "좋아요, 당신의 방식대로 합시다." 라고 말한다.

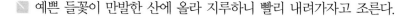 예쁜 들꽃이 만발한 산에 올라 지루하니 빨리 내려가자고 조른다.

본능 중심 유형인 8번은 '나는 강력하다. 나는 할 수 있다.'라고 생각하는 특징적인 태도의 사람이다. 그들은 보통 상황에 '맞서며' 대상에게 공격한다. 이들은 '나는 세상보다 더 크다.'고 믿기 때문에 권력에 대한 본능을 가지고 사람들과 맞선다. 공포에 대한 이들의 반응은 물러서지 않거나 어느 누구라도 자신의 약점을 악용하지 못하게 투쟁적인 태세를 취한다. 8번 유형은 관계에서 상처 입는 상황을 만나면, 상황을 이해하려는 쪽으로 택하는 것이 아니라, 상대의 좋은 점까지도 눈을 감아 버린다. 이들의 삶에서 그(녀)는 완전히 사라져야만 하는 것이며, 동시에 다시는 상처받는 약한 사람이 되지 않겠다고 다짐한다.

확고한 자기 자아에 편안함을 느끼는 8번 유형은 문제나 갈등을 속속들이 파헤쳐 누가 상처를 받든 개의치 않고 관계된 대다수의 사람들이 만족할 만한 해결책을 찾을 때까지 온갖 수단을 다 쓴다. 또한 이들은 진실에 대해 거의 본능적인 육감을 가지고 있어 조사를 하지 않아도 때가 되면 진실을 알아내며 게임에서 거짓말쟁이를 폭로한다. 체제에 대해 예리한 인식력이 있어 체제의 정곡에 공격을 가할 수 있다. 이들은 엄격하고 단순하며 자제력이 있고, 도형([그림 1-1])의 왼쪽 위의 위치에서처럼 좌경적 경향이 있다. 그러므로 이들에게 조언을 구하려 한다면, 당신이 끝까지 갈 용의가 있는지 확인하라. 8번 유형은 객관적 정의(무엇이 우리 모두에게 옳은 것인가?)와 개인적 관심(그 안에서 내게 옳은 것은 무엇인가?)을 혼동하는데, 그것 때문에 타인으로 하여금 자신의 입장에 동의하든지 또는 동의하지 않든지 결정해야 함을 느끼게 만든다.

또한 이들은 매우 강한 현실 파악력을 갖고 있어서 인습이나 정통 이론에 얽매이지 않는 극도의 비순응주의자들이다. 미움을 받더라도 그것에 마음 상해하지 않는다. 현실 파악력은 때를 잘 알아차리는 능력과도 연관된다. '지금이 나의 때가 아닐 수 있다. 당신의 때라는 것을 받아들인다. 나의 때가 오면 그 기회는 나의 것이다.' 8번 유형은 경험으로 자기가 하늘의 운과 맞아떨어질 때 가장 강력하다는 것을 알고 상황을 지켜보면서 자기의 때를 위해 은둔할 수 있다. 진짜 맞서기 위해서다.

이들을 이해하기까지는 시간이 걸린다. 종종 무언가 하지만 설명하지 않는다. 그들은 때로 공손하게 귀를 기울이는 것이 힘들어서 완곡하게 표현하는 사람들에게 싫증을 느끼며 긴 담화와 설명을 꺼린다. 또한 언제나 누구든 충분한 상식을 가지고 첫번에 이해해야 하며 긴 토론은 필요치 않다고 생각한다. 천박함, 피상적인 것, 평범함, 밋밋함이나 다른 사람들 안에서 볼 수 있는 무미건조한 이론을 참지 못한다. 그래서 서슴지 않고 '그것도 몰라?' 하면서 오만하게 군다. 어쩔 때는 8번 유형답지 않게 가장 사소한 것까지도 정확한 것을 요구하는 완벽주의를 보이기도 한다.

8번 유형의 진짜 특징은 공격을 당하면 더 강해진다는 것이다. 이들은 항상 당신보다 더 크게 소리칠 것이다. 그리고 항상 이길 것이다. 용감하고 겁이 없으며 명확한 비전까지 갖춘 8번 유형은 자신이 참되고 공정하다고 보는 것에 단호하게 '맞설' 것이다. 8번 유형에게는 도전하지 말라, 이길 수 없다. 이들은 너무나 직설적이고 폭로적이다. 남에게도 엄격함을 요구하며 표리부동을 견디지 못한다. 관계자들로부터 자기와 똑같은 솔직성과 진실성을 기대한다. 그들의 간결한 말투에는 사람을 실력대로 평가하는 예리함이 들어 있다. 그 예리함의 다른 면은, 8번 유형이 자신의 힘을 소외되고 약한 사람들을 보살피는 데 사용할 줄 안다는 점이다. 8번 유형은 정의에 대한 자신의 생각에 열정적이다. 그리고 누가 힘을 갖느냐에 열정적이다. 그러나 누구도 특별히 사랑하지는 않는다.

개혁가, 1번
다음과 같은 면들이 있는가? 그렇다면 당신은 1번 유형이 아니다.

- 어릴 때 못되게 굴고 망나니 아닌 사람이 몇이나 있는가?
- 철부지라는 얘기를 주변에서 많이 한다.
- 직장에 30분 정도 늦는 것은 누구라도 있을 수 있는 일이다.
- 선물을 받으면 나중에 감사해야지 생각하며 느긋하게 선물을 즐긴다.
- 미리 숙소를 정해 놓는 휴가 여행은 내 모험심이 용납 않는다.
- 일주일 내내 옷이나 접시를 씻지 않고 쌓아 두는 일이 뭐 대순가!
- 비판받을 때 자연스럽게 웃어넘기는 것은 내 특기다.
- 손님이 오기 전, 준비가 다 되었으니 긴장을 풀고 목욕하자!
- 발표 이후에 잘한 것을 되짚어 보며 스스로를 대견해한다.

본능 중심 유형인 1번은 '나는 올바르다. 정당하다.'라고 생각하는 특징적인 태도의 사람이다. '나는 세상보다 작다.'고 여기는 사람들이다. 이들은 일을 잘해 내기 위해서 열심히 노력할 필요가 있고, 그럼으로써 쓸모 있게 된다고 믿기 때문에 스스로를 비판하는 방향으로 그들의 '맞서는' 기운을 쓴다. 다른 사람들도 열심히 노력하기를 바라고, 잘못한 것을 스스로 바로잡기를 기대함으로써 자신의 자아비판 내용을 다른 사람들에게 투사한다. 이처럼 원칙과 법규에 집착하기 때문에 '나는 옳고 너는 틀리다'는 식의 비판주의 입장에 선다. 도형((그림 1-1)) 오른쪽에 있는 1번 유형은 타고난 보수주의자이며 제도와 법, 규칙과 규율의 보존자다. 이들에게는 행동과 응답을 위한 지침으로 사용하고 있는 기본 틀을 점검하는 일이 중요하다. 그 준거 틀이 전통적이고 보수적일 경우, 엄격하고 진부한 사람일 수 있다.

　1번 유형은 착한 어린이였으며 좋은 학생으로서 대개 윗사람이나 교사들이 만족하게끔 얌전히 행동하였다. 그들은 배운 것을 내면화시키고 자기에게 항상 원리를 가르쳐 준 사람들에게 감사하는 마음으로 자기 행동을 돌아보았다. 그래서인지 태도가 절제적인데, 대개 그 예의바른 행동을 훈련이나 환경 덕분으로 돌린다. 이름을 드러내지 않고 뒤에서 조용히 일하기를 선호하고, 남들의 주목을 받으면 당황한다. 이런 기질은 그들의 일처리 방식에 뚜렷이 나타나는 결단성, 단호성, 지도력과는 아주 상반되게 자부심이 없거나 열등의식을 가졌다는 인상을 준다. 항상 올바른 일을 하는 데 지대한 관심이 있기 때문에 이들의 삶은 지극히 임무 중심적이고 다 정해져 버린 안전 중심이 되기 쉽다. 그리고 이들의 삶에서 신봉하는 어떤 원칙을 지켜 생활하고 설교하려고 고심하기 때문에, 유형 중 가장 일관성 있다는 신용을 얻기도 한다.

　이들은 감정을 숨기고 결코 드러내기를 꺼려 하지만, 행동과 감정 사이를 왔다갔다 하며 생각한다. 느끼는 것과 자기가 하는 행동을 살펴보는 것이다. 매우 의식적이고 의도적이지만, 다시 감정을 마음

속에 밀어 넣는 쪽을 택한다. 이처럼 표현을 억제하기 때문에 내면에 많은 노여움을 축적하고 있다. 그리고 자기가 화를 내고 있는 것이 아니라고 주장할 때조차 사람들은 이들의 노여움을 느낀다. 1번 유형은 얼굴의 진지함과 근육의 팽창, 날카로운 음성과 격렬함을 통해 대상에게 자기감정의 정당성을 주장하며 '맞서고' 있는 것이다.

성취자, 3번

다음과 같은 면들이 있는가? 그렇다면 당신은 3번 유형이 아니다.

- 나는 성공에 초연하다. 성공에 뭐 그리 목숨 거는가?
- 너무 느긋해서 자극을 받아야 일에 임하곤 한다.
- 일주일 동안 달성할 목표나 중요 사항에 대해 목록을 만들지 않는다.
- 할 일이 생겼을 때 수첩에 적지 않고 단시간에 외워 버린다.
- 단지 앉아서 일주일을 보내는 그런 명상 기도 모임을 선호한다.
- 자신이 관심 있는 사람에게 아무 관심 없다는 듯 행동한다.
- 대표를 뽑는 자리에서(안 뽑히기 위해) 자리를 피한다.
- 어떤 연기 역할은 내게 너무 어려워서 그 배역을 맡지 않는다.
- "나는 인생의 행운이 따라오지 않아!" 하며 위축되어 있다.

감정 중심 유형인 3번은 '나는 성공적이다. 유능하다.'라고 생각하는 특징적인 태도의 사람이다. 그들은 보통 자신과 다른 의견에 '맞서며' 대상에게 공격할 수 있다. '나는 세상에 적응해야 한다.'고 생각하기 때문에 맞섬의 방향을 성취 쪽으로 돌린다. 이들은 성공을 통해서 자신의 가치를 입증하려고 한다. 그래서 이들은 침묵을 싫어한다.

그것은 3번 유형의 에너지를 끊는 것이며, 동기 부여하는 삶의 방식에 족쇄를 채우는 거나 마찬가지다. 침묵은 그들에게 효율적이지 않다. 3번 유형은 어렸을 때 자기가 성취한 것 때문에 사랑을 받아 왔다고 느낀다. 따라서 인생 초반에 얻은 수많은 긍정적 경험으로 지나친 자신감이 있고 자기의 부정적인 면을 생각하거나 반성하려고 하지 않는다. 이들은 즉시 사람들과 우정을 맺는다. 매우 사교적이며 인기가 있고, 많은 사람들의 사랑과 존경과 선망의 대상이 된다. 능숙한 접대 솜씨로 상대가 그 자신을 잊게 만드는 3번 유형은 연사로서 멋진 결과가 예상되며 사람들이 박수를 치게 하는 능력을 가지고 있다. 천성적으로 자기중심적이며, 자기에게 쏠리는 집중적 이목을 한껏 즐긴다.

언제나 최신 유행을 따르고, 자신을 재 보기를 즐기고, 최고의 이미지를 유지하기를 좋아한다. 성취자인 이들은 매우 경쟁적이고 관여하는 분야가 무엇이든 거기서 최고가 된다. 거짓말 또는 과장을 해서라도 자기들이 하는 일이 최고라고 우길 수 있는 3번 유형의 타고난 추진력은 대단히 압도적이다. 이런 모습은 여러 역할을 한꺼번에 할 수 있는 이들의 능력에도 나타난다. 한편, 이들은 가지각색의 기분을 가지고 있다. 천부적인 배우 소질이 있어 원하는 사람이면 누구든 흉내 낼 수 있다. 그룹에 적응하면서 화를 내다가 슬퍼하다가 웃음으로 일변할 수가 있다. 좋은 효과를 내기 위한 목적으로 이 모든 것을 할 수 있다. 그들이 현재 느끼는 것은 그들이 하는 역할이 무엇이냐에 달려 있다.

3번 유형은 정면 대결을 좋아한다. 누군가 3번 유형을 좋아하지 않는다면, 그리고 그 사람이 3번 유형이 하는 일에 중요하다면, 3번

유형은 기꺼이 그에게 이야기하기를 시도한다. 단순하게 이야기만
해도 그 사람과의 문제는 해결된다고 본다. 이처럼 이들은 이야기를
하면 어떤 것도 해결할 수 있다고 생각한다. 어떤 관계나 일에 문제를
가지고 있는가? 3번 유형에게 가라. 자원이 풍부하고, 긴 업적의 역사
를 가지고 있어 상과 메달을 타는 일에 익숙해져 있는 사람들이다.
자기의 생각을 분명히 표현할 줄 알기 때문에 대화의 소재가 마르는
법이 없다. 그리고 주도적이고 대표성을 띠며 자문 없이도 지도력을
가진다. 어떤 이는 동참하고 어떤 이는 떠날 수 있다. 떠나는 사람들은
이용당했다고 느낄 수 있다. 기회주의자인 3번 유형은 정치적 흥정에
능하고 그것을 이용하며 임기응변적이다. 긴급히 해야 할 일이 있으
면 재빨리 솔선수범하고 남들도 그렇게 하도록 만든다. 이들은 타고
난 조직가이며 지도자로, 엘리트 클럽의 회원이나 임원임을 자랑한
다. 그들은 사람들이 중요시하는 동아리 속에 끼는 것을 즐긴다. 역동
적, 매력적, 외교적인 3번 유형은 거의 대부분의 경우에 책임자로 선
출되며, 다른 의견에 당당하게 '맞설 줄' 알기 때문에 더 막강하게
된다.

이들은 자신만만한 행정가로서 칭찬을 받고 수하 사람들의 충성심
도 차지한다. 동기를 부여하는 방법을 알기 때문에 사람들에게 현재
진행하고 있는 위대한 일의 일부라는 느낌을 갖게 만든다. 말솜씨도
단연 뛰어나며, 자신과 팀을 위하여 아주 정확한 목표를 정할 수 있는
일벌레로 일할 수 있다. 스트레스를 받을 때는 모든 감정을 닫아 버린
다. 감정은 일을 해결하는 데 도움이 되지 않는다는 것을 알기 때문이
다. 그러고 나서 어떤 행동을 취해야 할지 생각한다. 선택적 기억력을
가진 3번 유형은 잘 잊어버리고, 자기의 실수로 실패했거나 잘못된

일은 거의 기억하지 않는다. 기획이 실패한 경우 항상 좋고 성공적이었던 점만 기억하는 경향이 있다. 실상 그들도 기억한다. 단지 자기의 대중적 이미지를 구기는 것은 무엇이나 인정을 못할 뿐이다. 또한 3번 유형은 긍정적이며 다른 사람의 사기를 돋우기 바라고, 그 사람이 지닌 것 이상의 긍정적인 역량에 대해 알려 준다. 사람 안에 있는 긍정적인 것을 보는 재능은 남의 협력을 필요로 할 때 유용하게 쓰인다(Rogacion, 1990; Riso, 1990; Brady, 1994).

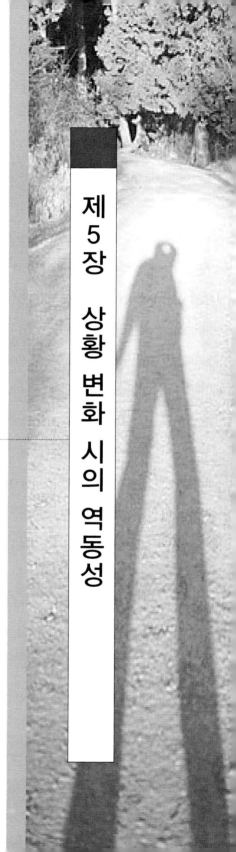

제 5 장 상황 변화 시의 역동성

제5장

상황 변화 시의 역동성

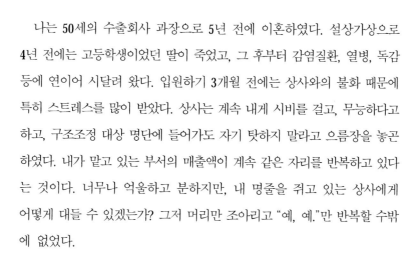

　나는 50세의 수출회사 과장으로 5년 전에 이혼하였다. 설상가상으로 4년 전에는 고등학생이었던 딸이 죽었고, 그 후부터 감염질환, 열병, 독감 등에 연이어 시달려 왔다. 입원하기 3개월 전에는 상사와의 불화 때문에 특히 스트레스를 많이 받았다. 상사는 계속 내게 시비를 걸고, 무능하다고 하고, 구조조정 대상 명단에 들어가도 자기 탓하지 말라고 으름장을 놓곤 하였다. 내가 맡고 있는 부서의 매출액이 계속 같은 자리를 반복하고 있다는 것이다. 너무나 억울하고 분하지만, 내 명줄을 쥐고 있는 상사에게 어떻게 대들 수 있겠는가? 그저 머리만 조아리고 "예, 예."만 반복할 수밖에 없었다.

　잠을 잘 때도 상사의 비난 소리가 귀에서 쟁쟁거리는데, 그런데도 내 의지로 멈추게 할 수 없어 너무나 힘들었다. 독감까지 겹쳐 할 수 없이 입원을 하였다. 항생제 치료로 증상은 어느 정도 호전되었지만 계속 허약감을 느꼈고 부어오른 임파선은 가라앉지 않았다. 주치의는 나의 증상이 생활 사건들과 서로 어떻게 관련되어 있는지 또는 어떻게 원인으로 작용했는지 알 수 없다고 하였다. 몇 회에 걸쳐 대화를 나눠 본 후에 내가 딸의 죽음을 아직 극복하지 못했다고 결론을 내렸다. 사실 나는 딸의 죽음에서 비롯된 슬픔을 부정하기 위해 열심히 일에 몰두해 왔다. 주치의가 말하기를, 내가 그런 상황에서 정상적으로 나타나는 슬픈 감정을 전혀 표현하지 않았던 것 같다고 하였다. 그게 지금 감기와 무슨 상관이 있단 말인가? 그 감정을 표현하지 않고 살아온 세월에 대해서는 전혀 이해를 못해 주고, 마치 그 감정에서 빠져나오지 말아야 했던 것처럼 말하니 어이가 없었다. 내가 잘 참고 억제해서 지금까지 해고당하지 않고 직장 생활을 잘해 왔는데, 어쩌란 말인가? 당신이 나 정도의 스트레스 상태라면 어쩌겠는가? 그런 스트레스를 겪기 전에는 나도 매우 생산적인 사람이었다. 내가 원래 이렇게 무기력한 사람이 아니었다는 것을 증명할 방법이 없다. 우울하고 무기력한데 그러면서도 원망만 나온다.

1. 스트레스와 화살표 이동

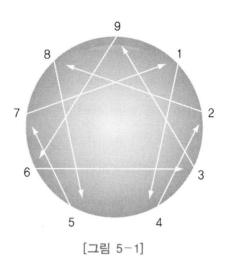

[그림 5-1]

스트레스원(stressor)이라는 말은 스트레스의 원인이 되는 인자를 말한다. 즉, 신체적·심리적 평형 상태에 동요를 일으키는 모든 자극을 가리키는데, 흔히 생물학적 및 심리적 적응을 달성하거나 유지하기 어렵게 하는 상태를 말한다. 스트레스원의 예로는 질병 세균과 같은 생물학적 요소와 모욕을 당하거나 전투에 참가하는 등의 심리적인 경험을 겪는 상태들이 있다. 스트레스원은 외적인 것과 내적인 것 모두 있을 수 있다. 또한 직접적으로 의식되는 스트레스도 있는 반면에, 의식되지 않으면서 지속적으로 작용하는 스트레스도 있다. 스트레스는 반드시 부정적인 것(distress)만을 의미하지 않으며 긍정적인 의미의 스트레스(eustress)도 있다. 어쩌면 우리가 살아가는 삶 자체가 스트레스의 연속이라고 해도 과언이 아니다. 스트레스를 받으면 우리 몸에서는 자율신경계와 신경내분비계가 활성화되고 적절한 신체반응을 유도해 냄으로써 가해진 스트레스를 견뎌 낼 수 있도록 돕는다. 그런데 스트레스가 지속적으로 가해질 경우는 이러한 반응성에 불균형이 초래되면서 신체적 정신적 이상이 일어난다.

이때 중요한 것이 개인이 가지고 있는 면역체계의 역할과 기능이다. 면역체계는 질병에 대한 개인의 취약성에 영향을 준다. 그리고 스트레스와 정서적인 요인은 호르몬 변화에도 영향을 주는데, 이 호르몬의 변화는 면역체계의 효율성을 감소시켜 질병에 대한 취약성을 증가시킨다. 위의 내담자 경우는, 자녀 사망으로 인한 사별이 면역억제와 관련이 있다고 볼 수 있다. 설상가상으로 지지적인 사회적 네트워크의 결여가 면역체계의 억제에 관여하고, 가령 고독, 우울, 무력감과 같은 심리 상태가 또다시 면역체계에 부정적인 영향을 미친 것이다. 또한 이혼은 위 내담자의 사회적 네트워크를 상당히 제한하였다. 그는 다른 사람과의 접촉이 거의 없었으며, 끔찍한 일을 겪으면서 느꼈던 슬픔, 고독, 분노의 감정을 표현할 수 있는 사회적인 관계가 결여되었다. 사회적 관계의 결여는 면역 억제에 치명적이다.

우리 삶의 상황이 보통에서 스트레스 상황이 될 때, 각 유형은 자리 이동(화살표)을 한다. 스트레스 상황 때 각 유형은 '분열'되어 기능적으로 부적응적이 된다. 영육(靈肉) 간에 편안할 때는 유형이 '통합' 상태가 되어 평소보다 적응적이 된다. 화살표의 움직임이 통합적일 때, 그것은 삶의 기본 모순들을 의식적으로 받아들이는 행위를 말한다. 즉, 사람이 자아 보존(혹은 자기 보호)을 향해 나아가기를 그만두고 그 대신 남을 위해 사는 삶으로 움직이는 것을 말한다. 즉, 자기의 재능을 공동체의 안녕을 위해서 그 목적대로 적절하게 쓰는 경우를 말하는 것이다. 분열 때는 내 안의 취약한 부분이 더 우세한 상태를 말하고, 통합 때는 내 안의 탄력성 부분이 더 우세한 경우를 말한다. 누구에게나 취약성과 탄력성은 있기 마련이다. 정신건강에서 말하는 취약성과 탄력성의 의미는 다음과 같다.

▨ **취약성의 요인**(내적 요인 + 생활적 조건)
- 유전적 요인(부모나 가족 중 취약인자를 소지)
- 성격특성(걱정을 많이 하고 불안을 느끼는 성향)
- 안정적으로 결정을 내리는 능력과 같은 기술의 부족
- 기대치 않은 부정적인 경험
- 이전의 문제나 어려움을 다시 떠올리게 하는 특정한 종류의 상황 (폭력을 경험한 사람, 정신지체 가족을 가진 사람, 치명적인 외상을 경험한 사람)

▨ **탄력성의 요인**(내적 요인 + 생활적/관계적 조건)
- 유능한 대처능력을 가진 사람
- 대처(coping) : 어려움을 다루고 극복하려고 노력하는 시도
- 대처 기술: 그러한 시도를 할 때 개인이 유용하게 쓸 수 있는 기술
- 건설적으로 생각하기(현재보다 미래를 염두에 두기)
- 문제가 발생하자마자 다루기(우유부단과 지연에 대한 통찰)
- 융통성 있게 행동하기(손익 계산하기)
- 주어진 상황에서 어떤 기술이 효과적이고 어떤 기술이 그렇지 않은지에 대해 자신에게 피드백을 제공하기 등(Sarason & Sarason, 2001; 권석만, 2003; 최정윤 외, 2006).

스트레스가 심한 상태에서 자신에게 일어나는 일은 무엇인가? 자신이 초기의 행동 패턴으로 퇴보하는 것을 알아차리는가? 어렸을 적에 하던 방식대로 사고하고, 느끼고, 행동하는 자신을 발견하는가? 자기 문제에 대처하는 것을 회피하기 위해 당신이 필사적으로 동원하는 전략에는 어떤 것이 있는가? 압력을 받거나 위급할 때 그 상황에 맞서서 자신도 깜짝 놀랄 만큼 잘 대처하는가? 혹은 보통 때는 잘 활용하지 않는 자원들을 자신의 내부에서 다 끌어내는가? 스트레스에 무너질 때 어떤 상태가 되는가? 허물어지기 시작할 때 무엇을 생각하고, 느끼고, 행동하는가? 스트레스가 최악의 상태를 유발할 때, 바로 그 최악이란 무엇인가? 스트레스를 받으면서 자신을 다잡을 때 자신이 어떠한 상태인지 아는가? 압력을 받을 때 어떤 식으로 효과적인 대응 전략을 구사하는가? 그 상황에 맞서 일어날 때 어떻게 생각하고, 느끼고, 행동하는가?

스트레스를 받을 때, 각 유형은 미리 예비해 둔 방어 및 대처 전략으로 뻗어간다. 습관적이고 자동적인 패러다임과 정서적 패턴 및 행동 패턴이 그 상황을 극복하는 데 실패할 경우, 우리는 다른 것을 시도하기보다도 그 전의 전략을 강박적으로 사용한다. 최종적으로 이 패턴에 대해 포기하거나 그것이 붕괴될 경우, 우리는 대신 다른 유형의 전략을 강박적으로 사용한다. 이럴 때 우리 유형의 수준은 가장 부정적이고, 낮은 수준 혹은 그림자(shadow) 수준으로 내려감으로써, 본성에 아주 많이 거스르는 행동방식을 취하는 것이다. 화살표 이동의 예를 들면, 다음과 같다(Riso & Hudson, 1999; Hurley & Dobson, 2000).

부정 이동: 분열되다

① 후퇴하는 사람(9, 4, 5번)

▨ 9번 유형은 다른 사람과의 연결을 잃으면 고통을 당할까 봐 무서워 하면서도 여러 가지 방식으로 사람들을 거절함으로써 연결을 잃었 다는 느낌이 들게 한다.

▨ 4번 유형은 자신이 정체성을 갖고 있지 않거나 스스로가 중요한 존재가 아닐까 봐 불안해하면서도, 다른 사람을 아무 가치나 중요 성이 없는 존재로 여기면서 오만하게 대한다.

▨ 5번 유형은 자신이 무력하고 무능한 존재가 될까 봐 두려워하면서 도 다른 사람은 그 자신을 무능하고 무력하고 바보 같다고 느끼게 만든다.

② 의존하는 사람(2, 6, 7번)

▨ 2번 유형은 다른 사람이 자신을 필요로 하지 않고 사랑하지 않을까 봐 불안해하면서도 다른 사람은 사랑, 관대함, 주의를 받을 만한 가치가 없는 존재로 느끼게 만든다.

▨ 6번 유형은 자신이 도움이나 안내를 받지 못할까 봐 두려워하면 서도 다른 사람을 격리시키거나 다른 사람의 지원체계를 손상시 킨다.

▨ 7번 유형은 자신이 고통 속에 갇히거나 뭔가 빼앗길까 봐 두려워하 면서도 여러 가지 방식으로 다른 사람에게 고통을 유발시키고 뭔 가를 빼앗겼다는 느낌이 들게 한다.

③ 공격하는 사람(8, 1, 3번)

▧ 8번 유형은 다른 사람으로부터 해를 입거나 통제당할까 봐 무서워
하면서도 사람들로 하여금 자신의 호전성과 위협 때문에 해를 입
거나 통제당하게 될 거라고 느끼게 한다.

▧ 1번 유형은 자신이 사악하고 부패하고 결점 있는 사람일까 봐 무서
워하면서도 다른 사람에게서 사악함, 부패, 결점을 찾아 지적한다.

▧ 3번 유형은 자신이 가치 있는 존재가 아닐까 봐 불안해하면서도
다른 사람을 거만하게 대하거나 경멸함으로써 가치 없는 존재로
느끼게 만든다.

편안하고 안정적이고 위협이 없는 상황에서 당신은 어떻게 대처하
는가? 이렇게 최상의 상태에 있을 때, 자신과 타인 그리고 타인과
자신이 상호작용하는 방식에 대해 어떻게 생각하고 느끼는가? 좋은
상태는 자신에 대해 느낌이 좋지 않거나 불안과 위협을 느끼는 때와
어떻게 다른가? 최악의 상태에서는 할 수 없거나 하려 들지 않을 것을,
최상의 상태에서는 하는 것으로 어떤 것이 있는가? 남들 앞에서는
허용하지 않을 것을, 안전하다고 느낄 때는(집에 있다든지 가족과 함께
있을 때) 자신에게 허용하는 것으로 어떤 것들이 있는가? 예를 들어,
당신은 집에서는 훨씬 요구가 많거나 징징거리며 불평을 늘어놓는가?
우리는 때때로 편안하고 익숙한 환경에서 사회적으로 좀 덜 받아들여
질 만한 자기의 일부를 드러낸다. 느슨한 환경에서는 억눌렸던 힘이
나 가려졌던 약함이 나타날 수 있다. 안전하고, 받아들여지고, 느긋하
고, 통합되어 있고, 자유롭고, 살아 있다고 느끼는 최상의 상태에서
당신이 어떠한가를 상상해 보라. 안전하고 위협받지 않는 상황에서

내면 감독관(inner critic)이 편안해진다면 당신의 모습은 어떠한가? 평소의 당신답지 않거나 비사회적인 행동으로 자신에게 슬쩍 허용하는 행동으로는 어떤 것이 있는가? 느슨하고 우호적인 환경에서 각 유형은 더욱 균형 있고, 통합되고, 객관적이고, 사전에 대처하는 (나중에 반응하는 대신) 행동 양식과 지각 양식을 지향한다. 우리는 어떤 상황을 바로 잡기 위하여 자신의 습관적인 접근 방식대로 하는 것을 포기하는 대신, 다른 접근 방식을 허용하거나 수용한다. 예를 들면, 이렇다 (Palmer & Brown, 1997).

긍정 이동: 통합하다

① 후퇴하는 사람(9, 4, 5번)

▨ 9번 유형은 서로 다른 개인들의 요구에 잘 적응한다. 타협하고 수용한다. 다른 사람에게 가장 좋은 것이 무엇인지 끌어낼 수 있다. 그리고 9번 유형은 목표와 계획과 개인적인 선택 과정을 향해 희망차게 나아간다. 이제 정말 굼뜸에서 '행동'을 취할 수 있게 된다!

▨ 4번 유형은 자신의 감정은 물론 타인의 감정에 대해서도 불가해하지 않는다. 그 감정을 이해할 뿐만 아니라 공감한다. 일의 진행과정에서 일어나는 불협화음을 잘 견뎌 낼 수 있다. 정서적인 방해없이 끝까지 노력하여 비전과 정확함을 명료하게 성취할 수 있다.

▨ 5번 유형은 학구적이고 지적이며 위기 상황에서도 냉철하고 침착해진다. 움츠리며 몸을 사리기보다는 자신의 마음을 분명하고 솔직하게 말하며, 평소와 달리 직접적이고 강경하게 말할 수 있다. 자신감 있는 모습으로 자신의 의견이나 주장을 표현한다.

② 의존하는 사람(2, 6, 7번)

▨ 2번 유형은 타인들이 자발적으로 2번 유형의 도움에 고마워하고 2번 유형의 사랑에 대한 능력이 특별하다고 느끼게 만든다. 그제야 2번 유형도 자신의 참된 욕구와 필요를 표출하고, 종래처럼 타인만을 지지하기보다 자신의 창의적인 안건을 찾아내 사람들에게 알려 준다.

▨ 6번 유형은 믿을 수 있는 사람에게 충성스러워진다. 지지자들과 함께 자신의 건강한 신념을 지킨다. 자기가 속한 공동체에 고마움을 느끼는 만큼 팀을 보호한다. 그러면서 팀원들의 칭찬을 받아들일 수 있고 긍정적인 결과를 믿으며 의심 없이 안건을 진전시킨다. 너무 많이 생각하지 않는다. '지각과다'를 이제야 벗을 수 있는 것이다.

▨ 7번 유형은 평범한 것을 성공적으로 만드는 능력이 엄청나게 증가하고 풍부해진다. 긍정적이며 상상력이 있고, 뭔가 생산적인 발명을 할 수 있다. 좀 더 침착해지면서 외부의 자극을 받아도 산만해지지 않고, 자신의 내적 마음을 돌아보는 시간을 갖는다.

③ 공격하는 사람(8, 1, 3번)

▨ 8번 유형은 용기 있고, 직선적이고, 가식이 없다. 공정한 8번 유형은 이제 동료들을 고양시킨다. 동료와 고용인, 팀원에 대해 최대한 보호적 입장이 된다. 개인의 충분한 잠재력을 달성하도록 다른 사람의 힘을 고양시킴으로써 인정을 받는다.

▨ 1번 유형은 이제 스스로 자신을 보상하고 모든 일에 스스로 책임을 질 수 있다. 타인의 칭찬이 없을지라도 자신을 위해 올바른 행동을

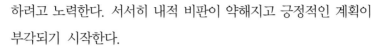

하려고 노력한다. 서서히 내적 비판이 약해지고 긍정적인 계획이 부각되기 시작한다.

▨ 3번 유형은 그동안의 성실한 경력과 이력으로 긍정적인 이미지와 그 결과에 대한 헌신이 고무받는다. 이제 자신뿐만 아니라 다른 사람들에게도 희망을 고무시킨다. 아이러니하게도 이 지점에서 개인적인 감정이 야기된다. 편의주의적이 아닌 선택된 일을 발견 하면서 그동안 닫혀 있던 감정이 살아난다. 그래서 참으로 '감정 유형'이 된다!

2. 후퇴하는 사람(9, 4, 5번)

부정 이동: 의지하다

▨ 대개 독립적으로 생각하고 바람직한 목표를 향해 의식적으로 발전 하는 능력을 지닌 움츠리는 유형은 사람들을 의지함(6, 2, 7번)으로써 스스로 파괴된다. 평소의 방식대로 후퇴해 있는 것이 아니라 지나치 게 사람들과의 관계로 나아가며 그들에게 의지하는 것이다. 다른 사 람의 의견이 자기 의견보다 크게 느껴지고, 그것 때문에 행동하는 데 더 의존적이 된다.

▨ 균형 잡힌 9번 유형이 6번 유형의 소심을 취하고 단체의 조화를 깨지 않으려고 맹목적으로 순종할 때 불건전해진다. 9번 유형은 있어야 할 자리에 앉아서 마음의 동요 없이 자기 나름의 확신을 가지고 행동하는 굉장한 능력이 있다. 그런 그들이 '순종하는' 6번 유형 쪽으로 움직이면, 자신의 내적 권위를 포기한다. 그리고 남이

자기의 생활을 꾸려 주기를 바라고, 단지 그룹과의 조화를 유지하기 위하여 스스로 확신을 갖고 있을 때조차, 실제로 믿지 않는 것들을 받아들인다. 복종적인 6번 유형처럼 9번 유형은 자신을 위해 결정을 내려 주고 있는 사람들, 자신 마음의 평화를 회복시켜 줄 사람들에게 의지한다. 무조건적으로 자기에게 영향을 행사하는 사람의 충고를 따른다. 스스로의 능력은 마비되고, 행동할 수 없거나 전혀 행동하고 싶지 않아진다.

▨ 궁지에 몰린 4번 유형은 남을 견딜 수 없게 만드는 방식으로('나는 도와주고 싶다') 현실과의 접촉을 다시 이루려고 애쓴다. 남들의 사랑과 주목을 통해 자기 본질을 얻기 위해 애쓴다. 4번 유형이 관계를 맺으면서 줄곧 만나는 난관은, 그들이 버림받을 때 더욱 악화된다. 진정으로 교제하기를 원하면서 동시에 자기가 의존하는 사람을 증오한다. 특징인 '밀고 당기기' 게임에 빠지는 것이다. 특별히 친밀감이 그리울 때, 4번 유형의 화살표는 2번 유형에게로 향한다. 2번 유형의 공간 안에서 4번 유형은 독립심을 포기하고 남에게 복종하면서 성급하게 자기 생활의 전체 상황을 역전시킬 수 있는 결정을 내릴 수 있다. 남들의 안전을 위해 낭만적으로 자기를 희생하고 고통을 받겠다는 타고난 열망에 부합한다. 그리하여 자기의 인생을 극적으로 비극적으로 만들어 가면서 더 깊이 가라앉는다.

▨ 건강하지 않은 5번 유형은 허무주의적이고 자폐적인 특징을 보인다. 5번 유형은 현실과의 모든 접촉을 끊겠다고 위협하고 환상적인 정신 유희를 하며 살아간다. 그러면서 7번 유형처럼 '나는 괜찮

다.'고 말하면서 행동방식은 움츠려 후퇴한다. 목적을 지향하는 행동적인 사람이 되는 대신, 중심 없는 행동주의에 자신을 내맡기거나 바보스런 행동을 더 많이 한다. 7번 유형의 감각적 즐거움에서 위안을 찾으려고 시도한다. 사려 깊은 5번 유형은 갑자기 변덕스런 7번 유형처럼 되면서 자기 아이디어를 이루고 싶은 꿈이라고 말하면서 결코 실천하지 않는다. 5번 유형은 자기의 것만큼 높지도 위대하지도 않은 아이디어를 가진 7번 유형처럼 냉소적이 된다. 더 나아가 자기의 꿈을 버리고 성을 잘 내며 의기소침해지고 관념 속에만 머물게 된다.

긍정 이동: 맞서다

독립적이면서도 움츠리는 유형은 공격형(3, 1, 8번)으로부터 배워서 스스로 자기의 아이디어를 실현하는 기회를 취해야 한다. 자기 의견에 대해서 다른 입장을 피력할 수 있으며, 막상 그렇게 표현해 볼 때 사람들의 반응이 그렇게 부정적이지 않다는 것을 알게 된다. 미리 두려워서 움츠려 후퇴해 있었음을 깨닫는 것이다. 이들이 이제 맞설 수 있게 한 동기는 자신감에 있다.

나태한 9번 유형은 3번 유형에게서 배울 필요가 있다. 3번 유형은 목표지향적이며 생산적인 행동을 공급해 준다. 이제 9번 유형은 스스로를 비하하는 것을 그치고 자신의 재능이 무엇인가를 열심히 찾아 활용하기 시작한다. 9번 유형은 자신감을 가지면서 자율적이 되고 더 이상 남들의 기대나 스스로의 충동으로 자신을 규정하지 않는다. 이제 주도권을 잡으며 세상을 변화시키는 일에 앞장서 움직여 나간다. 성공적인 3번 유형으로부터 배워서 기나긴 권태에서 빠져나오면 이 세상의 삶에 보다 더 많이 관여할 수 있다. 다른 사람들의 생활에 관여하면 할수록 9번 유형은 더욱 기민하고 생동감 있고 열정적이 된다. 활발하게 활동하는 9번 유형은 더욱더 균형이 잡혀 자기 유형이 가진 안정성과 중심성에 이른다.

▨ 감정의 혼돈, 자기 의심, 주관론을 치유하는 4번 유형의 균형은 화살표가 1번 유형으로 움직일 때 이루어진다. 예민한 4번 유형은 더욱 논리적, 객관적이 되도록 1번 유형에게서 배워야 한다. 1번 유형에게 가치는 감정보다 중요하며, 근면이 특별함보다 중요하고, 이성이 상징보다 중요하다. 1번 유형의 공간에서 4번 유형은 자기 자신과 자기의 슬픔을 잊는 법을 배우고 타인에게 관심을 돌릴 수 있게 된다. 열정적인 개혁자 기질을 가진 1번 유형처럼 곧 자신의 울적함을 잊고 보다 나은 세상 건설에 이바지할 수 있다.

▨ 5번 유형의 상습적인 생각은 행동을 방해하는 경향이 있다. 5번 유형이 건강하다는 것은 그의 지식이 아무리 불완전하거나 임시방편으로 보일지라도 실천으로 옮길 준비가 되었다는 뜻이다. 5번 유형이 과단성이 있어지고 모험적인 행동을 함으로써 온몸으로 현실과의 접촉을 시작할 때 그의 지식은 세상을 위한 것이 된다. 5번 유형은 선두에 선 8번 유형의 영역에 들어가 자신의 어려움을 대면하는 것을 배워서, 자신과 주변의 환경, 그리고 다른 이들을 신뢰하기 시작하며 용기를 갖고 더욱더 적절한 관계를 맺을 수 있다. 그들은 자기의 아이디어로 사회의 건설에, 특히 균형 잡힌 도덕관념의 형성에 공헌할 수 있다.

3. 의존하는 사람(2, 6, 7번)

부정 이동: 맞서다

관계 안에서 사람들과 잘 의지하며 지내 오던 의존형은 스트레스 상황 때 사람들에게 공격적(8, 3, 1번)이 되는 화살표 이동을 한다. 의존형은 타고난 자아 고착과 모순되는 또 다른 자아 고착을 취함으로써 친절하고 사랑스런 본성을 거스르는 싸움에 휘말리게 된다. 요컨대 자신을 부정하는 것이다. 의존형이 갑자기 부정적인 기운으로 비판이나 비난으로 맞설 때, 그들이 원하는 인정이나 사랑은 더 이상 받을 수 없는 상황으로 전락한다.

건강하지 못한 2번 유형은 남들이 자기를 그 무엇으로도 대신할 수 없을 만큼 사랑하기를 원한다. 2번 유형의 내부에서 원망이 끓어오르는 것은 동료들이 너무 배은망덕하기 때문이다. 2번 유형은 사랑의 상실로 고통받지 않기 위해서 사람들에게 친절하다. 그러나 거부당하고 이용당했다고 느끼면 심한 불쾌감을 표현하며 8번 유형처럼 적대적이 된다. 자신의 사랑을 적절히 돌려주지 않는 타인들에 대한 증오와 쓰라림은 끝이 없다. 사랑 많던 2번 유형은 소유욕이 강한 8번 유형의 공간에서 사랑하는 사람에게 지나친 질투심과 강한 소유욕을 가질 수 있다. 2번 유형이 사랑하는 사람을 지나친 세심함과 예민함으로 대하는 것은 애인을 자기에게 의존하게 만들어서 그를 지배하려는 욕구 때문이다. 이처럼 어떤 사람에게 감정적으로 지나치게 투자를 하는 데 반해 상대로부터 그만큼 돌아오는 것이 없을 때 앙갚음을 하고 싶어 하지만, 8번 유형과 달리 그 결과에 대면하지 못한다.

▨ 건강하지 못한 6번 유형은 권위적이고 병적일 정도로 의심이 많다. 자부심이 부족하기 때문에 어떤 종류를 막론하고 더 큰 권력에 의존하려고 애쓴다. 놀란 토끼가 위협하는 늑대에게 달려드는 것처럼 우월 콤플렉스로 자신의 열등감을 보상받으려 한다. 자기 보호를 위해 불충을 저지를 수 있는 것이다. 충실한 6번 유형이 야망에 찬 3번 유형과 자신을 동일시했다가 안 되면, 내적 반성을 그치고 활동에 심취하게 된다. 언제나 분주하게 움직여서 걱정을 할 틈이 없으며 일중독으로 빠진다. 초행동적이며 뭔가를 이루어 내야 한다고 생각한다. 경쟁적이지만 효율적이지는 못하며, 성공 지향적이지만 지시받는 것만을 이행한다. 3번 유형처럼 좋은 지위를 얻기 위해 자신을 꾸미거나 자기기만적인 행동을 한다.

▨ 천진스러운 7번 유형은 1번 유형의 화살표로 향할 때, 이상주의에 가득 차 있다가 흠모하고 우상화한 사람의 뜻밖의 결점을 보면 1번 유형처럼 벌컥 화를 낸다. 성이 나면 7번 유형은 가시 돋친 말을 한다. 남의 불완전함에 대한 자기의 분노를 가라앉혀 간접적이고 덜 상처 입힐 방법으로 표현하기가 어렵다. 누적된 분노는 그들로 하여금 좋아하지 않는 사람의 약점 앞에서 남을 얕보는 냉소적 웃음을 웃게 만든다. 스트레스 상황에 7번 유형의 억제 메커니즘은 더 이상 작용하지 않는 것이다. 그래서 고통과 어둠을 접할 것이라는 두려움이 강해진다. 상담이나 치료를 받는다는 생각만 해도 끔찍한 이미지들이 떠오른다. 이 모든 것이 7번 유형의 소모적 행동주의를 강화시키고 과도한 쾌락을 추구하는 경향을 심화시킨다.

긍정 이동: 움츠리다

의존형을 위한 건전한 움직임은 움츠리는 형(4, 9, 5)에게로 가서 후퇴해 있는 것이다. 타인과 밀접하게 연관된 생활을 하는 의존적인 사람은 홀로 있는 시간이 필요하고, 분별력과 개성화를 위한 공간을 가질 필요가 있다. 그렇게 하면 그토록 의존하던 사람으로부터 거리를 두고 자기의 진정한 모습을 보며, 스스로 가치 있음을 깨닫는다.

통합 과정에서 2번 유형은 비현실적인 자기 이미지, 즉 '나는 인간이 된 사랑의 신이다.'라는 것이 상대적인 것임을 받아들인다. 자기 영혼의 더 어두운 측면을 수용하기 때문에 자만심은 산산이 부서지고 자기 역시 도움이 필요하며 하나님의 은총으로 살아가야 한다는 사실에 눈을 뜬다. 자신의 필요에 마음을 쓰지 않는 2번 유형은 4번 유형으로부터 배워서 자신도 남과 똑같이 욕구를 가진, 가치 있는 사람으로 대할 수 있다. 자기 자신의 욕구를 접하는 것은 자신의 가치를 인정하는 것이다. 자신의 필요를 채우기 위해 남에게 의존할 필요가 없다. 이제 2번 유형은 자신과 화해하며 홀로 있는 것을 견디어 내고, 자신의 욕구를 발견하며, 착한 일을 하기 위해서가 아니라 자기 자신을 위해서 창조적인 면을 발달시킨다. 이제 2번 유형은 좋은 일을 할 때, 사람들이 기대하는 감사가 아니라 특히 도움을 필요로 하는 이들을 염두에 둔다.

9번 유형의 평온과 평정은 6번 유형의 공포와 두려움에 제일 좋은 처방이다. 6번 유형이 내적 두려움을 안정시킬 수 있을 때 안정뿐 아니라 믿음의 능력까지도 얻을 수 있다. 신중한 6번 유형은 죽음도 두려워하지 않을 만큼 스스로를 용감하게 만드는 숙명론을 가진 무활동의 9번 유형으로부터 배울 수 있다. 6번 유형은 자기 자신의 내적 권위자가 되고 이제 외부의 권위나 규칙이나 규범에 의존하지 않음으로써 9번 유형으로부터 자기 자신 안에 조용한 믿음을 자라게 하는 방법을 배울 수 있다. 또한 9번 유형으로부터 아주 침착하고 냉정한 방법으로 단언적이 될 수 있음도 깨닫는다. 이것을 배우고 나면 6번 유형은 늘 따라다니는 두려움이나 걱정거리를 가라앉힐 수 있다.

7번 유형의 낙관론은 사실 자기의 심연에 대한 공포에서 비롯된다. 내면 여행이란 외부 세계의 거짓된 안락함을 어느 정도 포기하는 것을 의미한다. 이 여행을 하면 놀랍게도 자기 안의 거친 심연이 아니라 심오한 기쁨의 원천을 발견할 수 있다. 이처럼 7번 유형은 반성적인 5번 유형처럼 자기의 본질을 반성하는 시간을 내야 한다. 유치할 정도로 어린이 같은 7번 유형은 자기의 사회적 기능 발휘에 도움이 될 기술을 꼭 익혀야 한다. 내성은 경솔함을 교정하는 수단이다. 7번 유형은 5번 유형이 삶으로 보여 주는 고통 수용법에서 많은 것을 배울 수 있다. 반성과 묵상과 내성의 경험은 안이하고 즐겁고 우스운 것만 찾는 7번 유형에게 진지한 생활 체험이 될 수 있다.

4. 공격하는 사람(8, 1, 3번)

부정 이동: 움츠리다

보통 우리가 '공격적'이라고 규정할 때, 그것은 적극적으로 사는 태도와 다른 이의 생활에 대해 지나치게 관여할 수 있는 경향성을 말한다. 그런데 부정 이동은 이들이 움츠리는 형(5, 4, 9번)의 공간에 장기적으로 체류할 때 건전치 못한 이동을 한 경우다. 그들이 후퇴해 있을 때 공격형의 창조성은 축소되며, 긍정적으로 사용되어야 할 에너지가 부정적이 된다. 공격형이 말을 안 하고 자기만의 공간에 틀어박혀 생각이 많아질 때는 건강한 생각보다 부정적인 생각을 더 많이 하기 쉽다.

▨ 스트레스 상황에 취약한 8번 유형은 적대적이고 폭력적이다. 화살표 방향은 '나는 현명하다.'는 5번 유형으로 움직여 골똘히 생각하고 의심하며 깊은 상념에 잠기기 시작한다. 내면은 공포스러운데 무엇보다 힘을 잃게 될까 봐 두려워한다. 남이 자기 약점을 이용할 수 있고, 그 전에 주었던 모욕을 복수할 수도 있으리라는 두려움이 커진다. 그래서 공격의 수단과 힘으로 5번 유형의 사실과 정보들을 이용한다. 지적인 5번 유형의 입장을 취하는 8번 유형은 두 배로 오만해지고 터놓지 않으며 감정적으로 냉정하고 무심하다. 그 무심은 결국 자신에게로 향해 자신은 아예 행운이 없는 사람이라고 여기며 스스로에게 공격을 퍼붓는 방식으로 표출된다. 너무 극단에 처하면 힘도 없고, 목표도 없고, 의지할 사람도 없어 자살을 생각할 수 있다.

▨ 건강하지 못한 1번 유형은 어떻게 해서든 정당하기를 원하며, 남을 심판하고 싶어 한다. 질투가 심하고 비인격적이며 억압된 분노로 가득 차 있다. 1번 유형은 궁지에 몰렸을 때 자신에게 공격을 퍼붓고 의기소침해지며 자기 파괴적인 행동을 한다. 평소에 객관적인

1번 유형이 우울한 4번 유형의 화살표 방향으로 내려가 자기를 비하하고, 자기가 공정한 대접을 받지 못했다고 느끼며 자기 연민에 빠진다. 1번 유형은 공정하고 올바른 것을 상관하지 않는 세상 앞에서 모든 아이디어를 흐트려 버리고 모든 것을 바르게 세우려는 자기의 노력을 경멸한다. 최악의 경우, 1번 유형은 완전히 체념하여 더 이상 자신이나 세상의 상황을 개선시킬 수 있는 어떤 일도 할 준비를 못한다.

3번 유형은 맡은 역할이 많기 때문에 어떤 것이 진짜 자기 역할에서 주어지는 감정인지 그것을 대면하기가 무척 어렵다. 스트레스 상황에서는 자신에 대한 흥미를 더 잃어버리고 진정한 자아를 만나는 일이 더 어려워진다. 특히 사람들에게 인정받지 못할 때 더욱 그렇다. 성공적이고 영향력 있던 3번 유형이 9번 유형쪽으로 화살표 이동이 일어난 경우, 피상적으로 파악한 자기의 본질에 관해 무심할 수 있다. 자기 인식 부족으로 자애적이 된 그들은 열심히 추구한 이미지가 유효하다는 외부의 확인을 끊임없이 찾는다. 이들은 매우 냉정하고 무심하며 잘 잊어버리고, 원하는 것을 얻으려고 저항의 기미를 띠거나 심술을 부리기도 하고 만사에 느리게 대처한다.

긍정 이동: 의지하다

공격형에게 건전한 움직임은 개인적 차원에서 사랑과 돌봄의 관계를 형성할 수 있는 의존형(2, 7, 6번)에게로 나아가는 것이다. 공격형은 그룹을 돕는 데는 익숙하더라도 자기 자신을 포함하여 개인적 수준에서 다른 사람과 공감대를 형성하지 못할 수 있다. 남에게 의지하고 있다는 감각은 자신의 자기 억제와 충동적인 공격성과 균형을 이루게 해 준다.

거칠고 격렬한 8번 유형은 남의 고통과 무력함에 민감할 필요가 있다. 사랑스런 2번 유형으로부터 부드러움과 동정심을 배울 수 있다. 8번 유형은 사회적, 개인적 양쪽 차원에서 고통과 연관을 맺음으로써 억압적인 제도와 억압적 관계에 반발하여 더욱 동정적이고 사려 깊은 사람이 된다. 2번 유형은 8번 유형의 권력본능을 완화시키고 자신의 부드러운 면, 즉 돕고 부양하며 보호하기를 원하는 측면을 고무시킨다. 8번 유형은 더 이상 지배하기를 바라지 않고 치유하기를 바란다. 자진해서 선택한 고립을 떠나서 더욱 상냥하고 차분하고 연약해진다. 드디어 자신도 누군가의 도움이 필요하며 의지할 사람을 향해 자신의 약함을 기꺼이 노출한다.

지나치게 긴장하고 통제된 1번 유형은 7번 유형의 화살표로 움직임으로써 휴식을 취하고 작은 것에도 행복하게 느낀다. 심각한 1번 유형은 심각한 것을 견디지 못하고 행운에 맡기는 7번 유형으로부터 배울 수 있다. 무엇이 좀 잘못되었다고 세상이 무너지는 것은 아니다. 1번 유형은 문젯거리로 골치 썩기를 피하는 7번 유형의 방법으로 자신의 문제들을 다루는 법을 배워야 한다. 대개 자신의 문제를 확대시키는 경향이 있는 1번 유형은 세상의 문젯거리들로 걱정하고 지나치게 짐스러워 하는 대신, 7번 유형으로부터 행복하고 자유로울 수 있는 방법을 배울 수 있다. 그러다 보면 아직 목표에 도달하지 못하고 과정에 있는 상태를 받아들일 수 있다. 그러면서 확실한 편안함과 내적 평화를 발견한다.

3번 유형은 충실함, 의존성, 신뢰감에 평소 문제가 있다. 충실함이란 다른 사람과 생사고락을 같이 하는 것을 의미한다. 그러나 3번 유형은 실패의 위협을 받을 때 계획을 파괴할 수도 있는 사람이다. 나를 내맡기는 행위 역시, 마침내 내 역할과 가면이 드러나 그 효과를 상실하게 되리라는 것을 의미한다. 3번 유형은 행동의 한계와, 자기 자신, 타인 그리고 인생으로부터 기대할 수 있는 것에 대한 한계를 인식한다. 연결과 종속이 없다면 3번 유형은 자기 야망의 희생물이 될 위험이 있다. 매우 조작적이고 권력지향적인 3번 유형은 6번 유형으로부터 겸손하고 유순하고 온유함을 배울 수 있다. 6번 유형은 물질적인 3번 유형에게 진실하게 공동체에 투신하고 자기의 복지에 관심을 기울일 수 있는 법을 가르칠 수 있다. 그래야 3번 유형이 허세를 부리기 위해 쓰는 웅변술, 드라마, 조작과 술책들의 이용을 줄일 수 있다(Rogacion, 1990; Rohr & Ebert, 1990; Hideko, 1998).

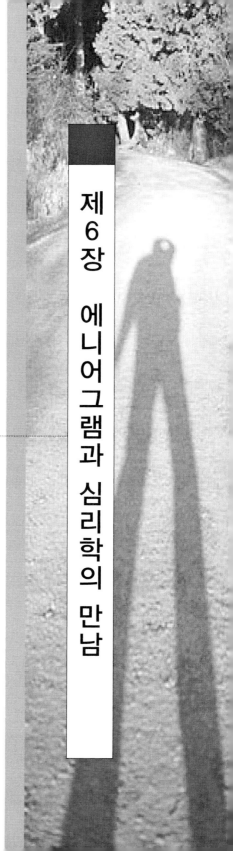

제 6 장

에니어그램과 심리학의 만남

에니어그램과 심리학의 만남

1. 발달심리학과의 만남 - 부모 양육

나는 목사의 가정에서 장남으로 태어났다. 어머니는 병약했고 우울증이
있었기 때문에 나는 거의 교인들 손에서 자라났다. 7살이 될 때부터는
서울에 있는 할아버지 집에서 자랐다. 나는 부모님과 떨어져 사는 것이
싫었지만(그렇게 어린 나이인데도) 아무 말도 하지 못하였다. 할아버지는
늘 나에게 "너는 안 돼, 네가 뭘 할 수 있겠나? 싹이 노랗다."라고 하시면서
기죽게 하였다. 공부를 잘해 상을 받아와도 한 번도 칭찬다운 칭찬을 들어
본 기억이 없다. 따뜻한 대화는 기대할 수 없었고, 구박만 하는 할아버지가
싫어 내 방에서 지냈던 시간이 많았다. 이런 할아버지의 태도에 힘들어

했으면서도 부모님 집으로 돌아가려고 하지 않았던 내가 이상할 정도다. 중 2 때 한번은 할아버지와 크게 다투고 비오는 날 가출을 하였다. 어머니께 집으로 데려가 줄 것을 요청했으나 거절당해 패잔병의 마음으로 되돌아와야만 했다.

방학식 하는 날이면 부모님 집으로 내려갔고 개학 전날이 되어서야 서울로 돌아왔다. 집에 가면 8살 아래 여동생과 11살 아래 남동생이 있었는데 예배 때는 동생을 업고 돌봐야 했다. 어머니의 품에 안겨서 놀던 동생들이 늘 부러웠지만 한 번도 표현해 본 적은 없다. 서울에 올라와서는 서울이 답답하고 가슴이 막혀 몇 주일을 우울해했다. 어린 시절부터 늘 난 혼자였고 내 인생은 내가 책임져야 한다는 생각을 자주 가졌다. 초등학교 4학년 때 삼촌의 자살을 제일 먼저 목격하고 나서 나도 삼촌처럼 되지 않을까 하는 두려움에 사로잡히기도 했다. 혼자 생각하고 혼자 있는 시간을 즐겼고 내가 똑똑해야만 살아남을 수 있다고 생각하였다. 나는 내 감정을 드러내기를 꺼렸고(사실 감정을 어떻게 표현해야 하는지도 몰랐다), 홀로 울면서 이를 악문 적이 많았다. 삼촌이 죽은 이후로 나는 다른 사람들에게 할아버지의 아들이냐는 소리를 들으며 살았는데 그 소리가 죽기보다 싫었다. 나이 서른 살까지 부모님과 함께 살았던 날들이 6살 이후로 방학기간을 빼면 6개월도 채 되지 않는다. 졸업식에는 늘 부모 대신 할아버지와 할머니가 오셨다. 나는 외로웠다.

설리반의 성격 이해

사회심리학자로 불리는 설리반(Sullivan, 1953, 1972)은 아일랜드 구교 출신(이웃 전부는 신교)으로 시골지역에 있는 고립된 농장에서 성장하였다. 외집단의 청년시절을 통해 배척과 고독을 뼈저리게 경험한

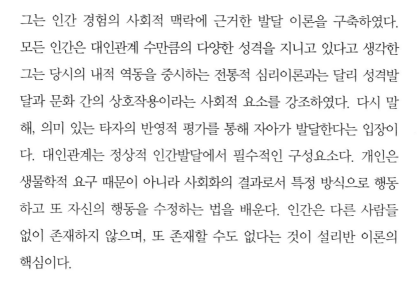

그는 인간 경험의 사회적 맥락에 근거한 발달 이론을 구축하였다. 모든 인간은 대인관계 수만큼의 다양한 성격을 지니고 있다고 생각한 그는 당시의 내적 역동을 중시하는 전통적 심리이론과는 달리 성격발달과 문화 간의 상호작용이라는 사회적 요소를 강조하였다. 다시 말해, 의미 있는 타자의 반영적 평가를 통해 자아가 발달한다는 입장이다. 대인관계는 정상적 인간발달에서 필수적인 구성요소다. 개인은 생물학적 요구 때문이 아니라 사회화의 결과로서 특정 방식으로 행동하고 또 자신의 행동을 수정하는 법을 배운다. 인간은 다른 사람들 없이 존재하지 않으며, 또 존재할 수도 없다는 것이 설리반 이론의 핵심이다.

① 대인관계의 의미

인간의 대인관계 욕구의 충족은 성욕의 충족보다 훨씬 더 중요하다. 성공적이고 긍정적인 대인관계는 행복하고 만족스런 삶을 위해 필수적이다. 개인의 대인관계 결과가 바로 그 개인의 성격(독특한 개별적 자아)을 만들기 때문이다. 대인관계의 영향력은 건설적일 수도, 파괴적일 수도 있다. 대인관계 접촉에서 얻는 이점은 긍정적 피드백에 달려 있다. 특히 유아기와 아동기 때의 대인관계가 불안을 초래할 때, 개인은 안전수단(방어기제)을 발달시킨다. 부정적이고 위협적이며 불안을 유발하는 경험은 불안전감을, 반대로 의미 있는 타자와 갖는 긍정적이고 지지적이며 긴장감소적인 경험은 안전감을 낳는다. 인간은 확인 가능한 사회적 상호작용 유형의 맥락 내에서만 이해될 수 있기 때문에 대인관계는 인간행동을 이해하는 가장 중요한 실마리를 제공한다.

② 긴장: 욕구/불안

성격이란 긴장감소를 목적으로 하는 에너지 체계다. 긴장은 음식, 물, 산소, 수면 등의 기본 욕구에서 생겨나지만, 불안을 야기하는 대인관계 상황에서도 기인한다. 긴장과 행복감은 역상관 관계다. 행복감의 수준이 높을수록 불안수준은 낮고 그 역도 성립한다. 양육자와의 초기 경험으로부터 대인관계상의 불안이 생겨나며, 불안은 인간의 생애주기에서 가장 뿌리 깊은 대인관계적 힘으로 생겨난다.

③ 발달 단계: 대인관계 + 사회화 과정

부모가 유아의 어떤 행동을 못하게 할 때 인생 초기부터 '불안'이 시작한다. 비난을 피함으로써 긴장을 감소시키고자 하는 것이 인간의 주요한 동기적 힘이 되는 것이다. 각 단계로의 이동은 '의미 있는 타자'에 대한 지향에서 질적인 변화를 포함한다. 한 단계에서 다음 단계로 나아가도록 하는 추진력은 대인관계의 불가피한 결과로 나타나는 기본적 불안감에 대처하는 아동의 성장능력에 근거한다. 과제의 숙달(대인관계의 기술)은 다음 단계에서의 성공적 발달에 영향을 미친다. 이전 단계에서 발생한 중요한 발달적 결함은 미래의 적응에 문제를 초래한다. 이럴 때 지지적 만남(단짝 친구, 이해심 많은 교사, 심리 치료사 등)이 재적응을 촉진하는 계기가 된다. 각 단계는 아동의 자기 평가에 지배적인 영향을 주는 특정 인물이나 사회집단에 따라 특징지어진다.

- 유아기: 보살펴 주는 이
- 아동기: 가족+부모
- 소년기: 학교+또래집단

- 전청년기 : 단짝
- 청년 초기 : 친구, 초기의 이성 지향
- 청년 후기 : 연인

유아기에 어머니가 부드럽고 지지적으로 대하고 유아의 기본적 욕구에 반응하면, 유아는 안전감을 느끼며 '좋은 나'를 발달시킨다. 반대로 어머니의 몸짓이나 음색이나 행동을 통해 어머니의 불안이 전달될 때 '나쁜 나'의 느낌을 형성한다. 양육자에게서 겪는, 불안을 유발하는 초기 경험으로부터 시작된 긴장과 불안은 이후 대인관계 과정에서 전개된다. 아동기는 의미 있는 언어가 시작되는 시기부터 놀이친구나 동갑내기, 즉 자신과 유사한 위치에 있는 친구 또는 협동적인 인물과의 상호작용 욕구가 출현하기까지의 기간을 말한다. 부모의 기대에 맞게 행동하지 못할 때, 아동은 야단을 맞고 공포와 수치심을 느끼며 부모의 기준을 내면화한다. 그리고 순종의 결과에 따라 인정받는 경험, 즉 귀엽고, 영리하고, 단정하고, 매력 있다는 말 등을 통해 '좋은 나' 이미지를 내면화한다. 반복되는 불승인, 즉 나쁜, 서투른, 멍청한, 버릇없는 등을 들으면 '나쁜 나'가 내면화된다. 그것이 불안을 유발하고, 더 나아가 사회적 규칙을 위반할 때 (부모가 보지 않아도) 불안을 느끼게 된다.

④ 동조성

초등학교 입학 이전의 아동은 부모의 승인이나 인정을 중요시하는 반면, 초등학교 연령의 아동은 또래집단의 승인을 중요시한다. 또래집단으로부터 승인을 얻고자 하는 아동의 욕구는 또래집단에 대한 동조경향성을 자극한다. 아동은 또래가 수용하는 방식으로 옷을 입고 이야기하고 농담하며 또래집단의 반사회적 행동에도 기꺼이 동조하려는 경향을 나타낸다. 초등학교 아동의 동조경향은 정상적이고 적응적이며 건강한 행동 형태이긴 하지만, 극단적인 동조는 아동을 스스로 결정할 수 없는 무력한 존재로 만든다.

　동조성은 아동 초기부터 증가하기 시작하여 청년 초기 동안 감소한다. 동조성의 정도는 11~13세경에 가장 강하게 나타나며 남아보다 여아가 더 동조적이다. 일반적으로 불안 수준이 높고 의존적이며 자기신뢰성이 부족한 사람이 타인에게 지나치게 의존하는 경향을 보인다. 부모-자녀관계의 중요성만을 강조한 다른 정신분석 이론가와는 달리, 설리반은 아동과 청소년의 복지발달에 친구가 매우 중요한 역할을 한다고 믿는다. 복지와 관련하여 기본적인 사회적 욕구가 있는데, 바로 안전애착에 대한 욕구, 재미있는 동반자, 사회적 승인, 친밀감, 성적 욕구 등이다. 이러한 욕구의 충족 여부가 정서적 복지를 결정하며, 사회적 승인을 못 받게 될 때 자아존중감은 떨어진다.

대인관계와 동조성

설리반 이론에서처럼 아이는 자라면서 점차 대상(對象)을 확장시켜 나간다. 1차 대상은 누구인가? 말할 필요도 없이 부모다. 2차 대상은 형제자매와 친척, 3차 대상은 친구, 교사, 종교지도자 등 사회적 관계를 통해 알게 된 사람들이다. 놀이 대상이었던 애완견이나 흙, 모래, 장난감, 소꿉놀이 도구 등도 4차 대상에 해당된다. 나와 관계해서 놀아 준 상(象)이고 그것도 내 심리에 영향을 미친 '물적 대상'이다. 조부모는 몇 차에 속할까? 대상관계 이론가 중 어떤 이들은 1차 대상

과 같은 중요한 대상으로 조부모를 꼽는다. 점점 조부모 대상의 중요
성이 상실되어 가는 이때 세대 간 상호작용 경험이 나중의 대인관계에
얼마나 영향을 미치는지 생각해 볼 필요가 있다. 조부모와 소통해
본 사람과 한 번도 조부모를 겪어 보지 않은 사람의 대상관계는 어떠
할까? 아무래도 겪어 보지 못한 사람은 세대 간 상호작용에서 어색하
거나 미숙함이 있을 것이다. 살아 있는 대상과의 상호작용이 결핍되
어 있는 데 반해, 물적 대상(애완견, 컴퓨터, 게임기구 등)과는 익숙하거
나 친숙하다면 그 사람의 관계방식은 어떠하겠는가? 당연히 살아 있
는 대상과 상호작용을 할 때 부자연스러움과 미숙함이 따를 것이다
(Fonagy, 2005; Marrone, 2005).

아이는 커 가면서 자기를 사랑해 주고 보호해 주기를 바라는 대상
에게 '동조'해 가면서 원하는 것을 얻는다. 동조성은 실존하는 인간이
면 누구에게나 있는 '불안'에 근거한 심리다. 동조하지 않으면 나는
대상으로부터 분리되고, 분리되면 소외되어 사랑을 얻지 못한다. 동
조 심리로부터 군거성(群居性) 심리가 만들어진다. 한국 문화처럼 '우
리'를 강조하는 곳도 드물 것이다. 부모, 자식, 형제, 하다못해 남편도
내 사람으로 소개하지 않고, '우리 남편'으로 소개하지 않는가! 오랫동
안 농경문화와 대가족 체계 속에서 살아왔고, 또한 지리적으로나 정
치적으로 안보가 중요한 나라에 사는 사람에게는 '분리'라는 말은 심
리적으로 편안한 말이 아니다. 한 나라에 속한 국민으로 우리는 '뭉치
면 살고 흩어지면 죽는다.'는 구호 속에서 자랐고, 속한 공동체로부터
분리되면 보호와 안전을 잃는다고 여기면서 자랐다. 그러므로 '나는
누구인가?'의 정체성 문제와 '세상은 어떤 곳인가?'의 세계관 문제는
가장 먼저 부모와의 대인관계 속에서 만들어지는 것이다.

에니어그램 차세대의 대표적인 사람, 이차조(Oscar Ichazo)는 자의식을 '자아와 세상 사이의 분열'로 보았다(Beesing & Nogosek, 1984). 이차조에 따르면, 아이는 매우 어린 나이부터 자신에 대한 내적 감정이 주변의 세상과 잘 맞아떨어지지 않는다는 것을 깨닫는다. 세상은 어떤 의미에서 자신을 적대시하는 것처럼 보인다. 그래서 아이의 내적 감정과 외부의 사회적 현실 사이에서 모순이 생기기 시작한다. 자아의식은 사회와 접촉하기 시작하면서 발달하는 제한된 자각 양식이다. 성격은 그 본바탕 위에 방어의 층을 형성함으로써 만들어진다. 이차조에게 '자아'란 세상에 대한 자아다. 자아 개념은 자기 자신을 보는 방식이고, 행동 양식은 세상과 관계를 맺는 방식이다. 이차조 이후, 현대 에니어그램 전문가들(Riso, 1990; Hurley & Dobson, 1993)은 더 구체적으로, 가정에서 아버지의 역할이 자녀의 세계관에 영향을 미치고, 어머니의 역할이 정체성에 영향을 미친다고 보았다.

세상은 어떤 곳인가? 그리고 우리는 그곳에서 어떻게 사는 사람인가? 우리는 세상에 대해 아버지와 관련된 이미지를 내면화하고, 그 세상 속에서 정체성을 유지하는 방식은 어머니 이미지를 따라 산다. 에니어그램 이야기에서 부모 중 한 사람에 대해 부정적, 긍정적, 양가적 경향성이 유형마다 다르게 나타나는 현상이 많다. 예를 들어, 어머니 영향에 대해서 3번 유형은 긍정적이고, 7번 유형은 부정적이고, 8번 유형은 양가적인 경향이 있다. 아버지의 영향에 대해서는 6번 유형은 긍정적, 1번 유형은 부정적, 2번 유형은 양가적 경향으로 나타난다. 부모 모두에 대한 영향에 대해서는 9번 유형은 긍정적, 4번 유형은 부정적, 5번 유형은 양가적 태도를 보인다. 일반화시킬 수는 없지만 에니어그램 교육 현장에서 흔히 나타나는 현상이다. 그만큼 성격 특성에서 부모의 영향은 지대하다.

다음은 세계관과 정체성을 알아보는 작업을 위해 한 내담자가 자유연상을 통해 부모의 단적인 면을 이미지화했을 때 떠올린 것이다.

아버지는

- 죽어라고 일만 하는 분
- (육체노동) 손톱을 깎을 필요가 없는 분
- 배우겠다는 자식만 가르치겠다는 분
- 세상에는 공짜가 없다고 말씀하는 분
- (못 배워서) 공무원들을 어려워하셨던 분
- 이 세상 믿을 사람은 오직 자신뿐이라고 말씀하는 분
- 자식에게도 보증을 안 서는 분
- 왜 그렇게 의지가 약하냐고 나무라는 분

아버지는 집안의 둘째인데, 가족 중에서 (고모와 함께) 제도교육을 받지 못하였다. 다른 형이나 동생들은 모두 고등학교 이상을 졸업하였고, 형은 교장으로 퇴직하였다. 아버지는 어릴 때부터 할아버지와 함께 가족 부양자로서 역할을 맡아야 했다. 농사, 기와공장, 건축 등 안 해 본 일이 없으며, 남이 버린 연탄도 새벽이면 리어카에 주워 와서 모아 썼다. 자녀는 어떻게 해서라도 배우게 하겠다는 일념으로 섬을 떠나 도시에 일터를 잡았다. 배우지 못하여서였는지 동사무소 직원(동사무소나 은행에서 서류 작성할 때 매우 긴장하곤 하였다)이나 교사 대하기를 어려워하였다. 아버지는 첫 딸이 꼭 사범대에 가서 교사(그것도 고등학교 영어교사)가 되기를

바랐다. 자녀들이 저축상을 받게 할 정도로 근면 성실한 분이다. 큰 딸은 현재 아버지가 사는 도시의 고등학교 영어교사다.

어머니는

- •항상 나를 애처로운 듯 바라보는 분
- •외상할 곳 알아 놨냐고 말씀하시는 분
- •내가 전화하면 항상, 언제나, 영영 반가워해 주는 분
- •여자 인생은 친정이 어떠하냐에 달려 있다고 믿는 분
- •지나가는 참새에게도 한잔 하라고 권하는 분
- •여자 팔자는 두레박 팔자라고 말씀하는 분
- •인생에 자족하라고, 역행하려 들지 말라고 말씀하는 분
- •사람마다 정해진 분량과 몫이 있다고 믿는 분

어머니는 어렸을 때 부모를 잃었다. 의지하던 오빠마저 죽어 두 자매와 함께 어렵게 살았다. 여덟 살짜리 동생을 데리고 시집올 만큼, 결혼 생활 내내 동생들에 대한 책임감을 놓지 못하였고, 지금도 친정 제사를 (딸인) 당신 혼자 지낸다. 취약한 친정은 엄마의 한(恨)이다. 손자 손녀들에게 용돈 주실 때 항상 '외'할머니임을 강조한다. 당신 자녀들은 외할머니라는 단어를 말해 본 적이 없기 때문이다. 그럼에도 불구하고 인생에 대해 낙천 적이고, 사람들과의 친화력이 매우 좋다. 사람 좋은 엄마 때문에 우리 집은 친척들이나 손님들이 끊이지 않았다. 여자는 음식 만드는 것을 부담스럽게 생각해서는 안 되며, 손님을 대접할 수 있을 준비가 언제라도 되어 있어야 한다고 강조하곤 하였다. 또한 인간은 언제고 위기를 만날 수 있으므로 '외상' 할 곳 하나쯤은 만들어 놔야 한다는 것이 엄마의 인생철학이다.

세상은 내게

- 비정한 곳
- 공짜란 없어서 꼭 대가를 치러야 하는 곳
- 하나님의 사랑도 공짜가 아니라고 알려 주는 곳
- 생존하기 위해 끊임없이 일해야 하는 곳
- 언제고 나의 약점을 잡으려 하는 곳
- 사람을 너무 믿어서는 안 되는 곳
- 무시당하지 않기 위해서 학력이나 직위가 필요한 곳
- 남모르게 좋은 일하는 사람은 숨어 있는 곳

그런 세상 속에서 나는

- 항상 긴장되어 있고
- 잘 하려고 너무 애쓰고
- (그런데도) 나보다는 다른 사람이 더 잘되는 것 같다고 느끼고
- 그냥 '내 몫은 이 정도' 하며 빨리 포기하거나
- 공짜 사랑은 있을 수 없다고 믿는
- (그래서) 서러움이 많아 눈물이 나는
- 아버지에게 자랑스러운 딸이고 싶은
- 그러지 못해서 세상이 불만스러운
- (어떡해서든) 부모의 날개이고 싶은 딸

나는 둘째 딸이다. 위로 언니, 아래로 세 남동생이 있다. 내가 사춘기가 되었을 때, 부모님은 귀향해 농사와 공장 일을 다시 하셨다. 나는 동생들을 돌보는 역할을 맡았다. 우리 집에 세 들어 사는 사람들이 많았는데, 월말이면 전기세와 수도세 등을 거두어 내는 일을 도맡아 하였다. 동생들의 도시

락, 교복, 목욕, 바른 생활 지도 등, '엄마 역할'을 대역했다. 학교에서 리더를 맡았지만, 학교에 오실 수 없는 부모님에 대한 자의식 때문이었는지 모범생이려고 무진 애썼다. 그러나 아버지에 대한 양가감정(성실한 아버지/두려운 아버지)은 권위자(교사, 목사)에게도 전이되어, 겉으로는 '착한 소녀'였지만 내적으로는 두려움과 분노가 있었다. 끊임없이 드나드는 친척이나 손님으로부터 딸들의 공간을 보호해 주지 않는 엄마한테도 불만이 많았다. 귀가 안 좋아서 사춘기 때 인생을 '안전하게' 살 방도에 대해 고민을 많이 했다. 외적으로 드러나지 않는 신체적 핸디캡, 6년의 미션스쿨 생활, 교회 생활 등이 내 사춘기의 고민과 희망의 이름들이다.

이 내담자는 집단상담에서 '신뢰도'(trust/mistrust)와 '현재성(here and now)' 영역에 취약하다는 피드백을 받았다. 위의 상(像) 읽기를 통해서도 드러나는데, 대상(타인)은 그녀를 돕거나 사랑해 주려고 있는 것이 아니고, 어쩌면 조금은 경계하고 거리를 두어야 하는 그런 존재다. 누구로부터 자기 영역을 침범당하기 싫어하는 특유의 성격도 자기 공간을 충분히 보호받지 못한 어린 시절의 환경적 안아 주기와 관련이 있다. 적정 거리를 유지하는 관계 방식이 자신을 보호하기도 하면서 대상한테 기대할 필요 없는 안전한 방식이다. 아버지의 메시지인 공짜 없는 인생, 공짜 없는 사랑은 그녀의 하나님 이미지에도 여지없이 투사되어 있다. 하나님도 거저 그녀를 사랑하지 않는다. 신앙은 깨어 있음, 즉 긴장을 의미한다. 지금까지 자기가 잘 걸어왔는지 끊임없이 뒤를 돌아다보며 자기가 누구인지 정체를 확인하는 버릇, 그래서 현재를 잃어버리는 현상은 '지금 여기'를 누리지 못하게 만드는 원인이기도 하다. 이처럼 인간은 부모(혹은 중요대상)와의 상호작용의 경험을 통해서 특정 성격을 형성한다. 다음은 구체적으로 어떤 경험이 특정 유형으로 인도하는지 각 유형의 어린 시절 경험과 어른들의 양육방식 유형을 살펴보자.

어린 시절 유형

착한 아이, 1번 유형

1번 유형 아이는 나쁜 행동을 하거나 일을 서투르게 했을 때 벌을 받았던 기억이 있다. 그래서 뭔가가 잘못되었을 때 자주 나무람을 당해, 자신이 하는 모든 것에서 결점을 찾는 버릇이 생겼다. 어린 나이에 책임이 주어지거나 책임을 맡았다. 일찍 성숙하여 형제들에게 심지어 부모에게도 부모 노릇을 할 것을 요구받았다. 그래서 어린아이로 있으면 자신이 받아들여지지 않을 것이라고 느꼈다. 부모가 자신에게 많은 것을 기대한다고 느꼈고 부모와 선생님의 기대에 따라 살았다. 부모가 알게 모르게 '너는 잘해야 한다.'는 식으로 보이지 않은 강요를 하였다. 부모를 대신하여 동생을 보살피고 모범을 보였으며, 맏이거나 손위형제였을 것이다. 그러다 보니 어른 같은 책임감과 심각함을 발달시켰고, 자제력을 키우고, 규정된 당위성(마땅히 해야 할 일을 하는 것)에 따르도록 배웠다. 또한 목표를 초과 달성함으로써 좋은 느낌과 사회적 승인을 얻었다. 커서도 자신이 생각하기에 완벽하게 될 것 같지 않은 일은 꺼려하게 되었고, 다른 사람의 비판을 듣기 전에 자신을 비판한다. 그리고는 부정적인 감정을 억누른다. '착한 아이'는 화를 내지 않기 때문이다.

돕는 아이, 2번 유형

2번 유형 중에는 조실부모했거나 부모와 관계가 좋지 않아 사랑이 결핍된 환경에서 성장한 사람이 많다. 혹은 한쪽 부모의 병환으로 자신이 늘 병간호를 도맡고, 동생을 돌보고, 집안일을 하는 등 여러 방법으로 부모를 도와줌으로써 부모의 사랑과 인정을 받으려고 노력했다. 부모에게 자신의 욕구를 토로하면 무시되거나 비난의 대상이 되곤 하였다. 그래서 자신의 욕구를 자제하는 것이야말로 훌륭한 생존방법이라는 것을 배웠다. 2번 유형은 주의를 끌고 애정을 얻기 위해서 친절하고, 재미있고, 귀엽고, 매력 있게 되는 법을 배웠다. 다른 사람들에게 애정을 갖고 다가가는 것이, 분노나 자기주장으로 맞서거나 거리를 두고 그들로부터 후퇴해 있는 것보다 자신에게 더 좋은 결과를 가져왔다. 즉, 자신의 친절함에 대해 감사받았다. 이처럼 2번 유형은 자기보다는 남의 욕구를 잘 맞추어 줌으로써 자기가 바라던 것을 얻어 냈다. 꾸지람과 잔소리에 매우 예민하고, 도움을 주거나 이해하려고 힘씀으로써 부모를 기쁘게 하려고 하였다. 수줍음을 타거나, 조숙한 행동을 하고, 주의를 끌기 위하여 극적인 행동을 하기도 했다. 광대 짓을 하거나 농담을 하기도 하고(외향적인 2번), 조용하거나 수줍음을 타서(내향적인 2번) 인기가 있거나 있으려고 노력했다. 2번 유형의 아이가 어렸을 때 그에게 원하거나 진정으로 필요로 하는 것에 대해 공감해 주고 질문해 주는 사람이 없었던 것이다.

능력 있는 아이, 3번 유형

3번 유형은 있는 그대로의 모습으로 사랑받은 것이 아니라 특별한 성취를 이룬 순간에 인정과 칭찬과 상을 받았다. 자기의 가치가 자신이 누구인가가 아니라 자신의 행위에 달려 있었다. '내가 이겼을 때 나는 훌륭하구나.'라는 좌우명을 키웠고 승리와 성공에 집착하게 되었다. 학교에서 좋은 성적을 내거나 연극을 잘하거나 해서 인정을 받고 사랑을 받았다. 부모나 주변 사람들로부터 '너는 잘 할 수 있어.' '너는 훌륭한 아이야.' 하는 소리를 들었으며, 일찍부터 가족영웅의 역할을 배웠다. 3번 유형은 일을 하는 중 성취하는 것으로 관심과 승인을 얻는, 그러나 자기 자신의 느낌과 기호에 대한 감각은 잃어버린 조숙한 아이였을 것이다. 사람의 됨됨이, 자신의 마음을 털어놓는 것, 타인과 다정한 관계를 맺는 일보다는 남보다 앞서고 성공을 강조하는 가정 분위기 속에서 자랐다. 그래서 자기가 해낸 일로 칭찬받으려고 열심히 일했고, 학급이나 학교에서 가장 능력 있고 책임감 있는 어린이였다. 잘 순응하고 적응하는 것이 자신의 생존에 도움이 되었다. 능률적이고, 질서 있게 일하고, 목표 지향적이고, 열심히 일함으로써 다른 사람들을 앞서 나갔다. 타인과의 정서적 연결, 깊은 유대 대신에 성과와 이미지에 보답이 있었다.

감성적인 아이, 4번 유형

4번 유형은 부모가 원치 않은 아이였거나 부모로부터(혹은 중요한 사람에게서) 버림받았을 수도 있다고 생각한다. 학교 다닐 때 늘 아버지가 부재했다고 기억한다. 한쪽 부모의 죽음이나 이혼, 이사 등 충격적 변화나 부모의 편애에 따른 상실감, 단절감, 소외감, 박탈감을 체험했다. 그래서 다른 사람이 이해할 수 없는 고독과 고통을 당했다고 생각한다. 많은 4번 유형이 어떤 이유에서든 부모가 바뀌어서 살고 있다는 상상을 하였다. 병원에서 바뀌었거나 고아원 출신이라는 상상 말이다. 부모와 충분히 교류하지 못했고, 다른 사람들이 갖고 있는 어떤 것을 자기는 가지지 못했다고 생각한다. 무엇인가 자기들이 잘 못되었거나 사랑스럽지 않은 존재였기 때문에 부모가 그렇게 했을 것이라고 생각하였다. 늘 자신은 세상에 어울리지 않는 사람이라고 느꼈다. 그래서 이들은 주목을 끌고, 더 이상 뒷전으로 밀려나지 않을 특별한 사람이 되려고 안간힘을 썼을 것이다. 비극, 상실, 괴로움에 대한 4번 유형의 감각은 버림받았던 원래 경험에 기인할 수 있다. 4번 유형의 기분이 오락가락하는 것은 양친이 자신 곁에 있다가 없다가 한 것, 또는 친절하다가 잔인하다가 하는 식으로 왔다갔다 했던 것이 원인일 수 있다. 중요 대상이 곁에 있을 때, 4번 유형은 자신에 대해 좋게 느꼈고 기분이 고조되었다. 중요 대상이 곁에 없을 때, 4번 유형은 자신을 나쁘게 느꼈고 기분이 하락했다. 또한 아프거나 괴로움을 겪을 때 관심을 받았다. 다른 경우에는 주의를 끌지 못했다.

탐구하는 아이, 5번 유형

5번 유형은 냉담하고 옹색한 환경에서 자라서 부모의 따스한 애정과 다정한 접촉을 거의 받지 못해 외로워했다. 어머니로부터 이른 시기에 분리되어 어머니와의 초기 유대가 일어나지 않았으며 자기 내면 속으로 물러났다. 혹은 반대로, 부모의 지나친 간섭과 참견으로 거리두기가 체질화되었다. 과잉보호받고 질식당하고 삼켜지는 느낌을 경험하였고, 그래서 자신의 마음이나 책 속으로 퇴각하였다. 보이지 않는 것이 좋은 생존 방법임을 발견한 것이다. 말하지 않는 것 때문에 책망받는 것은 불가능하다. 사람들이 자신이 생각하고 있는 것을 알지 못한다면, 그들은 비난할 수 없다. 그래서 자신의 의견이나 감정을 드러내지 않은 방법이 더 낫다고 여겼고, 가족과 떨어져서 정신적, 육체적, 감정적으로 자신만의 장소로 숨어들었다. 5번 유형은 들어준다는 느낌을 받지 못했다. 그래서 사람들이 자신의 말을 듣기 원한다는 확신이 없는 한 말하지 않았다. 대체로 학교 공부에 성공적이었으며 공부를 열심히 할 때 보답을 받았다. 그래서 형제나 친구들과 어울려 놀기보다는 책 속에 파묻히거나 악기 연주, 곤충이나 우표나 식물을 수집하였다. 무시당한다고 혹은 소홀히 여겨진다고 느꼈으며 민감하다. 두려워하지 않는 것처럼 보이기 위해 무표정한 얼굴로 가장하였다. 영리하며 호기심이 많고 독립적인 사고를 하여 부모와 교사들에게 종종 날카로운 질문을 던져 당황하게 만들곤 하였다.

충실한 아이, 6번 유형

6번 유형은 부모로부터 세상이란 험난하기 짝이 없다는 말을 누누이 들으면서 자랐다. 그런데도 자식에 대한 부모의 태도는 일관성이 없었다. 존중받지 못하고 학대받으며, 불안정하거나 알코올 중독자가 있는 가정에서 자라기도 했고, 지나치게 걱정하는 부모 밑에서 자라면서 두려움을 떠맡았다. 뚜렷한 이유 없이 벌받고 매맞으면서 보호자가 필요했었다. 제도, 책, 규범, 권위 등 흠이 없는 것 말이다. 부모의 권위가 별로 없어서 돌보아주는 사람에 대해 양면적인 태도(순응과 반항)를 발전시켰을 것이다. 책임감이 강한 우등생이었다. 윗사람의 말을 잘 듣고 예의바른 아이였지만 어떤 6번 유형 아이는 납득할 수 없는 권위자에게 반발하고 도전하기도 하여 사람들을 놀라게 하였다. 밖으로 새어 나가면 안 되는 가족의 비밀이 있었을 것이다. 그리하여 내부와 외부 사이에 경계선이 그어졌다. 가족의 유대와 가족에 대한 충성이 바깥 세상과 대립되며 자라났다. 세상은 경계해야 하는 무서운 곳임을 배웠다. 그러면서 권위에 밀접하게 머무르는 것으로 안정을 찾았다. 어쩌면 준비되기 전에 성인의 역할을 맡아 6번 유형이 가족을 돌보는 역할을 했을 것이다. 이 역할이 준비되지 않았기 때문에 자신을 무능하다고 느꼈고 따라서 자신을 의심하기 시작했다. 근심이 많고, 경계심이 지나치며, 위험을 내다본다. 가장 친한 친구나 가족과 함께 '다른 편에 맞서는 우리 편'을 짠다. 그래야만 안전하다고, 준비되었다고, 책임질 필요가 없다고 느꼈다.

즐거운 아이, 7번 유형

7번 유형 아이는 어머니의 보살핌을 받지 못했다는 감정에서 비롯된 깊은 좌절감을 가지고 있다. 젖을 일찍 떼었거나, 동생이 태어나서 어머니의 관심이 자신에게서 멀어졌다고 느꼈거나, 어머니나 자신이 질병으로 병원에 입원했기 때문에 보살핌을 받지 못했거나 하여 이에 대한 반응으로 스스로를 돌보기로 무의식적으로 결정하였다. 유복하고 행복한 어린 시절을 보내다가 갑자기 큰 정신적 충격을 받았고 앞으로 다시는 그런 고통을 되풀이하지 않겠다고 생각했다. 그러면서 발달시킨 생각이, 사람들이 자신에게 관심을 갖는 것은 고통이나 문제를 호소하는 모습이 아니라 자기가 지껄이는 이야기들, 곧 웃기는 것이라고 눈치 챘다. 즉, 자신의 미소가 다른 사람들의 미소를 끌어내는 것을 배웠다. 가족의 기분을 북돋아 주고, 불평하지 않고 상황을 가볍게 유지할 때 보답이 있었다. 7번 유형 아이는 모욕이나 비극 같은 것을 별로 체험하지 않았거나, 그렇더라도 얼른 웃어넘겼다. 7번

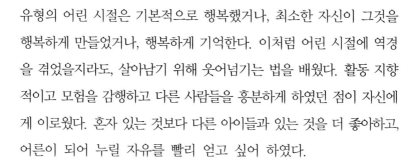

유형의 어린 시절은 기본적으로 행복했거나, 최소한 자신이 그것을 행복하게 만들었거나, 행복하게 기억한다. 이처럼 어린 시절에 역경을 겪었을지라도, 살아남기 위해 웃어넘기는 법을 배웠다. 활동 지향적이고 모험을 감행하고 다른 사람들을 흥분하게 하였던 점이 자신에게 이로웠다. 혼자 있는 것보다 다른 아이들과 있는 것을 더 좋아하고, 어른이 되어 누릴 자유를 빨리 얻고 싶어 하였다.

용감한 아이, 8번 유형

8번 유형은 어렸을 때 학대받아서 자신을 보호하기 위해 거칠고 공격적이 되었을 가능성이 있다. 가정에서 싸움과 폭력을 많이 목격했으며, 억압받거나 매정하게 취급당한 경험을 갖고 있다. 위험한 환경이나 폭력적인 가정에서 자랐을 경우, 자신을 돌보아 준 사람이 폭언적이거나 폭력적이었으며, 그것을 본받아서 어떻게 싸울 것인가를 익혔다. 8번 유형은 빨리 성장하여야만 했고 스스로를 돌보기 위해 단단해져야만 했다. 8번 유형 아이에게 세상이란 적대적이고 제멋대로 돌아가거나 불공정해 보였다. 그래서 자기 자신의 규칙을 만들고 그에 따르는 법을 배웠다. 생존방법은 강인함을 보여 주고 자신은 공평하게 대접받아야 함을 분명히 하는 데 있다고 배웠다. 남에게 도전하거나 맞설 때, 그들을 자기 마음대로 할 수 있음을 배웠다. 혹은 정상적인 가정에서 자랐지만, 어떤 이유에서든 강해야 하고 자신을 보호해야 한다는 생각을 갖게 되었으며 생존의 문제를 최우선으로 생각하였다. 어떤 8번 유형은 어릴 때 어른의 역할을 하거나 가족의 생계를 책임져야 했을 경우가 있다. 그 역할을 수행하면서 부드러운 것은 약하게 만드는 것이며, 약하면 거부, 배신, 고통을 받는 것을 배웠다. 아주 어릴 때부터 내 자신의 권익은 내가 지킨다, 그러기 위해 나는 맞설 수 있다고 다짐하였다. 투쟁정신은 그렇게 해서 만들어졌으며, 그래서 다른 사람의 약점을 잘 헤아린다. 화가 나면 말과 행동으로 공격하였고 그래서 남한테 통제당하지 않을 수 있었다.

평안한 아이, 9번 유형

9번 유형 아이는 태어나면서 부모로부터 인정과 사랑을 받지 못했거나 거절당한 느낌을 가졌다. 형제가 많아서 있으나마나한 존재였거나 딸 많은 집의 딸이었을 경우, 자신이 소홀히 대접받았거나 소외 또는 억압받았다고 느꼈다. 자기의견을 표현하면 무시당하거나 거부당한 경험이 많았다. 자신이 사랑이나 돌봄을 받지 못했다는 것 또는 자신이 중요치 않은 것처럼 보였다는 것을 고통스럽게 시인하는 대신, 9번 유형은 '그건 중요치 않아. 무슨 차이가 있단 말인가? 왜 별것 아닌 걸 가지고 법석을 떨어야 하지. 인생은 짧아.'라고 여기면서 체념이라는 덜 고통스러운 자세를 취했다. 자신이 뭔가를 요구하지 않고 기대를 갖지 않는다면 부모님을 편안하게 해 주면서도 자신을 보호할 수 있을 것이라고 생각하였다. '내 자신을 주장하고 나서면 많은 문제를 만들고, 물러나 있으면 우리 집은 괜찮을 거야.' 하고 알아차렸다. 가족 간의 조화를 유지하는 가장 좋은 방법은 자신이 사라져 버림으로써 누구에게도 문제를 일으키지 않는 것이라고 여겼다. 착함 아니면 못됨, 순응주의자 아니면 비순응주의자, 동의 아니면 불화 사이에서 갈등을 겪었다. 9번 유형의 해결책은 결정하지 않는 것이었다. 9번 유형은 미루는 것, 기다려 보는 것, 사건이 그대로 일어나게 놓아두는 것을 배웠다. 이런 경험들을 통해 자신을 소홀히 대하는 법을 익혔다.

스스로 체념한 채 무감동해지면서, 특히 다른 사람들이 논쟁을 벌일 때 신경을 꺼 버린다. 분노를 부인하거나 마음속에 간직하는 방법을 택했다.

부모 양육 유형

완벽주의 부모, 1번 유형

건강한 1번 유형 부모는 스스로가 최선의 존재로 모범이 되길 바란다. 이들의 양육 철학은 아이들에게 요구하거나 말해 줘야 할 것이 아니라 부모가 모범을 보여 주면 매사가 잘 유지된다는 것이다. 무엇보다 부모가 가치관을 확립하는 일이 중요하고 시종일관 지킬 수 있어야 한다고 생각한다. 이런 1번 유형 부모는 단호하면서 정돈되어 있어 자녀에게 안정감을 준다. 자녀에게 강한 책임감과 도덕적 가치를 가르친다. 일관되고 공정하지만, 엄격하게 훈육시킨다. 그런 점에서 융통성이 좀 없는 편이다. 자신이 어렸을 때 안락한 가정환경을 박탈당했다고 생각해서인지 불규칙한 생활, 예를 들면, 직장을 갖는 것이 자녀에게 불안감을 줄까 봐 걱정근심을 한다. 1번 유형 부모 밑에서 자란 아이들은 부모를 신뢰할 수 있었음을 감사한다. 그러나 부모님의 도덕 기준이 강해서 지나치게 비판적인 때가 종종 있었다고 불만을 토로한다.

사랑 많은 부모, 2번 유형

건강한 2번 유형 부모의 양육 철학은 자녀의 감수성과 개성을 북돋아 줘야 한다는 것이다. 보통 부모는 자녀를 자신의 소유물인 양 생각하는 경향이 있다. 자녀가 당신에게서 나왔지만 당신은 아니라는 점을 2번 유형 부모는 스스로에게도 다른 부모들에게도 교육하길 좋아한다. 대부분 2번 유형 부모는 아이를 좋아하고 부모 역할을 즐기며, 자녀의 관심을 북돋아 준다. 그렇지 않을 때는 죄책감을 느낄 정도다. '내가 충분히 주고 있는 걸까?' 혹은 '내가 돌이킬 수 없는 손실을 야기한 건 아닐까?' 등을 궁금해 한다. 그러면서 지나치게 헌신적이 되어 아이를 맹렬하게 보호하려 든다. 아이가 실수를 통해 배울 수 있는 기회를 차단하는 것이다. 원하는 것을 직접 요구하지 못하고 우회적으로 돌려서 아이를 조정하기도 한다. 2번 유형 부모 밑에서 자란 아이는 부모의 이해심과 깊은 헌신에 감사한다. 그러나 지나친 관심이 부담스러웠다는 표현도 잊지 않는다.

성취욕 강한 부모, 3번 유형

건강한 3번 유형 부모는 부모의 책임이 자녀의 개성을 발견하여 최대한 발휘할 수 있도록 지원하는 것이라고 생각한다. 사랑과 보호, 안정감, 적절한 지도, 삶의 경험을 바탕으로 기꺼이 아이와 시간을 보낼 때 그렇게 될 수 있다고 믿고 실천한다. 3번 유형 부모는 자기 자녀가 학생회장, 응원단장, 반장, 지적인 전문인이 된다면 부모 역할에 성공했다고 생각하고 자랑스럽게 여긴다. 이 부모 유형은 자녀와 시간을 보내는 것과 일을 더 많이 해야 하는 것 사이에서 내적 갈등을 겪는다. 3번 유형 부모는 자녀의 성공 상황에 항상 자기가 있었다고 말할지 모른다. 자녀는 부모가 몸은 같이 있으면서도, 관심은 자기(부모)가 해야 할 일 때문에 딴 데 보고 있다고 지적하기도 한다. 3번 유형 부모 밑에서 자란 아이는 부모의 열정과 추진력이 너무 힘겨웠다고 생각하거나 부모와 함께 보낸 시간이 충분하지 않았다고 불평하기도 한다.

낭만적인 부모, 4번 유형

건강한 4번 유형 부모는 자녀가 어릴 때부터 스스로 감정을 분별하도록 도와 줘야 한다고 생각한다. 피상적인 관심이 아니라 진정한 관심과 존중을 보여 줘야 한다는 것이다. 어린이들은 행동하는 기계가 아니므로, 자신의 감정을 경험하도록 잘 도와주는 것이 부모의 할 일이다. 그래서 4번 유형 부모는 자녀의 창의성과 독창성을 키워 준다. 대개 너무 자신에게만 빠져 있지 않다면 자녀들을 아주 잘 대해 준다. 4번 유형 부모는 자신이 느끼는 세계와는 다른 곳에 있는 자녀를 정서적으로 압박할 수 있다. 때때로 지나치게 흠을 잡거나 보호하려 든다. 4번 유형 부모 밑에서 자란 아이들은 부모의 감수성과 우울함이 겁나고 부담스러웠다고 말한다. 종종 4번 유형 부모는 아이를 임신했을 때 생명에 대한 신비감에 벅차오르기도 하면서 인생에 대해 '알 수 없는 슬픔(pathos)'에 빠지기도 했다고 말한다.

탐구적인 부모, 5번 유형

5번 유형 부모는 자기 부모가 그랬던 것처럼 자녀에게 서먹하게 대하지 않겠다거나 혹은 관심을 부담스러울 정도로 표현하지 않겠다고 생각한다. 될 수 있는 대로 자녀와 함께 시간을 보내겠다고 다짐하며 부모로서 아이가 좋아하는 일을 하기 바란다. 5번 유형 부모는 부모가 자녀에게 어떤 것을 강요할 권리를 가진다고 생각하지 않는다. 5번 유형 부모는 자신만의 계획이나 생각에서 벗어나 아이의 리듬에 맞춰 살기 어렵다. 5번 유형 부모는 어떤 문제를 골몰히 생각하고 있을 때 아이들이 다가와도 짜증을 내거나 권위를 내세우지 않도록 각별히 주의해야 한다. 이 유형은 자녀의 발달 수준에 비해 더 높은 지적 성취를 기대한다. 자녀가 자신의 강렬한 감정을 표현하면 참을 성을 잃는다. 5번 유형 부모 밑에서 자란 아이들은 부모의 기발한 유머감각이 좋았다고 얘기하고, 그러나 한편 왠지 부모에게 거리감이 느껴지고 거부당하는 듯한 느낌을 가졌다고 한다. 5번 유형 부모는 자녀가 십대가 되면 아이에게 더욱 흥미를 느끼고, 아이는 함께 난해 한 문제를 토론할 수 있어서 좋았다고 기억한다.

충실한 부모, 6번 유형

건강한 6번 유형 부모는 자신이 자녀에게 세상 사는 법을 일일이 가르치는 것이 아니라 단지 같이 있어 주는 것뿐이라는 사실을 명심해 야 한다고 말한다. 아이가 이 혼란한 세상을 잘 극복하도록 도와주는 것이 부모의 목표가 되어야 한다는 것이다. 6번 유형 부모는 자녀에게 매우 충실하지만 아이를 과보호하기도 쉽다. 그래서 자녀에게 독립성 을 허용하지 않는다. 사소한 것까지 꼬치꼬치 조사하는 6번 부모의 성향은 자녀의 자신감을 해칠 수 있다. 이들은 세상에서 자녀가 입을 손실이나 상처를 실제보다 더 크게 걱정한다. '공포 순응적인' 6번 유형 부모 밑에서 자란 아이는 어른이 된 후 자기 부모의 끊임없는 과민한 관심이 부담스러웠다고 한다. '공포 대항적인' 6번 유형 부모 밑에서 자란 아이는 어른이 된 후 부모가 지나치게 엄격했으며 자신에 대한 기대가 너무 컸다고 말한다. 물론 6번 유형 부모의 이 두 가지 모습은 다 자녀의 안전에 대한 헌신성에서 비롯된 것이다.

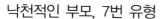

낙천적인 부모, 7번 유형

건강한 7번 유형 부모는 아이를 소중히 대하며 멋진 사람으로 여기도록 도와주겠다고 생각한다. 수많은 부모가 자신의 목표를 자녀에게 강요하는데, 아이에게는 아이답게 지낼 시간이 필요하다고 생각한다. 그들은 자녀가 인생에서 많은 모험을 겪을 수 있기를 바란다. 7번 유형 부모는 함께 장난치고 놀 수 있는 자녀를 좋아한다. 그러다가도 습관적으로 자기만의 활동에 신경 쓰느라 매우 바쁠 수 있다. 7번 유형 부모 밑에서 자란 아이들은 어른이 된 후, 부모가 해 주는 이야기나 농담이 늘 재미있었지만 불규칙한 생활이 혼란스러웠다고 한다. 또 어떤 자녀는 7번 유형 부모가 너무 많은 관심을 요구하면서도 정작 자기에게는 무심한 면이 있었다고 불평한다.

도전적인 부모, 8번 유형

건강한 8번 유형 부모는 부모가 진심으로 자녀를 원했다는 사실을 알게 하는 것이 부모에게나 아이에게 매우 중요한 부분이라고 믿는다. 그런 다음 자녀의 모든 가능성을 믿어 주는 것이다. 어린이는 구체적인 행동으로 보살펴야 하는 소중한 생명체라고 생각하기 때문이다. 8번 유형 부모는 연약한 자녀를 잘 보호하며 모든 일에 자신감을 가지고 임하는 모습으로 자녀의 본보기가 된다. 습관적으로 요구가 많거나, 통제하려 들거나, 엄격할 수 있다. 8번 유형 부모는 무심히 터뜨리는 자신의 분노가 자녀에게 충격적일 수도 있다는 사실을 알아야 한다. 또한 아이에게 부모라는 합법적인 지위를 남용해 힘으로 자신의 뜻을 강요하지 않도록 조심해야 한다.

평안한 부모, 9번 유형

건강한 9번 유형 부모는 자녀에게 부모가 항상 옆에 있다는 사실을 가르쳐 주려고 애쓴다. 안락하고 안전한 환경에서 즐겁게 지낼 수 있도록 신경을 많이 써 준다. 9번 유형 부모는 아이의 세계를 잘 이해하고 아이와 함께 어울리는 요령을 잘 알고 있다. 너그럽고 온화한 부모다. 그러나 아이에게는 분명히 안 된다고 해야 할 때가 있다. 항상 대충 편하게 넘어가 주기보다는 부모의 분명한 입장과 권위를 세워야 할 때도 있다. 이런 면 때문에 9번 유형 부모 밑에서 자란 아이는 자기 부모가 안정감을 주기도 하지만, 부모에게서 독립하기는 쉽지 않았다고 한다. 어른이 된 후 부모가 늘 융통성 있게 대하고, 자신의 관심사에 흥미를 보이고 지원해 준 것을 고마워한다(Wagele, 1995, 1997; Taffel, 1991; Wagner, 1992).

2. 이상심리학과의 만남 - 스트레스와 위기

나는 20년 넘게 일한 학교에서 최대의 목표인 교감 승진을 위하여 성실히 일해 왔다. 불행하게도 몇 년 전 심하게 다툰 교무주임을 다시 만나게 되었는데, 중요한 승진 평가를 앞둔 시점이었다. 그동안 많은 노력으로 자기관리를 해 왔지만 과거의 감정이 아직 해결이 되지 않은 상사와의 만남은 악연이었다. 그 사람은 자기가 편애하는 사람들을 위주로 과 주임 명단을 짰고 날 제외시켰다. 과거의 불편한 관계로 불이익을 준 상사에게 엄중히 항의했지만 직급의 힘은 어쩔 수 없었다. 자존심이 상하여 더 이상 근무할 수 없었고 분한 마음을 품고 학교를 그만두었다.

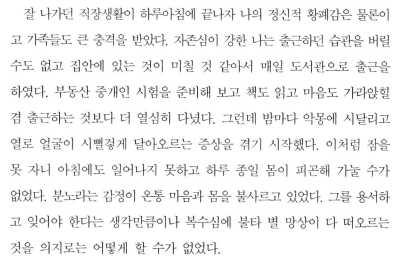

　잘 나가던 직장생활이 하루아침에 끝나자 나의 정신적 황폐감은 물론이
고 가족들도 큰 충격을 받았다. 자존심이 강한 나는 출근하던 습관을 버릴
수도 없고 집안에 있는 것이 미칠 것 같아서 매일 도서관으로 출근을
하였다. 부동산 중개인 시험을 준비해 보고 책도 읽고 마음도 가라앉힐
겸 출근하는 것보다 더 열심히 다녔다. 그런데 밤마다 악몽에 시달리고
열로 얼굴이 시뻘겋게 달아오르는 증상을 겪기 시작했다. 이처럼 잠을
못 자니 아침에도 일어나지 못하고 하루 종일 몸이 피곤해 가눌 수가
없었다. 분노라는 감정이 온통 마음과 몸을 불사르고 있었다. 그를 용서하
고 잊어야 한다는 생각만큼이나 복수심에 불타 별 망상이 다 떠오르는
것을 의지로는 어떻게 할 수가 없었다.
　나는 서서히 말수가 적어졌고, 아내의 사소한 말에도 자존심이 상했다.
심지어 쓰레기를 버려 달라는 평소의 부탁도 마치 내 존재가 무시되는
것 같은 모욕을 느꼈다. 성적인 감정도 일지 않아 아내로부터 환대를 받는
입장도 아니니 남자로서의 자존심이 이만저만 구겨진 것이 아니다. 은둔
생활 하다시피 한 우울한 날을 보내며 완전히 무기력한 사람이 되고 말았
다. 남들이 나를 패배자(loser)로 보는 것 같고 야유하는 것 같은 생각이
한 번씩 들기 시작하면 꼬리에 꼬리를 문 부정적인 생각들이 날 괴롭혔다.
전쟁에서 무기를 잃어버린 병사처럼 허전하고 불안하였다. 그러면서 어지
럼증이 생기고 편두통이 심해졌으며, 특히 배가 더부룩하여 무엇을 먹어
도 소화가 되지 않았다. 병원에서는 특별한 원인을 찾지 못하였다. 나는
이렇게 고통스러운데, 스트레스가 심해서 그럴 것이라는 의사의 말은 더
할 수 없는 패배감과 무기력을 느끼게 하였다. 고작 스트레스라니! 뭔가
진지한 진단명이 나와야 하는 것이 아닌가? 좌절, 좌절 또 좌절이다.

DSM-Ⅳ와 성격장애

현대 에니어그램의 기본적 원형을 세운 이차조는 정신과 의사인데, 칠레에서 정신치료 프로그램에 에니어그램을 도입해 가르쳤다. 그는 에니어그램의 기능적인 인간 이해와 『정신장애의 진단 및 통계편람 (DSM, Diagnostic And Statistical Manual Of Mental Disorders)』에서 말하는 인간의 역기능적이고 부적응적인 면을 연계시켜 성격이해의 보다 철학적이고 과학적인 접목을 시도하였다. 이차조의 이 같은 노력을 구체화시킨 이는 그의 제자 나란조(C. Naranjo)다. 나란조는 이차조의 진단용 에니어그램을 미국으로 가져와 그 당시 대부분의 임상가들이 쓰고 있는 DSM-1(1952)과 접목시켜 보다 체계화된 에니어그램을 교육하고 보급시켰다. DSM은 정신건강 전문가들이 쓰는, 임상적인 문제를 특징짓기 위한 가이드라인으로, 개인의 상태에 대한 생물학적, 심리학적, 그리고 사회적인 측면에 대한 정보를 제공해 준다. 여기서 말하는 임상적인 관찰과 증상이란, 정신과적인 진단을 내리는 데 필요하고 임상가가 주의를 기울이는 일종의 자료를 말한다. 바로 다음의 항목들이다.

▨ 불안, 인지적 기능(주의, 기억), 섭식장애, 에너지수준, 기분
▨ 운동, 활동, 직업적 및 사회적 손상, 지각의 혼란, 개인의 외모, 성격특질
▨ 신체적 증상, 수면장애, 말하는 방식, 사고내용, 행동

이상(abnormal) 심리의 평가 기준은 '부적응성'에 있다. 부적응 행동은 항상 어떤 환경적인 맥락에서 일어난다. 개인이 처한 사회적 맥락

의 중요성 때문에, 개인적인 변인과 상황적인 변인들 간의 상호관계에 초점을 맞추는 상호작용적인 접근이 중요하다. 임상가들은 관계 평가(relational assessment), 특히 가족 내에서와 같은 주요한 관계 평가를 중요하게 생각한다. 가족 구성원들은 자신과 자신이 살고 있는 세상에 대해 특정한 욕구, 행동양식, 정서, 믿음을 지닌 독특한 개인들이다. 다음의 내용은 임상적인 면담에서 다루는 가족에 대한 주제들이다.

- 휴일에 가족은 무엇을 하는가?
- 가족 중 누가 결정을 내리는가?
- 형제와 자매들은 어떤 종류의 취미를 갖고 있는가?
- 부모는 대개 어떤 일로 논쟁을 벌이는가?

성격을 형성하거나 부적응 행동을 발달시키는 데 가족이 중요한 역할을 하기 때문에 연구자들은 가족 내에서의 긴밀한 관계를 객관적으로 측정하는 방법을 개발하였다. 예를 들어, 관계의 질 항목 표 (quality of relationships inventory)는 한 개인이 형성하고 있는 관계(가족 구성원, 애인 혹은 친구들과의 관계)의 다양한 측면을 평가한다.

- 어머니로부터 문제에 대한 조언을 어느 정도 구할 수 있는가?
- 아버지는 당신을 얼마나 좋아하는가?
- 어머니는 당신이 변화되기를 얼마나 원하시는가?
- 형제에 대해 얼마나 비판적인가?
- 자매들은 얼마나 자주 당신을 화나게 만드는가?

관계형성에 대한 또 다른 측정도구는 가족환경 척도다. 이 척도에서는 다음과 같은 항목에 대해 반응하게 하여 가족 내의 전반적인 사회적 분위기를 기술한다. 이와 같은 측정도구를 통해 가족관계에 대해 가치 있는 정보를 얻을 수 있다.

- 우리 가족은 자발적인 토론을 많이 한다.
- 우리 가족은 옳고 그른 것에 대해 각각 다른 의견을 갖고 있다.
- 우리 가족은 독립적인 행동을 적극 권장한다.

DSM-IV의 다축적 진단체계에서는 인생의 특정한 시점에서 발생하는 임상적 증후군을 축 1장애로 분류하는 반면, 개인의 지속적인 부적응적 특성을 나타내는 성격장애를 축 2장애로 분류하고 있다. 정신지체도 축 2장애에 속한다. 이 둘은 모두 일생 동안 혹은 대부분의 일생 동안 꾸준히 지속되는 것이기 때문에 개선하거나 변화하기 어려운 것으로 분류된다. 성격특성(분노, 수줍음, 흥분, 공감, 수동성, 공격성 등)은 우리의 성격을 구성하는 요소들이다. 특성은 개인의 삶과 인간관계의 많은 부분을 결정하는 큰 틀을 이룬다. 그렇지만 만약 정상적인 특성이 '경직되고 부적응적으로' 변한다면 즉, 성격특성이 우리 자신이나 다른 사람들 또는 양자 모두에게 부정적이고 파괴적으로 변한다면 그 특성은 성격장애의 토대가 된다. 성격장애의 진단은 다음의 경우에서 내려진다.

- 한 개인의 행동 패턴이 융통성 없고 장기적으로 지속될 때
- 성격 양식 때문에 사회적 상황이나 업무 상황에서 중요한 문제가 야기될 때

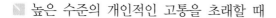

■ 높은 수준의 개인적인 고통을 초래할 때

　성격장애로 진단되기 위해서는 다음과 같은 몇 가지 기준을 충족시
켜야 한다.

■ 개인의 지속적인 내적 경험과 행동양식이 그가 속한 사회의 문화
　적 기대에서 심하게 벗어나야 한다. 이러한 양식은 다음의 4개
　영역 중 2개 이상의 영역에서 나타나야 한다. 즉, 인지(자신, 타인,
　사건을 지각하고 해석하는 방식), 정동(정서 반응의 범위, 강도, 불안정
　성, 적절성), 대인관계 기능, 충동조절 중 2개 이상의 영역에서 나타
　나야 한다.
■ 고정된 행동양식이 융통성이 없고 개인생활과 사회생활 전반에
　넓게 퍼져 있어야 한다.
■ 고정된 행동양식이 사회적, 직업적, 그리고 다른 중요한 영역에서
　임상적으로 심각한 고통이나 기능의 장애를 초래해야 한다.
■ 양식이 변하지 않고 오랜 기간 지속되어 왔으며, 발병 시기는 적어
　도 청소년기나 성인기 초기로 거슬러 올라가야 한다.

　성격장애란 시간이 흘러도 거의 변하지 않고 지속되는 사고방식과
행동양식을 의미하는데, 성격장애의 유형에 따라 변화되는 정도의
차이가 있다. 어떤 성격장애(반사회성 성격장애, 경계선 성격장애)는 나
이가 많아지면서 그 부적응성이 덜 드러나거나 호전되는 경향이 있는
반면, 다른 성격장애(강박성, 분열형)는 나이에 따라 거의 변화가 없거
나 악화되기도 한다(Sarason & Sarason, 2001; Sims, 2000). 자신의 에고
정체성과 동일시해지는 정도가 커질 때, 우리는 평균 상태에서 건강

하지 않은 쪽으로 기울어져 가고 있음을 외부의 지적 없이도 알아차릴 수 있다. 인간관계에서 다음의 이미지를 지지해 주지 않은 상황을 만난다면 자신과 다른 사람들을 조작하거나 통제하려는 경향이 생기며 대인관계에서도 갈등이 생긴다. 예를 들면, 다음과 같은 상태다 (Riso & Hudson, 1999; Brady, 1994; Wagner, 1992).

- 1번—모든 것을 자신이 고쳐야 한다는 의무감을 느낀다.
- 2번—다른 사람이 자신을 좋아하게 하기 위해 먼저 사람들에게 다가가야 한다고 믿는다.
- 3번—사회적 지위와 사람들의 주목을 얻기 위해서 자신을 몰아세우기 시작한다.
- 4번—상상력을 동원해서 자신의 느낌을 강화하고 그 느낌을 계속 붙들고 있다.
- 5번—현실로부터 떨어져 나와 개념과 내면의 세계로 움츠러든다.
- 6번—자신이 아닌 외부의 무엇인가에 의존하며 그것으로만 안내받고 싶다고 느낀다.
- 7번—어딘가에 이곳보다 더 나은 곳이 있을 거라고 강하게 느낀다.
- 8번—어떤 일을 성사시키기 위해서 밀어붙이고 싸워야 한다고 느낀다.
- 9번—다른 사람들의 요구를 그저 잘 들어줘야 한다고 느낀다.

이런 상태가 지속될 때, 1번 유형은 완벽하지 않은 세상에 대한 분노로 강박적 병리현상을 나타내고, 다른 사람에게 맞추어 행동하면서 자기 욕구를 억압하는 2번 유형의 자만심(pride)은 연극적인 행위로 나타난다. 자신이 하는 일과 역할에 자신을 동일시하는 3번 유형의 자기기만은 자기 도취자의 특성을 나타내고, 얻을 수 없는 것에 대한 4번 유형의 시기(envy)는 자기연민과 우울로 치달으며, 억압하고 움츠러드는 5번 유형의 탐욕은 회피행동으로 귀결된다. 끊임없는 두려움과 경계의 6번 유형은 편집증과 통하고, 어둠과 고통에서 벗어나 즐거움과 쾌락으로 도피하는 7번 유형은 자기 도취자와 맥을 같이하며, 지나친 행동을 하는 8번 유형의 욕망은 반(反)사회성과 통한다. 스스로는 멍해지면서 다른 사람의 일정에 얽매이는 9번 유형의 태만은 수동-공격성과 일치한다. 정신과 의사와 심리학자 간에 성격장애와 에니어그램과의 연관은 다소 다르게 나타나기도 하지만, 대체적으로 다음의 유형별 구분으로 나누는 데 이견이 없는 것 같다. 유형별 이상심리는 가장 자유롭고 적응적인 상태에서 가장 부자유스럽고 부적응적인 과정을 거친다. 그 과정이란, 해방 ⇨ 심리적 수용력 ⇨ 사회적 가치 ⇨ 불균형 ⇨ 대인관계의 통제 ⇨ 과잉보상 ⇨침해 ⇨ 망상과 강박관념 ⇨ 병리적 파괴성 순(順)으로 이어진다(Riso, 1990). 다음은 각 유형별 성격장애 진단내용이다(Riso & Hudson, 1996; 윤운성 외, 2003).

유형별 성격장애

개혁가(1번 유형): 강박성 성격장애

1번 유형은 스트레스 정도에 따라 다음의 과정을 거쳐 점점 분열적으로 되거나 장애가 생긴다.

현명한/사려 깊은 ⇨ 현실적인/합리적인 ⇨ 원칙적인/고결한 ⇨ 이상적인/개혁적인 ⇨ 규율 바른 ⇨ 완벽주의자/판단적인 ⇨ 참을성 없는/편협한 ⇨ 강박적인/대인기피적인 ⇨ 위선적인 ⇨ 처벌적인/복수자

1번 유형은 강박적일 때 도덕적이고, 꼼꼼하고, 통제적이 되고, 생각에 몰입하고, 그러면서 비관적이 되기 쉽다. 마음의 평정은 깨지고 매우 진지해지며 즐거운 사람들을 보면 화를 낸다. 의사 결정에서도 평소와 달리 실수할 것에 대해 과도 공포를 겪는다. 하찮은 세부사항들에 대해서도 집착하고 편협적이 된다. 성마름, 짜증, 분노, 변명, 조급함이 분열적으로 생겨나기 시작한다. 지나치게 세부적인 사항에 집착하며 과도한 성취지향성과 인색함을 특징적으로 나타내는 경향을 보인다. 정리정돈, 완벽주의, 마음과 상황에서 대인관계에까지 통제에 집착하는 행동특성이 생활전반에 나타나며 이런 특성 때문에 융통성, 개방성, 효율성을 상실하는 대가를 치른다. 강박성 성격장애는 이러한 특성이 성인기 초기에 시작되고 다음 중 4개 이상의 항목을 충족시켜야 한다.

▨ 사소한 세부사항, 규칙, 목록, 순서, 시간계획이나 형식에 집착하여 일의 큰 흐름을 잃는다.

▨ 과제의 완수를 저해하는 완벽주의를 보인다. 지나치게 기준이 엄격해 과제를 끝맺지 못한다.

▨ 일과 생산성에만 과도하게 몰두하여 여가 활동과 우정을 희생한다. 이것은 분명한 경제적 필요성에 따른 경우가 아닌 것을 말한다.

▨ 도덕, 윤리 또는 가치문제에서 지나치게 양심적이고 고지식하며 융통성이 없다. 문화적 또는 종교적 배경으로는 설명되지 않는다.

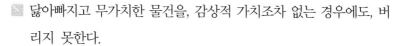

- 닳아빠지고 무가치한 물건을, 감상적 가치조차 없는 경우에도, 버리지 못한다.
- 자신이 일하는 방식을 타인이 그대로 따르지 않으면 일을 맡기거나 같이 일하려 하지 않는다.
- 자신과 타인 모두에게 구두쇠처럼 인색하다. 돈은 미래의 재난에 대비해서 저축해 두어야 하는 것으로 생각한다.
- 경직성과 완고함을 보인다.

강박적이 될 때 갖는 심상(心像)에는 다음과 같은 것들이 있다.

- 나는 나 자신뿐만 아니라 내 주변 환경을 완벽하게 통제해야 한다.
- 나는 실수를 하지 않아야만 가치 있는 인간이다.
- 실수는 곧 실패다.
- 모든 행동과 결정에는 옳고 그름이 있다.
- 구체적이고 명확한 규칙이나 절차가 없으면 나는 아무것도 할 수 없을 것이다.
- 흑백논리적 사고(지연행동, 경직성, 완벽주의적 행동), 재난적 사고, 의미 확대 및 의미 축소 등의 인지적 오류가 이 장애를 지속시킨다.

돕는 사람(2번 유형): 연극성 성격장애

2번 유형은 스트레스 정도에 따라 다음의 과정을 거쳐 점점 분열적으로 되거나 장애가 생긴다.

사심 없는/이타주의적인 ⇨ 배려적인 ⇨ 양육적인/돕는 ⇨ 감정변화가 있는/우호적인 ⇨ 소유욕이 강한 ⇨ 자기는 도움이 필요 없는/성인 ⇨

자기기만적인/조정하는 ⇨ 강압적인/지배적인 ⇨ 신심증적인/희생자적인

'감정변화가 생기면서 지나치게 우호적일 때부터'를 조심해야 한다. 그때부터는 '도와주는 사람'으로서 자기 역할에 집착이 생기면서 서서히 히스테리적이 되거나 신체적으로도 아프면서 건강에 대한 염려 이상의 걱정을 하다가, 결국에는 히스테리성 신경증 단계에 이른다. 전체적으로는 연극성 성격장애라고 한다. 이 장애는 타인의 애정과 관심을 끌기 위한 지나친 노력과 과도한 감정표현이 주된 특징이며, 성인기 초기에 시작되고, 다음의 특성 중 5개 이상 항목을 충족시켜야 한다.

- 자신이 관심의 초점이 되지 못하는 상황에서는 불편감을 느낀다.
- 다른 사람과의 관계에서 흔히 상황에 어울리지 않게 성적으로 유혹적이거나 도발적인 행동을 나타낸다.
- 감정의 빠른 변화와 피상적 감정 표현을 보인다.
- 자신에게 관심을 끌기 위해서 지속적으로 육체적 외모를 활용한다.
- 지나치게 인상적으로 말하지만 구체적 내용이 없는 대화 양식을 가지고 있다.
- 타인이나 환경에 따라 쉽게 영향을 받는 피암시성이 높다.
- 대인관계를 실제보다 더 친밀한 것으로 생각한다.

대부분의 심리치료는 대인관계 문제에 초점을 맞춘다. 애정을 얻기 위해 외모, 성(sex), 유혹, 불평, 위협 등의 방법을 사용하여 타인을 조정하려 하지만, 장기적으로는 타인의 애정을 잃는 결과를 초래한

다. 따라서 이러한 점을 인식시키고 애정을 얻을 수 있는 적절한 현실적인 방법을 습득시킨다. 전반적으로는 부적응적인 사고를 지적하고 도전하기, 사고를 검증하고 행동실험 하기, 활동계획 세우기, 문제해결기술 훈련, 자기주장 훈련 등의 기법을 사용한다. 마지막 단계에서는 연극성 성격장애자의 기본적 신념, 즉 '나는 부적절한 존재이고 혼자서는 삶을 영위하기 힘들다.' '모든 사람들로부터 사랑을 받아야 한다.'는 신념에 도전하여 이를 변화시키는 작업이 이루어진다.

성취자(3번 유형): 자기애성 성격장애

3번 유형은 스트레스 정도에 따라 다음의 과정을 거쳐 점점 분열적으로 되거나 장애가 생긴다.

믿을 만한 ⇨ 자신감 있는/자기 확신적인 ⇨ 뛰어난/모범적인 ⇨ 경쟁적인/출세지향적인 ⇨ 이미지 지향적인/실용적인 ⇨ 스스로를 격려하는/자기도취적인 ⇨ 이용하는/기회주의적인 ⇨ 악의적인/기만적인 ⇨ 원한 많은/정신병적인

사람들과 비교하면서 서서히 '경쟁적이 될 때' 과장이 시작된다. 남의 존경을 받고 싶어 하는 욕구가 강해지면서 이미지에 더욱 신경을 쓰며 스스로에게 계속 '할 수 있어!'를 연발한다. 그러면서 자기도취적이 되고 기만적이 되며, 그러면서도 계속 좌절할 때 타인과 상황에 대한 원한이 터져 나오는 단계에 이른다. 자기애성 성격장애란, 자신에 대한 과장된 평가에 따른 특권의식을 지니고 타인에게 착취적이거나 오만한 행동을 나타내어 사회적인 부적응을 초래하는 성격을 말한다. 공상이나 행동에서의 웅대성, 칭찬에 대한 욕구, 공감의 결여가

생활전반에 나타나며, 다음의 특성 중 5개 이상의 항목을 충족시켜야
한다.

- 자신의 중요성에 대한 과장된 지각을 갖고 있다. 자신의 성취나
  재능을 과장, 뒷받침할 만한 성취가 없으면서도 우월한 존재로
  인정받기를 기대한다.
- 무한한 성공, 권력, 탁월함, 아름다움 또는 이상적인 사랑에 대한
  공상에 집착한다.
- 자신이 특별한 존재라고 믿으며, 특별하거나 상류층에 속하는 사
  람들만이 자신을 이해할 수 있고, 또한 그런 사람들(혹은 기관)하고
  만 어울려야 한다고 믿는다.
- 과도한 찬사를 요구한다.
- 특권의식을 가진다. 특별대우를 받을 만한 이유가 없는데도 특별
  대우나 복종을 바라는 불합리한 기대감을 가진다.
- 대인관계가 착취적이다. 자기 자신의 목적을 달성하기 위해 타인
  들을 이용한다.
- 감정이입 능력이 결여되어 있다. 타인의 감정이나 욕구를 인식하
  거나 확인하려 하지 않는다.
- 흔히 타인을 질투하거나 타인이 자신에 대해 질투하고 있다고 믿
  는다.
- 거만하고 방자한 행동이나 태도를 보인다.

프리만(Freeman, 1990)은 자기애성 성격장애의 가장 핵심적인 세 가
지 특성을 웅대한 자기상, 평가에 대한 과도한 예민성, 공감의 결여라
고 강조하였다. 다음을 통해 치료한다.

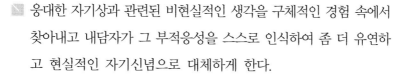

▨ 웅대한 자기상과 관련된 비현실적인 생각을 구체적인 경험 속에서
찾아내고 내담자가 그 부적응성을 스스로 인식하여 좀 더 유연하
고 현실적인 자기신념으로 대체하게 한다.

▨ '나는 항상 긍정적 평가를 받아야 한다. 긍정적 평가를 받지 않는
것은 부정적 평가를 받고 있다는 것을 뜻한다. 부정적 평가는 시기
와 질투에서 나온 것이다.'를 찾아내어 변화시키고 효과적으로 대
응하는 행동방식을 습득하도록 유도한다.

▨ 타인의 감정에 대한 자각을 증진시키고 공감적 감정을 활성화시키
며 이기적 착취적 행동을 수정하도록 유도한다. 역할 바꾸기나
역할 연기 등을 통해 공감능력을 증진시킨다.

낭만주의자(4번 유형): 회피성 성격장애

4번 유형은 스트레스 정도에 따라 다음의 과정을 거쳐 점점 분열적
으로 되거나 장애가 생긴다.

영감적인/창조적인 ⇨ 자기 자각적인/직관적인 ⇨ 자신을 드러내는/개
인적인 ⇨ 상상력이 풍부한/심미적인 ⇨ 자기 몰입적인/낭만주의적인 ⇨
자기도취적인/미학적인 ⇨ 소외된/우울한 ⇨ 감정적으로 힘든/우울증적
인 ⇨ 자기 패배적인/자기 파괴적인

자기 몰입적이 되면서 상상의 세계로 빠져들 때 소외감이 시작된
다. 사람들이 자기를 이해하지 못한다고 생각하며 쉽게 상처받는다.
사람들의 아주 작은 단서에도 망연자실한다. 사람과 상황에 대해 철
회가 시작되며 회피적이 된다. 슬픔이 서서히 우울감으로 변하고, 자
기 파괴적인 상념들로 우울해하면서 세상에 대해 더욱 회피적인 태도

가 된다. 회피성 성격장애는 다른 사람과의 만남에 대한 불안과 두려움 때문에 사회적 상황을 회피함으로써 적응에 어려움을 나타내는 경우를 말한다. 사회적 억제, 부적절감, 부정적 평가에 대한 과민성이 성인기 초기에 시작되고, 여러 가지 상황에서 나타나며, 다음 중 4개 이상을 충족시켜야 한다.

- 비난, 꾸중 또는 거절이 두려워서 대인관계가 요구되는 직업 활동을 회피한다.
- 호감을 주고 있다는 확신이 서지 않으면 사람과의 만남을 피한다.
- 창피와 조롱을 당할까 두려워서 대인관계를 친밀한 관계에만 제한한다.
- 사회적 상황에서 비난 또는 거부당할 두려움에 사로잡혀 있다.
- 부적절감 때문에 새로운 대인관계 상황에서는 위축된다.
- 자신을 사회적으로 무능하고, 개인적인 매력이 없으며, 열등하다고 생각한다.
- 당황하는 모습을 보일까 봐 두려워서 개인적 위험이 따르는 일이나 새로운 활동에는 관여하지 않으려 한다.

회피성 성격장애는 아동기 경험에서 유래하는 자신에 대한 부정적 신념과 관련되어 있다. 이들은 자기 비판적 경향이 강하며, 특히 사회적 상황에서 '사람들이 나를 바보로 생각할 거야.' '역시 나는 매력이 없어.'라는 부정적 내용의 자동적 사고를 나타낼 뿐 아니라 타인과의 만남이 예상될 때도 '다른 사람이 나를 비판할지 몰라.' '그들은 나를 싫어할 거야.'라는 생각을 떠올린다. 또한 타인의 긍정적인 반응은 무시하고 부정적인 언급은 중시하는 의미 확대 및 의미 축소, 부정적

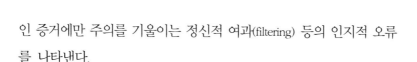

인 증거에만 주의를 기울이는 정신적 여과(filtering) 등의 인지적 오류를 나타낸다.

탐구자(5번 유형): 분열형 성격장애

5번 유형은 스트레스 정도에 따라 다음의 과정을 거쳐 점점 분열적으로 되거나 장애가 생긴다.

비전 제시자 ⇨ 지각력 있는/관찰적인 ⇨ 분석적인/전문가적인 ⇨ 철저하게 파헤치는/이론적인 ⇨ 극단적인/환원주의적인 ⇨ 고립된/허무주의적인 ⇨ 망상적인/편집증적인 ⇨ 공허한/정신분열적인

기본적으로 생각이 많은 유형인데, 어느 날 대인관계가 끊기면서 생각이 더 많아질 때는 필경 부정적이 되거나 망상적이 될 수 있다. 편집적인 생각과 의심 속에서 타인에게 기괴하다는 말을 들으면 사회적 상황에서 극단적으로 불안을 느낀다. 분열형 성격장애는 사회적으로 고립되어 있으며 기이한 생각이나 행동을 나타내어 사회적 부적응을 초래하는 성격장애를 말한다. 분열성 성격장애와 상당히 유사한 특성을 지니고 있지만, 대인관계에 대한 불안감과 더불어 경미한 사고장애와 다소 기괴한 언행을 나타낸다는 점에서 구분된다. 다음의 특성 중 5개 이상의 항목을 충족시켜야 한다.

◼ 관계망상과 유사한 사고(분명한 관계망상은 제외)
◼ 행동에 영향을 미치는 괴이한 믿음이나 마술적 사고, 미신, 텔레파시나 육감(아동이나 청소년의 경우 기괴한 환상이나 집착을 말한다)
◼ 괴이한 사고와 언어. 모호하고 우회적이며 은유적이고 지나치게

자세하게 묘사한다.

◣ 의심이나 편집증적인 사고

◣ 부적절하거나 메마른 정동

◣ 직계가족 외에는 가까운 친구나 마음을 털어놓을 수 있는 친구가 없다.

◣ 과도한 사회적 불안. 이러한 불안은 친밀해져도 줄어들지 않으며 자신에 대한 부정적인 판단보다는 편집증적 공포와 연관되어 있다.

분열형 성격장애자는 사실과 무관한 일을 자신과 연결시켜 생각하고, 정서적 느낌에 따라 상황의 의미를 판단하는 정서적 추론을 한다. 또한 무관한 사건들 간의 인과적 관계를 잘못 파악하는 임의적 추론 등의 인지적 오류를 통해서 관계망상적 사고, 괴이한 믿음 등을 갖는다.

충성주의자(6번 유형): 의존성 성격장애

6번 유형은 스트레스 정도에 따라 다음의 과정을 거쳐 점점 분열적으로 되거나 장애가 생긴다.

용감한/자기 확신적인 ⇨ 마음을 끄는/친구 같은 ⇨ 헌신적인/충성스러운 ⇨ 의무감 있는/순종적인 ⇨ 수동 공격적인/비관적인 ⇨ 과잉반응적인/반항적인 ⇨ 자신 없는/편집증적인 ⇨ 히스테리적인/자기 패배적인 ⇨ 자기 학대적인

6번 유형은 사회적이고 직업적인 수행을 하던 중에 요구받은 것에 대해 내면에서 수동적으로 저항이 일어날 때 분열적으로 되기 쉽다.

저항의 내용은, 지연시키기, 빈둥거리기, 완고해지기, 망각, 비효율적 책략 등이다. 이런 저항을 나타낼 때는 그 마음 안에 자신이 속고 있으며, 배려받지 못하고, 오해받고 있다고 생각한다. 그래서 부루퉁하고 짜증을 낸다. 충성스러운 사람이 갑자기 따지기 시작하며 불만 대상자는 권위자(목사, 교사, 부모, 상사 등)이기 쉽다. 권위에 저항하는 것은 심리 기저에 의존의 대상을 잃어 자기 확신이 결여되어 있다는 뜻이다. 의존성 성격장애는 스스로 독립적인 생활을 하지 못하고 다른 사람에게 과도하게 의존하거나 보호받으려는 행동을 특징적으로 나타내는 성격장애다. 보호받고 싶은 과도한 욕구 때문에 복종적이고 매달리는 행동과 이별에 대한 두려움을 나타낸다. 이러한 성격특성은 생활 전반의 다양한 상황에서 나타나고, 성인 초기에 시작되며, 다음 중 5개 이상의 항목을 충족시켜야 한다.

- 타인으로부터의 많은 충고와 보장이 없이는 일상적인 일도 결정하지 못한다.
- 자기 인생의 매우 중요한 영역까지도 떠맡길 수 있는 타인을 필요로 한다.
- 지지와 칭찬을 상실하는 것에 대한 두려움 때문에 타인에게 반대 의견을 말하기가 어렵다.
- 자신의 일을 혼자 시작하거나 수행하기가 어렵다. 동기나 활력이 부족해서라기보다는 판단과 능력에 대한 자신감이 부족하기 때문이다.
- 타인의 보살핌과 지지를 얻기 위해 무슨 일이든 다 할 수 있다. 심지어 불쾌한 일을 자원해서 하기까지 한다.

▨ 혼자 있으면 불안하거나 무기력해지는데, 그 이유는 혼자서 일을
감당할 수 없다는 과장된 두려움을 느끼기 때문이다.

▨ 친밀한 관계가 끝났을 때, 필요한 지지와 보호를 얻기 위해 또
다른 사람을 급하게 찾는다.

▨ 스스로를 돌봐야 하는 상황으로 버려지는 것에 대한 두려움에 비
현실적으로 집착한다.

　부모의 과잉보호는 의존성 성격장애의 중요한 요인이 된다. 부모에
대한 의존행동은 보상이 주어지고 독립 및 분리에 대해서는 거부당하
는 경험이 축적될 경우에 그렇다. 기질적 요인(신체적 질병이나 이상)으
로 부모의 과잉보호를 받은 경우가 있으나, 부모의 성격적 특성 때문
에 아동에게 과도한 보호행동을 나타낼 수도 있다. 이때 아동은 자유
롭고 싶은 욕구가 계속적으로 좌절당함으로써 심인성 증상을 나타낼
수도 있다.

낙천주의자(7번 유형): 히스테리성과 조울성 성격장애

　7번 유형은 스트레스 정도에 따라 다음의 과정을 거쳐 점점 분열적
으로 되거나 장애가 생긴다.

　기쁜/감사하는 ⇨ 행복한/자유로운 ⇨ 성취한/일반론자 ⇨ 노련한/세련된
⇨ 활동 많은/약아빠진 ⇨ 외향적인/과민한 ⇨ 과도한/쾌락주의자 ⇨ 충동적
인/현실도피자 ⇨ 조울증적인/강박적인 ⇨ 공포에 질린/히스테리적인

　이 유형은 분열적일 때 히스테리적이어서 자칫 2번 유형의 성격
장애로 불릴 수 있다. 정서 차이로 구별할 수 있는데, 2번 유형의
정서는 7번 유형의 정서보다 좀 더 깊고 진지하다. 7번 유형은 정서적

특 징	조증 행동	우울 행동
정서적 특징	의기양양. 들뜬 기분 매우 사회적 어떤 방해도 못 참음	음울. 희망 없음 사회적 철회 행동 초조. 안절부절
인지적 특징	빠른 사고. 사고 비약 행동에 대한 열망 충동적인 행동 긍정적인 자기상 위대함에 대한 망상 수다스러움	느린 사고과정 강박적인 걱정 의사결정을 못함 부정적인 자기상. 자기 비난 죄책감. 질병에 대한 망상
운동적 특징	과활동성 피곤해하지 않음 평소보다 적은 수면 성충동 증가 과도한 식욕변화	운동행동 감소 피곤함 수면곤란 성충동 감소 식욕감퇴

으로 부적절하게 느낄 때 자그마한 것에도 자기중심적이 되며 만족을 지연시키는 좌절에 대해 참지 못한다. 행동은 즉각적인 만족을 얻는 쪽으로 행한다. 조증과 우울이 교차로 일어나기도 한다. 그러나 전형적 7번 유형으로 장애가 일어났다면, 조증으로 귀결되기 쉽다.

조증일 때 7번 유형은 전반적인 분위기가 들뜨거나 고양되거나 불안한 기간이 지속되는 것이 특징이다. 팽창된 자존감과 과대망상이 포함되고, 수면 욕구 감소, 말하고 싶은 욕구 증가, 사고의 비약, 주의산만, 목적 지향적인 행동에의 몰두, 과도한 쾌락 추구 등의 과도한 행동들이 나타나기 시작한다. 이 행동들 때문에 7번 유형은 지치고 피곤해지는 것이 아니라 전능감과 효능감에 가득 차서 오히려 열정적이 되는 것이 특징이다.

도전자(8번 유형): 반사회성 성격장애

8번 유형은 스트레스 정도에 따라 다음의 과정을 거쳐 점점 분열적으로 되거나 장애가 생긴다.

관대한/영웅적인 ⇨ 자신감 있는/자기 확신적인 ⇨ 건설적인/지도자적인 ⇨ 진취적인/모험적인 ⇨ 지배적인/권력 조정적인 ⇨ 대항하는/반대하는 ⇨ 비정한/무법적인 ⇨ 폭군적인/과대망상 ⇨ 파괴자

이 유형은 분열적일 때 불안정하고 공격적이 된다. 자신의 거칠고 공격적이고 위협적인 언행이 타인에게 어떤 영향을 미칠지에 대한 양심의 가책이 없다. 오히려 자신의 폭언이나 행동에 대해 정당하다고 느끼기까지 한다. 자기 행동에 대한 부인(denial)과 합리화로, "인생은 불공평해." "맞아도 싸!"라고 하며 남에게 짓눌리고 끌려 다니지 않기 위해서라고 반박한다. 반사회성 성격장애는 사회의 규범이나 법을 지키지 않으며 무책임하고 폭력적인 행동을 반복적으로 나타내어 사회적 부적응을 초래하는 경우를 말한다. 이러한 특성이 15세부터 시작되며, 다음의 특성 중 3개 이상의 항목을 충족시켜야 한다.

▨ 법에서 정한 사회적 규범을 준수하지 않으며 구속당할 행동을 반복한다.

▨ 개인의 이익이나 쾌락을 위한 반복적인 거짓말을 하거나, 가명 사용 또는 타인을 속이는 행동을 한다.

▨ 충동적이거나 미리 계획을 세우지 못한다.

▨ 빈번한 육체적 싸움이나 폭력에서 드러나는 호전성과 공격성

▨ 자신이나 타인의 안전을 무시하는 무모성

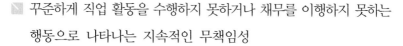

▧ 꾸준하게 직업 활동을 수행하지 못하거나 채무를 이행하지 못하는
　행동으로 나타나는 지속적인 무책임성
▧ 타인에게 상처를 입히거나 학대하거나 절도행위를 하고도 무관심
　하거나 합리화하는 행동으로 나타나는 자책의 결여

　반사회성 성격장애자의 신념체계에 따르면, 인간은 정글에 살고
있고 강한 자만 살아남으며, 힘과 주먹이 내가 원하는 것을 얻는 최선
의 방법이라고 믿는다. 또한 들키지 않는 거짓말을 하거나 속여도
상관없고 다른 사람들은 약한 자들이며 당해도 되는 존재들이라고
생각한다. 그리고 내가 원하는 것을 이루기 위해서는 어떠한 행동도
정당화될 수 있다고 한다. 먼저 공격하지 않으면 다른 사람이 나를
공격할 것이라고 생각하며, 다른 사람이 나를 어떻게 생각하는지는
중요시하지 않는다.

평화주의자(9번 유형): 의존성/분열성 성격장애

　9번 유형은 스트레스 정도에 따라 다음의 과정을 거쳐 점점 분열적
으로 되거나 장애가 생긴다.

　침착한/자제력 있는 ⇨ 수용력 있는 ⇨ 지지적인/중재자 ⇨ 조절하는/
협력적인 ⇨ 거리를 두는/수동적인 ⇨ 쉽게 포기하는/운명론자 ⇨ 안일한
/부인하는 ⇨ 관계를 끊는/분열하는 ⇨ 자포자기한

　이 유형의 건강하지 않은 상태의 전반적 특성은 분리되는 것을 불
안해하면서 종속적이 된다는 것이다. 남에게 복종적이 되는 것은 남
의 배려를 얻기 위함이며, 심리 기저는 남의 도움 없이는 아무것도

할 수 없다는 자기지각에 있다. 평소에는 남의 말에 거의 영향을 받지 않는 것처럼 보이는데, 분열 시 남들의 확실한 조언을 듣지 않으면 꼼짝도 못하는 행동방식을 취한다. 새로 무슨 일을 시작하는 것을 너무나 힘들어 하고 독립적으로 일을 해 나가야 한다는 것에 대해 매우 두려워한다. 독립적이 되면 주위 사람들로부터 버림을 받을지도 모른다고 여기기 때문이다. 오로지 혼자가 되는 것을 피하기 위하여 사람들과의 연결을 잃지 않으려고 필사적으로 노력한다. 이 유형이 장애로 불릴 때 처음에는 '의존성'으로 불리다가 그 증세가 심해지면 결국 '분열성'으로 불리게 된다. 이 장애는 타인과의 친밀한 관계형성에 관심이 없고 감정 표현이 부족하여 사회적 적응에 현저한 어려움을 나타내는 성격장애다. 사회적 관계에서 고립되어 있고 대인관계 상황에서 감정 표현이 제한되어 있는 특성이 성인기 초기부터 생활 전반에 나타나며, 다음의 특성 중 4개 이상의 항목을 충족시켜야 한다.

- 가족의 일원이 되는 것을 포함하여, 친밀한 관계를 원하지도 즐기지도 않는다.
- 거의 항상 혼자서 하는 활동을 선택한다.
- 다른 사람과 (성)관계를 갖는 일에 거의 흥미가 없다.
- 만약 있다고 하더라도, 소수의 활동에서만 즐거움을 얻는다.
- 직계가족 이외에는 가까운 친구나 마음을 털어놓는 친구가 없다.
- 타인의 칭찬이나 비평에 무관심해 보인다.
- 정서적인 냉담, 무관심 또는 둔마된 감정반응을 보인다.

분열성 성격장애자들은 '상관하지 말라, 내버려 두라.'는 다음과 같은 사고를 가지고 있다. 혼자 있는 것이 낫고, 아무도 간섭하지 않았으

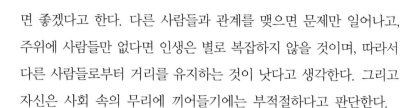

면 좋겠다고 한다. 다른 사람들과 관계를 맺으면 문제만 일어나고, 주위에 사람들만 없다면 인생은 별로 복잡하지 않을 것이며, 따라서 다른 사람들로부터 거리를 유지하는 것이 낫다고 생각한다. 그리고 자신은 사회 속의 무리에 끼어들기에는 부적절하다고 판단한다.

중첩성 성격장애

다음의 두 성격장애는 에니어그램 유형에 연관시키지는 않았지만 어느 유형에도 나타날 수 있는 점이 많아 그대로 싣는다. 편집성 성격 장애는 5번 유형이나 6번 유형의 중간에서 '사고과다'일 때 생길 수 있는 장애이고, 경계선 성격장애는 애정이나 인정이 충족되지 않았을 때 오는 정서적 불안과 대인관계에서 오는 심한 불만과 충동성에서 생길 수 있는 장애다. 경계선 성격장애는 마지막 장(章)에서 다루는 연인 원형(lover archetype)의 그림자가 일으키는 경계선 침범에서 더 잘 드러난다.

편집성 성격장애

편집성 성격장애는 타인에 대한 강한 불신과 의심을 갖고 사회적 부적응을 나타내는 성격특성을 말한다. 이러한 성격장애를 지닌 사람 은 주변 사람들과 지속적인 갈등과 불화를 나타내는데, 다음 7가지 특성 중 4개 이상의 항목을 충족시켜야 한다.

- 충분한 근거 없이 타인이 자신을 착취하고 해를 주거나 속인다고 의심한다.
- 친구나 동료의 성실성이나 신용에 대해 부당한 의심을 한다.

▨ 정보가 자신에게 악의적으로 사용될 것이라는 부당한 공포 때문에 터놓고 얘기하기를 꺼린다.

▨ 타인의 말이나 사건 속에서 자신을 비하하거나 위협하는 숨겨진 의미를 찾으려 한다.

▨ 원한을 오랫동안 풀지 않는다(자신에 대한 모욕, 손상, 경멸을 용서하지 않음).

▨ 타인은 그렇게 생각하지 않지만, 자신의 인격이나 명성이 공격당했다고 인식하고 즉시 화를 내거나 반격한다.

▨ 이유 없이 배우자나 성적 상대자의 정절에 대해 반복적으로 의심한다.

편집성 성격장애자는 대체로 3가지 기본적 신념을 지니고 있다. 사람들은 악의적이고 기만적이라는 것, 그들은 기회만 있으면 나를 공격할 것이라는 것, 긴장하고 경계해야만 나에게 피해가 없을 것이라는 점이다.

경계선 성격장애

이 성격장애는 강렬한 애정과 분노가 교차하는 불안정한 대인관계를 특징으로 나타내는 것을 말한다. 대인관계, 자아상 및 정서의 불안정성과 더불어 심한 충동성이 생활 전반에 나타나고, 이러한 특징적 양상은 성인 초기에 시작하여 다양한 상황에서 일어나며, 다음의 특성 중 5가지 이상의 항목을 충족시켜야 한다.

▨ 실제적이거나 가상적인 유기(버림받음)를 피하기 위한 필사적 노력

▨ 극단적인 이상화와 평가절하가 특징적으로 반복되는 불안정하고 강렬한 대인관계 양식

- 정체감 혼란 : 자아상이나 자기지각의 불안정성이 심하고 지속적이다.

- 자신에게 손상을 줄 수 있는 충동성이 적어도 2가지 영역에서 나타남(낭비, 성관계, 물질 남용, 무모한 운전, 폭식)

- 반복적인 자살 행동, 자살 시늉, 자살 위협, 자해 행동

- 현저한 기분변화에 따른 정서의 불안정성(간헐적인 심한 불쾌감, 과민성, 불안 등이 흔히 몇 시간 지속되지만 며칠 동안 지속되는 경우는 드물다).

- 만성적인 공허감

- 부적절하고 심한 분노를 느끼거나 분노를 조절하기 어렵다(자주 울화통을 터뜨림, 지속적인 분노, 잦은 육체적 싸움).

- 스트레스와 관련된 망상적 사고나 심한 해리 증상을 일시적으로 나타낸다.

경계선(borderline)이란 용어의 기원은 원래 신경증과 정신증의 경계라는 의미로 사용되었다. 즉, 정신증과 신경증에 속하는 증상을 일부 나타내면서 그 어느 쪽에도 분류하기 어려운 중간집단을 지칭하기 위해서 사용된 개념이다. 망상이나 환각과 같은 정신증적 증상을 지속적으로 나타내지는 않으나 일시적으로 현실 검증력의 저하를 보이고 충동 및 감정 조절에 심각한 곤란을 나타내는 경우를 경계선 장애라고 지칭한다.

3. 여성심리학과의 만남 – 성역할 기대차이

나는 교사로 정년 퇴직한 할머니다. 내 남편은 은행장으로 퇴임하였다. 우리는 나름대로 인생을 성실하게 살았다고 자부하며, 그에 따른 성취감도 맛본 사람들이다. 내 나이에 여성으로 사범대를 나와 교사를 하였다는 사실은 특권을 누린 것이라고 할 수 있다. 그놈의 특권이 내 인생의 올무였다. 차라리 내가 보통 여성들처럼 가정주부였다면 인생이, 그리고 자녀와의 관계가 그렇게 꼬이지는 않았을 것이다. 나는 시누가 많은 집에 시집을 왔고, 내 남편은 시댁에서 말할 수 없는 기대를 받는 큰아들이다. 그런 내가 딸을 내리 셋을 낳았다. 시아버지가 우리 집에 오실 때마다 "쓸 자식이 하나도 없어!"라고 하신 말씀 때문에 내 가슴에는 인(印)이 박혔다. 그 인이 내 인생을 몰아세웠다. 딸만 낳은 나는 죄인이었고, 뭔가 '결함 있는' 여자였다. 학교에서의 교사생활보다 집에 돌아와 딸들을 공부시키는 일이 더 막중했다. 반드시 '쓸 자식' 하나 만들어 내리라 다짐하며 딸들을 닦달하고 또 닦달했다. 나 없는 사이에 딸들이 행여 TV를 보며 시간 보내지나 않을까 장롱에 숨겨두기도 여러 번 했다. 텔레비전을 몰래 보느라고 딸들 깐에는 여러 해프닝이 많았다는 것을 나중에야 알게 되었다.

딸들과 나는 항상 전쟁이었다. 요구하고 도망가고, 혼내고 울며 빌고, 협박하고 굴복하고, 비난하고 원망하는 등 젊은 엄마 노릇을 이렇게 보냈다. 둘째 딸이 초등학교 때, "엄마, 더 이상 내 인생에 간섭 마세요!"라고 했던 말과 그 표정이 지금도 생생하다. 딸들은 모두 내가 원하는 '쓸모 있는' 자식이 되어 주지 않았다. 첫째 딸은 딴따라 짓을 그렇게도 해 내 속을 뒤집어 놓더니(우리 부부는 교회에서 장로이고 권사다) 예술대학 교수가 되었다. 딸은 내 도움을 기대도 안 했고 저 혼자 공부하였다. 결혼

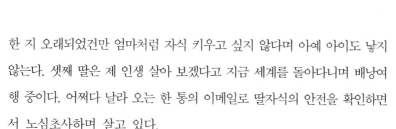

한 지 오래되었건만 엄마처럼 자식 키우고 싶지 않다며 아예 아이도 낳지 않는다. 셋째 딸은 제 인생 살아 보겠다고 지금 세계를 돌아다니며 배낭여행 중이다. 어쩌다 날라 오는 한 통의 이메일로 딸자식의 안전을 확인하면서 노심초사하며 살고 있다.

둘째 딸이 노처녀로 오래 있다가 결혼하여 손주 하나를 우리에게 안겨 주었다. 나는 교사생활도 오래 했거니와 나름대로 상담공부도 한 의식 있는 할머니다. 나는 내 마음에게 물었다. "아들을 원해, 딸을 원해?" 내 마음이 말하였다, "딸 49%, 아들 51%." 별 욕심이 없는 내 마음에 대해 나는 대견하기까지 하였다. 드디어 둘째 딸이 아이를 낳는 날, 병실 밖에서 아이 울음소리가 들렸다. 그런데 웬일인가? 내 발이 도대체 얼어붙어서 걸어지지지 않는 것이다! "딸이면 어떡하지?" 섬광같이 지나가는 이 생각이 날 그렇게 옴짝달싹도 못하게 하였다. 얼마나 어이없어 하며, 얼마나 서러워하며 울고 또 울었는지…. 딸은 내가 '손자'를 갖게 되어 기뻐서 그런 줄 알았단다. 서럽고 서러워서, 내 인생이 원통해서 울었는데 말이다. 나는 이제 구원받은 한국의 여성이 되었다. 날 비웃지 말라. 당신들이 아들 못 낳은 여자의 인생을 어떻게 알아?

카발라 에니어그램

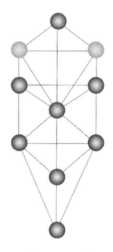

[그림 6-1]

유대교 신비주의 카발라(kabbalah) 전통에서는 에니어그램 유형이 10가지로 나타난다. 다른 유형은 모두 같은데, 지혜자 유형(5번)이 남성과 여성으로 나뉘어 있는 점이 특징이다(Addison, 1998; Seidman, 1999; Scholem, 1987). 남성 지혜자(Chochmah, 호크마)는 세상 지혜 (wisdom), 즉 세상 이치가 어떻게 돌아가는지에 대해 정보를 많이 알고 있어서 세상살이에 대해 지적으로 준비되어 있는 사람을 말한다. 여성 지혜자(Binah, 비나)는 집안을 세우는(build-up) 역할로 그 지혜를 발휘하는 명철한(understanding) 사람을 말한다. 현대의 표현을 빌자면, 남편이 세상 밖에서 '도구적 역할'에 충실하여 재화를 가져온다면, 아내는 그것으로 자녀를 키우고 교육시키는 일, 친척관계를 원만하게 하는 일, 집안을 바로 세우고 화목하게 하는 일, 즉 '표현적 역할'로 기대를 받는다는 뜻이다. 유대 사회가 남녀의 성역할(sex role)이 분명

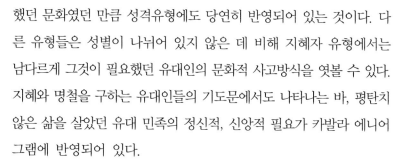

했던 문화였던 만큼 성격유형에도 당연히 반영되어 있는 것이다. 다른 유형들은 성별이 나뉘어 있지 않은 데 비해 지혜자 유형에서는 남다르게 그것이 필요했던 유대인의 문화적 사고방식을 엿볼 수 있다. 지혜와 명철을 구하는 유대인들의 기도문에서도 나타나는 바, 평탄치 않은 삶을 살았던 유대 민족의 정신적, 신앙적 필요가 카발라 에니어그램에 반영되어 있다.

남성과 여성에 대한 유대인적 사고는 아담과 하와에 대한 주석에도 잘 반영되어 있다. 창세기 서두에 나오는 남자와 여자 이야기의 완성은 하와를 만난 아담의 탄성에서 보인다. "내 뼈 중의 뼈요, 살 중의 살이라!"(창 2: 23). 이렇게 기쁨으로 만난 제일 처음 '남자'와 '여자'의 이름이 성적인 특징을 상징화한 볼록이(convex)와 오목이(concave)이다. 볼록이와 오목이의 존재는 서로를 만나야 그 존재 의미가 있다. 태초 남녀에 대한 이야기에서는 누가 더 중요한 존재이고 보조적인 존재인가에 대한 쟁점은 그 의미가 없다. 둘은 상대가 없으면 아무런 의미도 없을 뿐더러 자신의 가치도 상실한다. 즉, 볼록이는 오직 오목이를 만날 때만 존재하고 반대로 오목이 역시 볼록이를 만나는 경우만 존재한다. 볼록이는 홀로 완전할 수 없고, 오목이 또한 마찬가지다. 둘은 마치 운명처럼 서로를 그리워하고 만나야만 하고 합치되어야 할 반쪽의 존재들이다. 볼록이와 오목이가 성적인 특징을 상징화한다니, 둘이 만난 모습을 상상해 볼 때 성관계로 귀결되는 것은 자연스러운 일이다. 성서에서는 아담과 하와가 '동침(야다: יָדַע)'한 이후 자녀들이 출생한 것으로 말하고 있다(창 4:1). 히브리어 '야다'라는 말은 '알다'라는 뜻이다. 그 의미는 육체적인 만남을 통한 앎, 즉 성관계를 의미한다. 남녀가 서로에 대해 진정으로 이해하고 안다는 것은 결국 오목이와 볼록이의 만남에 있다는 이해다(LaCocque, 1990). 그래서일까? 어떤 문화권에서는 남녀 서로에 대해 '나보다 더 나은 반쪽(better half)'이라고 부르니 말이다.

카발라 에니어그램에서 지혜를 남성과 여성으로 나누어 놓은 것은 남녀 역할에 대한 그 시대의 사회문화적 이해를 매우 현실적으로 반영한 것이다. 지혜는 추상적이고 개념적이며, 지적인 것만이 아닌 지극히 현실적이고 실용적이며 구체적인 것이라는 의미다. 남성과 여성에 대한 이해도 누가 높은가 낮은가의 문제가 아니라 양쪽이 하나가 됐을 때라야 존재의 의미가 크다고 하는 것도 유대인의 사고방식이다. 카발라에는 삶의 많은 주제들이 양극을 통합하는 방향으로 자연스럽게 흐름을 암시한다.

그 어떤 것도 다른 것들과 비교해서 우위에 있는 것이 아니라, 그것이 존재하기 때문에 내 존재도 가치 있어지는 메리즘(merism)적 사고 방식이다. 즉, '하늘과 땅' '앉고 일어섬' '남자와 여자' '막대기와 지팡이' 등은 대극을 이루는 단어들이지만, 비교해 볼 때 두 단어가 함께 있음으로 그 의미가 분명해지는 것들이다. 메리즘은 어린이와 어른, 남편과 아내, 남자와 여자, 스승과 제자 등처럼 두 개의 상반되는 단어나 개념을 이용하여 '전체'를 가리키거나 '궁극적인 의미'를 나타낼 때 쓰는 독특한 수사법이다(Brettler, 2005). 유대인 하면 떠오르는 이미지가 보통 '지혜'라는 말이다. 그들이 남성 지혜와 여성 지혜를 구별하고 있다는 것은 무슨 의미이겠는가? 지혜는 너무나 중요한 유대인의 삶의 주제이고 신의 속성이기도 하지만, 지혜를 남성과 여성으로 나눈 것은 차별하려는 것이 아니라 두 성(性)의 궁극성을 강조하기 위한 것임을 알 수 있다. 카발라 에니어그램에서는 성격유형을 찾을 때

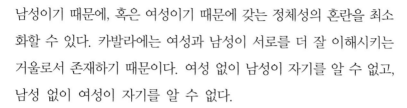

남성이기 때문에, 혹은 여성이기 때문에 갖는 정체성의 혼란을 최소화할 수 있다. 카발라에는 여성과 남성이 서로를 더 잘 이해시키는 거울로서 존재하기 때문이다. 여성 없이 남성이 자기를 알 수 없고, 남성 없이 여성이 자기를 알 수 없다.

에니어그램 유형을 찾는 과정에서, 사람들이 날 그렇게 생각해 주기를 바라는 유형으로 자기 번호를 선호하는 일이 종종 있다. 성격유형을 찾을 때 흔히 있는 유혹이다. 만약 당신이 종교 지도자라고 해 보자. 당신의 유형이 '세일즈맨'으로 나왔다면 기분이 어떻겠는가? 만약 당신이 여성인데 종교 지도자라고 나왔다면 또 어떻겠는가? 세일즈맨 유형의 심리적 특징은, 남의 감정(feeling)에 대해서 빨리 간파해 내는 능력에 있다. 상품에 대해 길게 설명해야 할 때와 짧게 설명하고 고객의 선택하는 시간(timing)을 존중해 줘야 할 때를 분별해서 판단(judgement)할 줄 아는 능력이다. 고객이 어느 색깔, 어느 스타일을 관심 있게 보는지 잠깐만 보고도 그 감각(sense)을 감지해 낸다. 이처럼 탁월한 능력을 발휘하는 유형임에도 불구하고, 그렇게 이름이 불리는 것(labeling)에 대해 주저하는 사람들이 있다. 대체로 종교지도자이거나 여성다운 여성으로 보이길 바라는 사람들이다. 그들은 십중팔구 그 비슷한 다른 유형들은 없는지 살핀다. 비슷한 성격을 가진 교사나 간호원, 사회복지사, 더 나아가 경영자 쪽에서 자기 유형을 확인해 보려고 한다. 왜냐하면 세일즈맨이나 교사는 둘 다 사람들을 상대하는 직업이지만, 사람들에게는 그 페르소나가 다르게 인식되기 때문이다. 후자가 사람들에게 훨씬 인정받는 페르소나인 것은 자명하다. 많은 종교적 여성들은 충성스러운 6번 유형으로 불리길 바란다. 유치원에서 아이를 다루는 교사들은 사랑 많은 2번 유형으로 불리길 바란다. 여성들 중에 8번 유형으로 불리는 것에 대해서, 남성 중에 2번 유형으로 불리는 것에 대해서 처음부터 환영하는 사람은 드물다. 여성들은 강하거나 자기주장이 분명한 사람으로 보이길 원치 않는다. 마찬가지로 남성들도 유약하고 자기주장을 못하는 사람으로 보이길 원치 않는다. 그러나 리더십이 강한 8번 유형 수녀도 많고, 사랑이 본성이어서 평생 봉사만 할 것을 헌신한 2번 유형 수사도 많다. 그들은 그 유형이기 때문에 자기 일을 더 잘할 수 있는 행복한 사람들이다.

여성이 자기의 유형을 잘 찾아내기 위해서는 현재 몸담고 있는 사회문화적 배경을 유념하는 일이 필요하다. 그 사회가 여성에게 어떤 역할을 맡기를 바라고, 조장하고, 인도하는지 인식할 필요가 있는 것이다. 자기가 여성인 것에 대해 만족하는가, 아니면 아쉬워하는가는 자존감 형성에 매우 중요한 요소다(Prichard, 1999; Frey, 1989). 어려서부터 딸인 것에 대해 어떤 메시지를 내면화하여 지금의 여성으로 발달하였는가? 많은 여성들은 에니어그램 유형을 찾는 과정에서 자기 성격이 '딸'이라는 사실과 적지 않은 관련이 있음을 발견한다. 딸이나 며느리이기 때문에 자기 유형에서 건강하지 않은 면을 더 발달시킬 수밖에 없었다고 토로하는 여성들이 많다. 여성심리학자 길리건(Carol Gilligan, 1977, 1979, 1982)은 성격 발달에서 여성의 사회화는 중요한 요소라고 강조하였다.

길리건의 여성심리

심리학자로서 길리건이 처음 깨달은 것은 대부분의 학자들이 인간 발달에서 피험자로 남성만을 대상으로 삼아 이론을 정립했다는 사실이다. 프로이트, 에릭슨, 피아제, 콜버그 등은 각자의 이론에서 남성만

의 목소리를 담아 성(性) 이론, 정체성 이론, 아동의 도덕적 판단, 도덕
성 발달이론 등을 근거로 남성이 여성보다 도덕적으로 우위에 있음을
증명하고 있다. 만약 그와 같은 주제로 여성의 목소리도 함께 실험 대상
으로 삼았다면 이론들은 어떻게 바뀌었을까? 길리건과 동료 연구자들은
광범위한 면접과 표준 문장완성 검사를 포함하는 5년간의 종단연구를
실시하였다. 연구팀은 자신의 주변 세계에 대한 소녀 자신의 이해와
타인과의 관계, 그리고 진실한 감정과 거짓 감정을 구별할 수 있는
능력을 조사하였다. 연구자들은 소녀에게 일대일 면접을 실시하였고
5년에 걸쳐 동일한 질문을 하였다. '여자는 항상 ~해야 한다.'와 '규칙
은 항상 ~해야 한다.' 등과 같은 표준적인 36개의 불완전한 문장을 완성
하는 검사(Sentence Completion Test)를 통해 지각의 방식을 연구하였다.

길리건이 다년간의 연구를 통해 수립한 여성의 발달 단계는 다음과
같다.

1단계(7~10세)

이 시기는 자신감 있는 세계관이 특징이다. 소녀는 거침없이 솔직
하게, 고통스러운 감정까지도 기꺼이 말한다. 똑바로 세계를 관찰하
고 서슴지 않고 자기 권한을 주장한다. 어떠한 억제도 없이 주변 세계
를 묘사한다. 이 단계 소녀들에게 다음의 질문을 하였다. 친구 집에서
놀고 있는데 소외당하는 느낌을 받는다면 어떻게 할 것인가? 소녀들
은 대개 "이건 정말 날 기분 나쁘게 만들어요. 왜냐하면 나를 제쳐두고
노니까요. '나랑 함께 놀래? 네가 함께 놀아 주지 않는다면 난 집에
갈래. 재미가 없단 말이야.'라고 말할 거예요."라고 반응하였다.

2단계(11~13세)

이 단계의 소녀들은 '비난하는 자(whistle blower)'라고 불린다. 뭔가 맘에 안 들면 '호루라기를 불어서라도' 자신의 의견에 주목하게 만드는 경향성을 나타낸다. 이 시기의 소녀들은 여성이 언제 어디서 말하고, 언제 침묵하는가에 대해 예리한 관찰자이자 노골적인 비판자가 된다. 이들은 저항가로서, 특히 남성의 권위에 대한 여성의 순응에 주목하고 의문을 제기하는 경향을 보인다. 이 단계의 소녀들은 남성과 여성 간의 상호작용을 관찰할 때, 특히 성인 여성 쪽의 순응과 굴복에 주목한다. 그들은 그러한 순응과 굴복을 알아차리고, 성인 여성의 묵인에 대해 '비난하지' 않을 수 없을 만큼 자기주장적이다. 한 엄마가 11살짜리 딸과의 고통스러운 대화에 대해 고백하였다. 딸은 부모가 싸울 때마다 엄마가 양보하기 때문에 화가 난다고 엄마에게 저항하였다. 그리고 엄마 자신은 딸의 정확한 관찰에 굴욕감을 느꼈다는 것이다.

청소년기(13~16세)

이 시기는 함정(갈등)의 시기라고 불린다. 이 시기에 소녀들은 자신을 자유롭게 표현하며 진정한 인간관계를 맺으려는 바람을 갖는다. 반면에 이를 자유롭게 표현할 때 성인과의 관계뿐 아니라 또래와의 관계가 위협을 당하고 위험에 처할 수도 있다는 두려움을 느낀다. 그래서 진실한 목소리를 숨기고 '가짜 목소리'로 대응하기로 선택한다. 그렇게도 자기의견이 분명했던 소녀가 "난 몰라요."라고 일관적으로 말하기 시작한다. 자신이 어느 누구도 다치게 하지 않기를 바라며, 도전적이거나 반항적인 모습으로 보이기를 원하지 않기 때문이다.

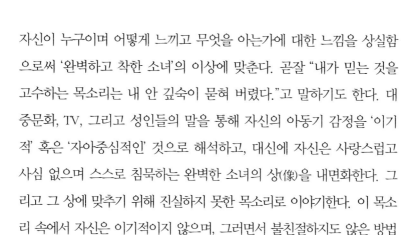

자신이 누구이며 어떻게 느끼고 무엇을 아는가에 대한 느낌을 상실함으로써 '완벽하고 착한 소녀'의 이상에 맞춘다. 곧잘 "내가 믿는 것을 고수하는 목소리는 내 안 깊숙이 묻혀 버렸다."고 말하기도 한다. 대중문화, TV, 그리고 성인들의 말을 통해 자신의 아동기 감정을 '이기적' 혹은 '자아중심적인' 것으로 해석하고, 대신에 자신은 사랑스럽고 사심 없으며 스스로 침묵하는 완벽한 소녀의 상(像)을 내면화한다. 그리고 그 상에 맞추기 위해 진실하지 못한 목소리로 이야기한다. 이 목소리 속에서 자신은 이기적이지 않으며, 그러면서 불친절하지도 않은 방법을 선택한다. 물론 진실하지도 않다는 점이 숨어 있지만 말이다.

지각의 성차

길리건은 주제통각검사(Thematic Apperception Test) 그림을 통해 남녀 간의 '폭력'에 대한 지각이 어떻게 다른지 살펴보았다. 폭력은 살인, 자살, 사고로 인한 죽음, 강간이나 폭행, 신체적 공격 등과 같이 타인에게 고통을 주는 실제적인 상해로 정의된다. TAT 그림 중, 처음 두 개는 '친교관계주제'이고, 나머지 그림은 '성취주제'를 제시하였다.

- 서로 나란히 앉아 강을 바라보고 있는 남성과 여성
- 공중그네를 타고 곡예를 하는 상황에서 여성이 남성의 손목을 잡고 공중에 떠 있는 모습
- 고층빌딩의 사무실에서 아내와 아이들의 사진이 놓인 책상 앞에 혼자 앉아 있는 남성
- 흰 가운을 입은 여성들이 실험실에 있고 나이 든 여성이 뒤에서 그들을 지도하고 있는 모습

〈결과〉

▨ 경쟁적인 학문 분야에서의 성공을 보여 주는 성취상황에 대해 여성들이 종종 폭력적인 결말로 끝나는 이야기를 구성하였다.

▨ 친밀감을 제시하는 처음 두 그림에 대해 남성들이 종종 폭력적인 이야기를 구성하였다.

이처럼 남성과 여성은 서로 다른 상황에서 위험을 지각하고 다른 방식으로 위험을 해석한다. 남성은 대인관계의 연계성에서 위험을 더 느끼는 것처럼 보이며 거절당하는 것, 창피당하는 것, 배신당하는 것을 두려워한다. 반대로 여성은 경쟁적인 성공과 더불어 오는 타인과의 분리에 대해 위험을 지각하며, 혼자 남아 있는 것, 고립되는 것, 분리되는 것을 두려워한다. 길리건은 남성과 여성은 각자의 환경을 다르게 구성하고 친교상황과 성취상황에 대해 서로 다르게 지향하며, '다른 목소리(different voice)'로 이야기한다고 결론지었다.

고위직을 선택하려는 여대생들을 연구했을 때 여성이 성취를 이루는 데 따뜻하지만 독립적인 부모-딸 관계가 중요하다는 결과가 나타났다. 비전형적인 직업을 선택하는 여성은 부모와 비교적 따뜻한 관계를 맺고 있지만 또한 의견을 달리하는 영역도 있었다. 그들은 스스로 견해를 형성하고 결정을 내리고 자신의 생활유형을 발전시킬 만큼 충분히 독립적이었다. 따라서 비전형적이고 어렵다고 생각되는 직업을 선택하고 준비하는 동안에도 정서적 안정이라는 기반 위에서 할 수 있었다. 이렇게 되려면 부모가 거리를 유지하면서 보살피는 것이 중요하다. 전형적인 성역할(기대)에서 자유로운 여아는 더 좋은 성취 기회를 가진다고 봐도 무방하다(Kaplan & Sedeney, 1988).

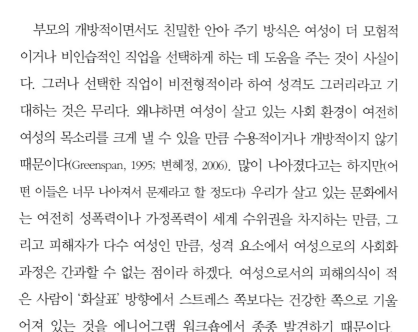

　부모의 개방적이면서도 친밀한 안아 주기 방식은 여성이 더 모험적이거나 비인습적인 직업을 선택하게 하는 데 도움을 주는 것이 사실이다. 그러나 선택한 직업이 비전형적이라 하여 성격도 그러리라고 기대하는 것은 무리다. 왜냐하면 여성이 살고 있는 사회 환경이 여전히 여성의 목소리를 크게 낼 수 있을 만큼 수용적이거나 개방적이지 않기 때문이다(Greenspan, 1995; 변혜정, 2006). 많이 나아졌다고는 하지만(어떤 이들은 너무 나아져서 문제라고 할 정도다) 우리가 살고 있는 문화에서는 여전히 성폭력이나 가정폭력이 세계 수위권을 차지하는 만큼, 그리고 피해자가 다수 여성인 만큼, 성격 요소에서 여성으로의 사회화 과정은 간과할 수 없는 점이라 하겠다. 여성으로서의 피해의식이 적은 사람이 '화살표' 방향에서 스트레스 쪽보다는 건강한 쪽으로 기울어져 있는 것을 에니어그램 워크숍에서 종종 발견하기 때문이다.

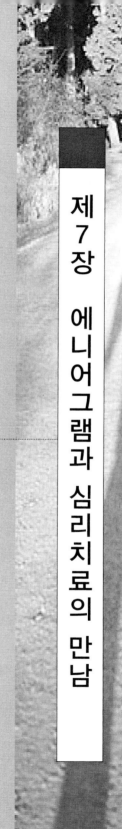

제 7 장 에니어그램과 심리치료의 만남

제7장

에니어그램과 심리치료의 만남

1. 구르지예프와 행동명상

고대 에니어그램 상징을 현대 서구 사회로 전해 준 사람은 구르지예프(G. Gurdjieff)다. 그는 러시아 사람으로, 에니어그램 역사에서 빼놓을 수 없는 중요 인물이다. 그는 러시아 혁명 이후 파리로 건너가 영성 아카데미(the Harmonious Development of Man)를 세웠고 에니어그램을 영적 지혜로서 체계화하였다. 그 첫 작업이 오늘날 우리가 사용하고 있는 도형인데, 각 모서리가 특정한 방향으로 통합되는 내적 방향성을 가지고 있는 아홉 각은 유형의 주된 특성을 반영한다. 또한 그는 학교 바닥에 커다란 에니어그램을 그려 놓고 학생들이 그 도형

위에서 춤과 동작을 연습하게 하였다. 그가 에니어그램을 확장 보급시키기 위해 사용했던 여러 도구 중에 감각명상법, 바보게임, 거룩한 춤(holy dance), 무질서한 집은 심리치료에도 적용할 수 있는 부분이 많다. 이 네 가지 도구를 한 개념으로 집약하여 행동명상이라고 부른다. 에니어그램이 자기 인식을 위한 도구라고 할 때의 의미는, 깊은 명상을 통해 본성을 만나고, 그 결과는 행동으로 귀결된다는 뜻이다. 또 다른 의미는, 타인에 대한 의식을 내려놓고 깊이 이완된 상태에서 신체감각을 알아차리고, 의식적으로 호흡을 하고, 생각을 만나거든 자연스럽게 흘려보내고, 그런 상태에서 몸이 끄는 대로 움직이는 상태를 말한다. 결국에는 이런 상태가 삶으로 연결되어야 함을 함축한다(Hurley & Dobson, 1991; Ouspensky, 2005; 이순자, 2003).

감각명상

감각명상은 어떤 자세든 간에(서 있든지, 앉아 있든지, 누워 있든지) 일단 내 몸에 에너지가 흐르고 있음을 의식하는 것에서 시작한다. 우리는 과거에 너무 붙들려 있거나, 삶과 죽음과 실존 때문에 불안해하거나, 미래를 염려하면서 종종 현재 일어나는 것을 바라보지 못한다. 따라서 우리의 시선을 현재 이 순간 안에 놓여 있는 색깔들, 사물들, 사람들로 옮기게 하는 것은 우리를 '지금 여기'의 상태로 데려오는 데 도움을 준다. 시각을 비롯한 보다 원초적인 감각들을 활용함으로써 현 순간에 머무는 능력이 강화될 수 있다. 자기의 신체적 감각에 집중함으로써 신체를 통한 의식의 경로들을 최대한 사용한다. 또한 주위 사람들의 음색이나 말, 주변 환경이나 기억 속에서 흘러나오는 맛이나 냄새 등을 활용하여 의식을 더욱 확충시킬 수 있다.

눈을 뜬 상태에서는 밖의 사물 때문에 몸의 감각이 산만해질 수 있으므로, 눈을 감은 채 눈 주변의 신체감각(felt sense)부터 명상을 시작한다. 천천히 눈썹, 속눈썹, 코, 입, 턱의 순으로 옮기면서 각 부분을 그대로 느껴 본다. 왼쪽 손에서 아래 발까지 내려오고, 아래 발에서 의식적으로 옮겨 오른쪽으로 올라간다. 몸의 지점들을 서서히 내려가면서 (혹은 올라오면서) 만나 가는 도중에 생각이 침투해 올 경우 상대적으로 신체감각은 약해진다. 상념과 신체감각은 반비례 관계다. 상념이 생길 때는 머리를 가볍고, 부드럽게, 빨리 반 바퀴 돌려 주고 제자리로 돌아온다. 관심이 떠나가면 다시 돌아와서 지켜보고 또 떠나면 지켜보는 행위를 반복한다. 반복의 행위는 내가 아닌 제3자에게 대하듯 연민, 친절, 부드러움으로 한다. 자기 몸을 따라가면서 감각을 옮겨 가는 것이 어렵다면, 눈앞에 한 사물을 정해 놓고 그것만을 잔잔하게 응시하면서 해 볼 수 있다. 야외에 나와 있다면, 나무 하나를 정해 놓고 위에서 아래로 서서히 내려오되, 호흡은 복식호흡(belly breath)으로 들숨과 날숨을 길게 한다. 뱃속에 풍선이 있다고 이미지화하고, 풍선이 커졌다 작아졌다 하는 방식으로 호흡을 하다 보면 신체의 전체적인 순환이 향상된다. 호흡기를 활성화시켜 신체 각 부분에 산소의 공급을 증가시키며 심신을 고요하게 해 준다. 이 명상을 하는 동안 경쟁자는 당신 자신 외에 아무도 없음을 명심하라.

바보게임

바보게임은 우리가 한 유형에 고착되어 있어서 그 고착 외에는 다른 것을 볼 수 없는 것을 이해시키기 위한 도구로 고안되었다. "나는 세모다. 세모들 이리 모여라. 어라, 세모 아닌 장애인들이 있네? 그들을 세모 비슷하게라도 만들어 줘야겠다. 세모가 아니고 어떻게 인생을 살 수 있단 말인가?" 네모가 말한다. "어떻게 네모가 아닐 수 있단 말인가? 내가 가지고 있는 선(線) 하나를 덜 가지고 그들은 불편해서 어떻게 살까? 세모보다 내가 한 가지 더 많이 가지고 있으니까 그들을 도와줄까, 아님 내 밑으로 와서 시중들라고 할까?" 동그라미가 어이없어 하며 말한다. "뾰족뾰족한 선을 가지고 어떻게 다니지? 여기저기다 그 선 때문에 다칠 텐데. 모나지 않고, 남들 해치지 않고, 해침을 당하지도 않고 나처럼 '구르는' 방식이 더 나을 텐데…. 저런 바보들!" 큰 소리로 과장해서 연극하듯이 이런 말들을 내 스스로에게 해 보라. 두 명이서, 세 명이서, 그룹으로 게임하듯이 실습해 보라. 각 유형의 변호사로서 오로지 그 유형만을 변호하고 주장해서 상대를 바보라고 비난하라. 내가 얼마나 바보스러운지, 그렇게 주장하는 대상이 얼마나 바보 같은지, 더 바보처럼 힘껏 주장해 보라. 박장대소 하지 않을 사람이 없다!

거룩한 춤

거룩한 춤의 기본 가정은 인간의 근원성이 페르소나 뒤에 숨어 있으며, 수많은 긴장과 자동적인 반응들의 무질서로 가려져 있다는 것이다. 우리의 자세, 몸짓, 육체적인 태도들은 항상 똑같은데 우리는 이러한 것을 자기 자신이라고 생각한다. 근원성은 우리 의식의 변형으로서만 도달할 수 있다. 신체, 정서, 지성이 모두 동시에 의식된 상태에서 사용될 때 반사적 반응(reaction)이 멈추고 존재 깊은 곳에서 나오는 반응(response)을 경험한다. 완전히 새로운 방법들로 습관을 자각하게 하는 것이 거룩한 춤의 뜻이다. 즉, 평소 생활에서는 거의 찾아볼 수 없을 정도로 극히 부자연스럽고 반(反)습관적인 동작으로 몸을 움직임으로써 잘못된 습관의 관성을 단절시키는 것이 구르지예프의 춤이다. 예를 들면, 두 눈을 머리가 돌아가는 반대방향으로 돌리게 하거나, 오른팔과 오른쪽 다리가 동시에 움직이도록 하여 일상적인 신체표현의 습관과 대치시킴으로써 새로운 표현 방식의 가능성을 열어 준다. 이는 습관의 관성, 그 악순환을 끊어버리기 위해서다.

이 춤을 통해 전혀 새로운 감각, 새로운 주의(attention) 집중, 새로운 방향으로의 사고가 넓어진다. 매우 절제되어 있으면서도 끝없이 느슨하게 원을 그리며 돌면서, "나는 존재입니다." 혹은 "어머니여, 아버지여, 자매여, 형제여, 친구여."를 계속 반복하여 말한다. 동작 도중에 "stop!" 소리를 들으면 순간 모든 동작을 멈춘다. 그 움직이는 동안에 또 습관적으로 어떤 생각이나 느낌을 유지할 수 있는 가능성을 깨우쳐 줘서 의식의 변형을 이루게 한다. 이 동작을 반복하다 보면 어느 순간엔가 육체에 대해 완전히 잊어버리고 몸과 마음 안에 아무런 저항이 없는 자연스러운 경지에 이르게 된다. 이 작업을 개인적으로 하지 않고 집단적으로 한다는 데 거룩한 춤의 뜻이 있다. 몸을 움직이는 나, 그리고 함께 움직이는 대상인 너를 처음에는 따로 떼어서 의식하다가 나중에는 나도 너도 없는 어떤 지점, 그러면서도 연결되어 있는 존재로서의 자각이 일어난다. 에니어그램 도형을 큰 강당에 그려 놓고 그 위에서 춤을 춘다고 상상해 보라. 동그란 원 밖에서 추는 몸짓, 삼각형의 마지막 지점에 도달할 때의 몸짓, 심리적 압박을 받았을 때의 화살표 이동을 상징하는 춤, 심리적으로 자유로울 때 화살표 반대 움직임을 나타내는 춤 등을 통해 도형 안에서 춤을 추게 한 구르지예프의 의도를 충분히 이해할 수 있을 것이다. 말로 표현할 수 없는 의식의 깨어남, 알아차림(aha experience), 그리고 내면적 확장이 일어난다.

무질서한 집

구르지예프는 성격이란 자신을 유지하기 위해 중심 에너지를 사용하는 인공적인 구조물이라고 보았다. '무질서한 집'이라고 불리는 이 구조물은 중심의 불균형을 기본적으로 내포하고 있으며 도형을 통해 중심의 불균형을 보완한다. 어떤 하나의 중심은 다른 하나, 또는 두 개의 중심과 균형을 상실하거나, 그 자체와 불균형을 이루고 있다. 자기 유형에서 본능, 감정, 사고 중 어떤 중심 에너지가 취약한지 그 불균형의 지점을 보완하는 작업이 바로 에니어그램이 우리에게 가르쳐주는 것이다. 자기 유형에서 문제되는 것은 취약 에너지가 억눌려 있거나 부족하거나 꺼져 있어서가 아니다. 분리되어 있거나 격리되어 있어서 다른 기능들과의 교류가 부족하기 때문이다. 그것은 다른 것들과 동조하지 않고 조화되지 않는 것을 말한다. 이것을 알아차리는 방법은, 자기 유형의 양쪽 날개를 확인하고 본능, 감정, 사고 중 어떤 중심 에너지가 자기에게 없는지 확인하면 된다. 어느 유형이건 완벽하게 이 세 중심 에너지를 쓰고 있지 않아서 불균형적임을 전제하고, 다음 유형들을 살펴보기 바란다([그림 2-1] 참조).

 1번 유형의 날개는 9번(본능) 유형과 2번(감정) 유형이다. 무엇이 취약해서 불균형적인가? 사고 에너지가 부족하다. 1번 유형을 흔히 이성적인 사고자로 생각하기 쉬운데 1번 유형의 생각은 모두 삶에 대한 강한 원칙과 신념이고 1번 유형의 규율은 본능 중심의

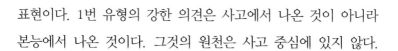

표현이다. 1번 유형의 강한 의견은 사고에서 나온 것이 아니라 본능에서 나온 것이다. 그것의 원천은 사고 중심에 있지 않다.

2번 유형의 날개는 1번(본능) 유형과 3번(감정) 유형이다. 2번 유형은 다른 사람을 위해 어떠한 것을 함으로써, 사랑의 감정을 행동으로 너무 빨리 나타냄으로 자신의 취약을 보충하려 한다. 2번 유형은 자신의 감정을 느끼는 대신 자신의 감정을 행동으로 옮겨버린다. 2번 유형이 사고 중심 에너지와 거의 연결되어 있지 않기 때문이다. 사고 중심은 2번 유형으로 하여금 평온한 마음의 내적인 지도를 개발하게 하는 것과 관련이 있다. 그래야 균형 잡힌 동정심으로 남을 도울 수 있다.

3번 유형의 날개는 2번 유형(감정)과 4번(감정) 유형이다. 아이러니하게도 양 옆의 똑같은 중심 에너지가 자기의 본성을 가장 가로막는 장애물이다. 즉, 3번 유형은 감정 유형이면서도 가장 감정에 불균형적이라는 말이다. 본능과 사고 사이의 의사소통이 끊겨 있어 마음의 본질적인 특성을 경험하는 데 매우 심각한 문제를 가지고 있다. 3번 유형은 '나는 기능을 수행한다, 고로 존재한다.'는 좌우명처럼 능력 있고 유능하며 명석하지만, 느낌을 가질 여유가 없다고 믿고 있다. 흔히 그들의 부모를 포함한 중요 대상들은 3번 유형이 감정을 배제하고 일을 잘 처리하는 능력을 보였을 때 보상을 해 주었는데, 이로써 강화된 것이다.

4번 유형의 날개는 3번(감정) 유형과 5번(사고) 유형이다. 4번 유형은 어떤 기분에 빠져들고 나면, 그 기분에 계속 젖어 있기 위해 이것저것 생각한다. 근본적인 것이 박탈되었다고 생각하는 4번 유형은 자기의 감정적인 갈망을 채워 주는 방식이라면 어떤 것에도 빠져들기 시작한다. 자신의 느낌과 자신을 동일시하며 사고 중심을 오용하여 무가치한 느낌을 더 강하게 느끼면서 자신을 학대할 수 있다. 자신의 가치와 정체성에 대해 진정한 지각의 기초를 채울 수 있는 방법은 그 결핍감에 '머무는' 자체다. 그것이 4번 유형의 창조성의 원천을 찾는 방법이다.

▨ 5번 유형의 날개는 4번(감정) 유형과 6번(사고) 유형이다. 5번 유형은 지성과 자신을 동일시하여, '나는 생각한다, 고로 나는 존재한다.'라고 생각한다. 5번 유형의 사고에 4번 유형의 날개는 감정적인 에너지를 더해 주고, 그들의 생각을 보다 생생하고 현실감 있게 만든다. 6번 유형 날개 때문에 5번 유형은 이상, 공상 그리고 다른 정신적 행위를 동일시하여 보다 강렬하고 소모적으로 될 수 있다. 5번 유형의 강렬한 내적 세계는 현실보다 우월한 실체가 되어서 자신의 기본적인 육체적인 요구까지 잊어버릴 정도가 된다. 따라서 5번 유형은 실제 생활보다 훨씬 현실감 있는, 그들 스스로가 창조한 가상의 현실 속에서 살기 시작한다. 5번 유형은 본능 중심(행동)을 포함시키는 것을 배움으로써, 자기의 물리적 실체에 보다 기초를 두는 것으로 균형을 이룰 수 있다.

▨ 6번 유형의 날개는 5번(사고) 유형과 7번(사고) 유형이다. 6번 유형은 겉으로 보기에 침착하고 평온한 사람이다. 양쪽 날개가 사고 중심에 있기 때문에 합리적인 사고를 제일 잘할 사람으로 보인다. 사실 6번 유형은 평온한 정신과 접하거나 그들 고유의 내적인 인

도, 지식을 믿는 것에 가장 어려움을 느낀다. 6번 유형은 인도와 지지를 얻기 위해 자기 자신을 외부(외적 권위)에서 본다. 서로 다른 많은 생각, 관념, 상념을 즐기지만 그것들을 삶의 나머지 부분과 통합하거나 균형 잡힌 방식으로 하는 것은 아니다. 6번 유형의 사고가 자기의 경험, 자기의 느낌, 자기의 육체에 기초하고 있지 못하기 때문이다. 그것은 건강하지 않은 경우, 주의(ism)와 사람에 대한 비이성적인 헌신, 또는 그 반대로 그 집단과 개인에 대한 비이성적인 편견으로 나타날 수 있다.

▨ 7번 유형의 날개는 6번(사고) 유형과 8번(본능) 유형이다. 7번 유형은 진정한 인식과 내적 인도가 생길 수 있도록 정신적으로 고요한 상태를 유지하는 능력인 평온한 정신이 현저히 막혀 있다. 이것을 보상하기 위해 본능(행동) 중심 에너지를 사용하는데, 이는 7번 유형의 사고를 자극하고 강화한다. '왜 내가 이렇게 가라앉지? 즉시 뭔가를 해야겠어.' 하면서 튀어 오르기 시작한다. 7번 유형은 극히 활동적이기는 하지만, 무엇을 하든지 간에 그것을 하면서 또 동시에 다른 것을 생각한다. 7번 유형의 주의가 현재 자신의 활동에 향해 있는 경우는 거의 없다. 아무런 관리를 하지 않는다면 7번 유형이 흔히 빠져드는 산만한 특성으로 이어질 수 있다. 7번 유형은 정신의 깊고 고요한 면이 생겨나기를 기다리는 대신 자신의 어떠한 경험을 강화시켜 줄 활동을 기대하며, 자신의 본능을 통한 자기의 사고를 자극하기 위하여 활동에 참여한다. 정신의 깊고 고요함은 감정에 머무름으로 보완될 수 있는 면이다.

▨ 8번 유형의 날개는 7번(사고) 유형과 9번(본능) 유형이다. 8번 유형

은 육체적인 에너지, 활력, 자신의 경험과 반응의 즉시성과 강하게 연관되어 있다. 8번 유형은 충동을 느끼며 그 충동을 따른다. 8번 유형의 본능적인 에너지는 언제나 그에게 행동하도록 하며 그 본성을 숨기기 어렵게 한다. 사고 날개의 영향으로 끊임없이 자기 상황에 대한 전략을 짜며 자신의 본능적인 요구를 끊임없이 생각한다. 건강하지 않을 경우, 에고는 자신의 본능적인 에너지와 너무나 동일시되어 지배와 생존을 향한 냉혹한 추구로 변질된다. 일단 불균형해지면 8번 유형의 느낌은 어두워지고 복수심으로 가득찬다. 8번 유형은 감정 중심에 사고를 집중시킴으로써 비로소 균형을 찾을 수 있다. 기꺼이 사회의 소외된 사람들을 위한 자원봉사자가 되기도 한다.

9번 유형의 날개는 8번(본능) 유형과 1번(본능) 유형이다. 9번 유형은 본능 중심이 행동으로 연결되어야 맞는 데 비해 행동에 가장 어려움이 많은 유형이다. 9번 유형은 주로 휴식을 취하거나 자신의 사고나 느낌에 능동적일 필요가 없는 행동에만 참여한다. 9번 유형은 기계적 절차에 따르고 그의 육체는 단순히 작업한다. 9번 유형은 상당히 창의적일 수 있으나 자기 자신의 본능 에너지에 막혀 있기 때문에 자신을 위해 노력을 추진하거나 지속하는 것을 어려워한다. 자신의 육체에 보다 근거를 두는 것이 9번 유형의 경험과 성취를 보다 진정한 것이 되게 하며 따라서 보다 자긍심을 갖게 한다. 자신의 힘찬 본능 에너지를, 특히 자신의 분노를 인정하면 그는 본질적인 힘과 안정으로 변화한다(Riso, 1990; Hurley & Dobson, 1993).

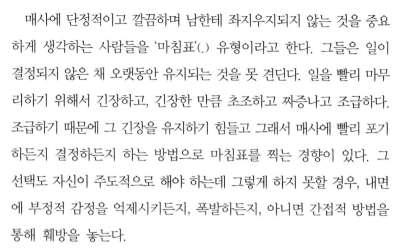

매사에 단정적이고 깔끔하며 남한테 좌지우지되지 않는 것을 중요하게 생각하는 사람들을 '마침표'(.) 유형이라고 한다. 그들은 일이 결정되지 않은 채 오랫동안 유지되는 것을 못 견딘다. 일을 빨리 마무리하기 위해서 긴장하고, 긴장한 만큼 초조하고 짜증나고 조급하다. 조급하기 때문에 그 긴장을 유지하기 힘들고 그래서 매사에 빨리 포기하든지 결정하든지 하는 방법으로 마침표를 찍는 경향이 있다. 그 선택도 자신이 주도적으로 해야 하는데 그렇게 하지 못할 경우, 내면에 부정적 감정을 억제시키든지, 폭발하든지, 아니면 간접적 방법을 통해 훼방을 놓는다.

한편 어떤 일을 할 때 항상 필(feel)이 와야 움직이는 '느낌표'(!) 유형이 있다. 이성적으로 판단해서 득이 되거나 손해가 되거나가 중요한 것이 아니라, 그 일을 뛰어들게 하는 동기가 느낌으로 유발되어야만 하는 유형이다. 문제는, 느낌이 좋으면 어떤 일이나 관계에 지속적이고 헌신적인 태도로 임하겠지만, 느낌이 좋지 않으면 쉽게 포기하거나 남의 의견에 동조해 버린다는 점이다.

항상 묻는 '물음표'(?) 유형도 있다. 무슨 일을 하든지 그 일이 어떻게 귀결될지에 대해 끊임없이 의심하고 물음과 되물음을 계속하는 사람들이다. 스스로 결정해 놓고도 뭔가 잘못한 결정은 아닐까 하며 의심하고, 그래서 안전이 위협받으면 어쩔까 하는 두려움을 떨쳐버릴 수 없다. 이들은 그렇게 결정한 자신을 신뢰할 수 없고, 세상이나 사람들은 더 믿을 수 없어 도대체 무엇을 믿어야 할지 항상 권위를 찾아다녀야만 한다.

마침표 유형에게는 춤출 때 스타카토 음악을 사용해 볼 것을 제안한다. 느낌표 유형에게는 춤출 때 곡선 그리기 몸짓을 안내해 볼 수 있다. 물음표 유형은 춤보다는 바보게임 중 하나인 '왜냐하면 게임 (because game)'이 더 흥미로울 것 같다. 구르지예프는 이런 방식을 통하여 우리의 진정한 자아와 성격은 동일하지 않음을 일깨운다. 자아와 성격 간의 적절한 균형을 회복하게 해 주고 우리의 진정한 본성을 확장하고 구현할 수 있도록 현존감을 느끼게 해 준다. 성격은 자동적이다. 성격은 동일한 문제를 반복하여 발생시킨다. 그러나 성격은 우리가 인식하지 못할 경우에만 자동적이다. 우리가 인식할 때, 즉 성격의 메커니즘을 직접 인식할 때, 과거에 기능한 만큼 더 이상 자동적으로 기능하지 않게 된다. 더구나 성격의 습관과 반응은 우리가 상상할 수 있는 것 이상으로 자신의 에너지를 소모시킨다. 많은 사람들이 자신의 성격 패턴에서 벗어나는 것이 비효율적이고 불가능한 일이라고 믿고 있지만 사실은 그 반대다. 자신으로부터 벗어나서 이완되고 현존하고 깨어 있을 수 있다는 것은 자신에게 엄청난 에너지를 제공해 주고 자신이 더 많은 것을 달성할 수 있게 해 주는 것이다.

다음의 심리치료들은 구르지예프의 후예들이 또 다른 방법으로 에니어그램의 통찰을 위해 활용하고 있는 것들이다. 장의 소화력을 조사하여 원초적 공격성을 토해 내고(본능), 몸을 움직여 불안과 두려움을 달래 주고(감정), 생각을 살펴 세상이 그렇게 적대적이지 않다는 것을 알아 가고 깨달아 가는(사고) 방법 등 치료를 위한 방편으로 활용할 수 있는 것들이다.

2. 본능 인정하기 – 프라이멀 요법

억압과 직면

사람은 누구나 자신의 마음속에 내면 아이(inner child)를 가지고 있다(Berne, 1978; Donovan & Mclntyre, 1990; Capacchione, 1988). 어른이거나 성인인 우리의 마음 안에 아이와 같은 심리기제가 있다는 것이다. 내면에 있는 아이 자아는 어린 시절 체험했던 감정이나 행동을 기억하고 보존하는 부분을 말한다. 이것은 나이에 상관없이 상황에 따라 갑자기 재현되는 행동으로 나타난다. 이 내면 아이는 우리의 '정서적 습관'을 대표적으로 반영한다. 그것은 삶의 태도나 대인관계에 지대한 영향을 미쳐서 긍정적이거나 부정적인 감정을 느끼게 한다. 내면 아이는 두 가지로 세분할 수 있는데, 첫째는 태어나면서 지니는 기쁨, 성냄, 분노, 슬픔 등의 감정을 표현하게 하거나 충동적 행동을 하게 하는 자유로운 아이마음(free child)이고, 둘째는 어린 시절에 부모의 요구나 통제에 따라 행동하거나 선택했던 순응하는 아이마음(adapted child)이다.

내 마음이 자유로운 아이 상태일 때는 다음과 같은 상태를 말한다.

- 어린아이같이 천진난만하다는 얘기를 듣는다.
- 감정을 숨기지 않고 잘 표현하는 편이다.
- 하고 싶은 말이 있으면 서슴지 않고 말한다.
- 다소 제멋대로 하는 경향이 있다.
- 호기심이 많아 이것저것 하고 싶은 게 많다.
- 남이 어떻게 생각하든 내가 싫은 일은 하지 않는다.

▨ 이성보다 직감을 믿는 편이다.

▨ 불쾌한 일이 있어도 곧 잊는다.

▨ 유머와 농담을 잘하는 편이다.

▨ 갖고 싶은 물건을 갖지 못하거나 하고 싶은 일을 못하면 불안해
  한다.

내 마음이 순응하는 아이 상태일 때는 다음과 같은 상태를 말한다.

▨ 불쾌한 일이 있어도 참는다.

▨ 주위 사람들로부터 소극적이란 얘기를 듣는다.

▨ 주위 사람의 안색이나 평가에 많은 신경을 쓴다.

▨ 소심하여 내 자신의 생각을 잘 주장하지 못한다.

▨ 실패했을 때 남의 탓보다는 내 탓으로 돌린다.

▨ 사람들은 제 각각의 운수를 타고난다고 생각한다.

▨ 싫은 것을 싫다고 말하지 않고 참는다.

▨ 자신보다는 남의 일을 우선시하는 편이다.

▨ 남들이 즐거워하는 일을 그다지 즐겁게 느끼지 못한다.

▨ 사람들은 자신의 능력이나 실력 이상으로 출세하는 것 같다.

아이는 부모로부터 사랑받고 보호받는 것이 사명이다. 천진하게
자기의 필요를 요구하고 그것이 만족되지 못했을 때 좌절을 표현하는
것이 자연스러운 모습이다. 아이가 서서히 자라가면서 아이가 원하는
것을 다 들어줄 수 없는 상황들이 생겨나고, 부모는 그것을 교육시키
기 위해 통제를 시작한다. 그 통제가 너무 가혹하면 아이가 받는 좌절
경험도 그만큼 클 것이다. 정도 여하에 따라 아이의 자유로운 부분과

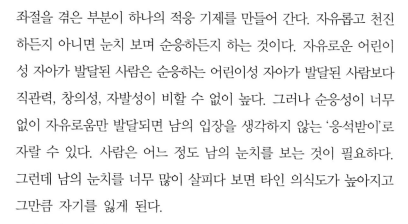

좌절을 겪은 부분이 하나의 적응 기제를 만들어 간다. 자유롭고 천진하든지 아니면 눈치 보며 순응하든지 하는 것이다. 자유로운 어린이성 자아가 발달된 사람은 순응하는 어린이성 자아가 발달된 사람보다 직관력, 창의성, 자발성이 비할 수 없이 높다. 그러나 순응성이 너무 없이 자유로움만 발달되면 남의 입장을 생각하지 않는 '응석받이'로 자랄 수 있다. 사람은 어느 정도 남의 눈치를 보는 것이 필요하다. 그런데 남의 눈치를 너무 많이 살피다 보면 타인 의식도가 높아지고 그만큼 자기를 잃게 된다.

순응하는 어린이는 성인, 주로 부모에게 훈련받고 영향을 받아 형성된 어린이 자아상태다. 자연스러운 어린이 자아상태의 본능적인 충동들이 적응적인 것으로 변용되는 것은 충격적인 경험이나 훈련에 따라서이기도 한데, 대부분은 중요한 권위 인물들의 요구에 맞추려는 것에서 나타난다. 순응하는 어린이는 합리적이든 불합리적이든 간에 부모가 그에게 바라는 대로 행동한다. 그리하여 자신에 대한 부정적인 감정을 억누른다. 순응성은 한 개인이 연장자나 권위적인 인물로부터 어떤 종류의 환심을 사기 위해서 눈치 보는 행동들로 이어진다.

순응 어린이성이 너무 높은 사람이 치루는 대가가 있다. 다음 장(章)에 나오는 그림자(shadow) 기제다. 상황이 어쩔 수 없어 눈치를 보고 말을 잘 듣는 척하지만, 언젠가는 공격하고야 말리라 다짐하면서 그 욕구를 내면 깊숙이 억압하는 것이다. 그 억압된 내면 아이를 '공격하는 어린이성(rebellious child)'이라고 한다. 순응성과 공격성은 반비례 관계다. 눈치 보고 말 잘 듣는 사람은 내면에 그 반대의 모습도 그 정도만큼 같이 가지고 있다.

내 마음이 공격하는 아이 상태일 때는 다음과 같은 상태를 말한다.

- 상대방이 권위적이거나 강압적이면 반발심이 든다.
- 모든 면에서 남에게 지고 싶지 않다.
- 다른 사람들에게 나의 불만을 표현하는 편이다.
- 사소한 것에 화내거나 심통이 난다.
- 억울한 일을 당하면 극복하기 위해 분발한다.
- 기분 나쁜 말을 들으면 곧 기분 나쁜 표현(화)을 한다.
- 실패하든 성공하든 환경(부모, 친구, 남) 탓으로 돌린다.
- 운동이든 공부든 다른 사람과 경쟁한다.
- 나보다 뛰어난 사람을 만나면 은근히 경쟁심이 생긴다.
- 친구 사이에 겉으로 드러내지는 않지만 기분 나쁠 때가 많다.

본능 유형(8, 9, 1번)은 감정을 억제하는 사람들이다. 그런 의미에서 '정서 과다형'이라고 불린다. 본능 유형은 정서가 없는 사람처럼 보이지만 사실은 정서를 오랫동안 억제해 왔던 사람들이다. 그 표현 방식은 한꺼번에 세게 분출되거나(8번 유형), 그 방법이 통하지 않거나 두려워서 '토라짐'으로 표현했거나(1번 유형), 간접적이고 우회적인 방법으로(9번) 표현했을 수 있다. 정서가 내면 깊숙이 통제되어 있을 뿐, 사실은 정서가 너무 많은 것이다. 정서를 표현하면 받아들여지지 않았거나, 무시되었거나, 혼난 경험을 했기 때문에 그 정서를 처리하는 방법으로 내면화를 선택한 것이다. 이들이 자신 안에 억제된 부정적인 감정 자체를 인정할 때 의외로 쉽게 자기 인식의 실마리가 풀린다. 특히 보스 유형인 8번 유형이 자기 안에 있는 어린아이와 잘 만나는 기회를 갖는다면, 그의 본성이고 사명인 '세상 밖 어린이'를 키우는

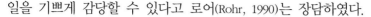

일을 기쁘게 감당할 수 있다고 로어(Rohr, 1990)는 장담하였다.

어떤 계기가 없이 그 내면화의 과정이 긴 세월 동안 이어진다면 심리적으로 어떤 일이 일어날까? 바로 '분노증후군'이라는 이상(abnormal) 심리가 자리잡는다. 우리나라는 체면을 중시하기 때문에 감정을 억제 하는 것을 이상화해 왔지만 큰 대가를 치렀다. 흔히 말하는 '울화병'은 일종의 분노증후군으로, 분노의 억제에 따른 심리적 문제의 결과물이 다. DSM-IV 진단체계에 따르면, 화병은 우울증, 신체화 장애, 불안장 애의 증상이 혼합되어 나타나는 장애다. 화병은 대개 만성적인 경과 를 나타내며 우울감과 분노감이 공존하면서 어느 한쪽이 우세하거나 번갈아 나타나기도 한다. 화병의 진행과정은 대체로 충격기 → 갈등 기 → 체념기 → 증상기로 나누어진다. 화병은 억울함, 분함, 화남, 증오가 대표적인 감정이다. 이것의 유발요인이 오랜 기간 지속되어 정서적 고통을 만성적으로 경험하지만, 이 정서적 고통을 직접적으로 표출하는 것은 사회적으로 용납되지 않는다. 따라서 이러한 감정은 억제되어 '울화'의 형태로 내면화되고 신체화 과정을 통해 신체적 증 상으로 표출된다. 즉, 참기 어려운 생활이나 관계문제 → 정서적 고통 → 내면화(울화) → 신체화 → 화병으로 발전되는 것이다(권석만, 2003). 화병은 어쩌면 관계 사이에서 제 목소리를 낼 수 없었던 무력한 사람이 삶의 고통을 표현하고 전달하는 방식이라고 할 수 있다. 화병 을 지닌 사람은 걱정을 반복하고 자기연민이 강하며 수동적 운명관을 갖고 있는 경우가 많다.

자신의 감정을 스스로 온전히 느끼도록 허락할 때만 우리는 감정이 주는 보물을 얻을 수 있다. 분노는 명료한 깨달음과 힘을 가져다준다. 두려움은 피하지 않고 껴안을 때 변형된다. 외로움은 자기 인식이라는 선물을 가져다주며, 슬픔은 눈물을 흘릴 때 치유와 정화의 선물을 준다. 질투는 진정으로 바라는 것이 무엇인지 인식하게 만들어 준다. 감정은 좋고 나쁨이 없다. 감정은 그저 감정일 뿐이다. 이성적일 필요도 없다. 이해는 대부분 감정을 충분히 경험한 뒤에야 비로소 찾아온다. 만일 감정을 무시하거나 억누르면 감정은 어떻게든 왜곡되고 비뚤어진 형태로 나타난다. 억제적인 사람의 '사산(死産)된 정서'가 다시 살아나면, 특별히 본능 유형들은 훨씬 더 관대한 보스(8번 유형), 평화로운 교사(1번 유형), 열정 있는 중재자(9번 유형)가 될 것이다.

직면 치료(facing therapy)라는 것은, 성인의 마음 안에 있는 내면 아이(inner child)를 피하지 않고 대면하는 심리치료를 말한다. 말이 직면이지 누군들 자기의 아픔이나 상처를 노출하고 대면하는 것이 편안하겠는가? 자연스럽게 저항이나 거부감이 생길 수밖에 없다. 치료 집단에 참여한 동기가 실직이나 관계의 어려움, 우울증, 성폭력, 외도 등 성인이 된 이후에 갖게 된 좌절 경험인데, 주로 어린 시절 이후 억압된 어떤 경험에 대해서만 치료의 실마리로 삼는다면 자연히 불만이 나올 수밖에 없다. 어린 시절에 관한 이야기들을 되새긴다는 것이 성인이 된 지금 무슨 소용이 있냐고 거부감이 드는 것은 당연한 일이다.

직면 치료에 대해 치료 방식이 뭔가 억지스럽다는 반응이 많다. 각 그룹으로 나뉘어 자기 이야기를 나눌 때 리더는 알게 모르게 참여자들에게 말을 꼭 해야만 하는 것으로 조장한다. 자기 경험을 노출하고 싶지 않거나 남의 이야기만 듣고 싶은 사람이 있을 것이다. 몸동작(body movement)을 안내할 때도 이런 모양, 저런 몸짓, 그리고 힘껏

소리 질러 보기를 동원해서 표출하도록 한다. 성격적으로 조용한 사람인데, 혹은 조용히 생각하는 시간을 갖고 싶어 참여했는데, 마치 철없는 어린아이가 되는 기분이어서 편치 않다고 저항을 보이기도 한다.

참여자의 말이 이 정도니 만약 참여자가 아닌 사람이 밖에서 그 집단치료하는 소리를 듣는다면 어떨까? 밖에서 들어 보는 '치료 작업 소리'는 아닌 게 아니라 이웃에서 가정폭력이 일어난 것만큼이나 소란스럽다. 프로그램의 내용을 모르는 외부인이 밖에서 그저 듣기만 한다면 참여자들의 웃음소리, 울음소리, 히스테릭한 소리, 심지어 싸우는 소리 등을 도저히 이해할 수 없을 것이다. 프로그램의 내용이 바뀔 때마다 틈새는 그야말로 침묵인데, 막상 그룹치료가 시작되었다 하면 아비규환이라는 말이 무색할 정도로 땀을 쏟게 하는 소리들의 절규로 이루어진다. 정말 시끄러운 집단치료다.

프라이멀 요법(Primal Scream Therapy)

억압된 심리기제를 직면하는 집단상담의 특색은 프라이멀 요법이 기본 배경을 이룬다. 프라이멀 치료란 유아기의 고통을 다시 체험하게 하여 억압된 마음으로부터 정신적 평안을 가져다주는 것을 말한다. 이 치료 작업에서의 핵심은 영어 제목에서 드러나는 대로, 소리 지르기(scream)에 있다. 내 마음 안에서 터져 나오는 비명이나 절규, 흐느낌을 통하여 원초적 고통을 다시 체험시키고 '사산된 정서'에 힘을 실어준다. 겹겹이 쌓여서 억눌리고 은폐된 고통의 층을 한 계단 한 계단 더 깊이 내려가, 고통받던 당시에는 표현할 수 없었던 감정을 실제로 맞닥뜨리게 하는 치료 작업을 한다. 그동안 나를 힘들게 하면서 삶을 무기력하게 했던 어떤 심리기제, 즉 내 마음 안 어린이와의 만남이 소리 지르기를 통해 역동적으로 이루어지는 것이다. 애정이나 인정과 관련된 삶의 주제(실직, 상실, 관계의 파탄 등) 때문에 우울할 수밖에 없는 나, 그러나 가슴 깊은 곳에 무언가 꿈틀거리며 살고 싶어 하는 나, 그 내면의 고통을 외부로 드러내는 시도를 하면서 '현실적이 되는' 것이 프라이멀 치료의 진수다. 그렇다면 심리적 역동을 일으키는 내면 소리가 따로 있다는 말인가? 그리고 그것은 어떤 소리인가?

프라이멀 치료자 야노프(Arthur Yanov, 1973, 1982)는 심리치료를 받기 위해 온 내담자들의 이야기 속에서 어떤 공통점을 발견하였다. 이야기의 주제는 달라도 그 말들 속에는 다음과 같은 갈등이 비슷하게 표출된다는 것이다. 즉, "내 삶은 미궁 속에 빠진 것 같아요." "어디서부터 방향을 틀어야 할지 모르겠어요." "뭔가 날 못 나가게 막고 있어요." "뭔가가 근본적으로 결핍되어 있는 걸 느껴요." "어디서부터 시작해야 할지 모르겠어요." "피가 거꾸로 몰리는 기분 알아요?" "온몸이 조여드는 것 같은 답답함을 느껴요." "어찌할 바를 모르겠어요."라는 표현을 하는 것이다. 그리고 '눌리고, 끌려 다니고, 잡아당기고, 가라앉고, 미는 것과 같은' 단어를 빈번하게 사용하고, '그래서 심장이 뛰고, 머리가 아프고, 배가 아프고, 가슴이 두근거리고, 갈피를 못 잡겠다고' 말한다. 야노프는 어떤 사람이, 어떤 연령대에 이런 말을 많이 하는지 탐색해 보았고, 바로 엄마 뱃속에 있는 태아가 그렇겠다는 것을 발견하였다. 아이가 엄마 자궁으로부터 나오는 모습을 상상해 보라. 원래 있었던 자리에서부터 한 바퀴를 돌아 나와야 하는 아이가 어떤 마음을 갖고 어떤 움직임을 하겠는가? 모르긴 몰라도 위의 내담자들이 하는 말을 그대로 할 것이다!

야노프는 원래의 기억을 토해 내는 것, 즉 고통의 억압 대신에 올바른 채널을 찾기 위해 몸부림치는 태아의 출생 과정과 같이 우리의 내면 아이(inner child)도 분출구가 필요하다는 것을 알아냈다. 어떤 주제이든 간에 그 문제의 실마리를 찾아내기 위해서는 어린 시절 이후로 내면에 축적된 고통을 '느껴 내는' 일이 치료의 단초가 됨을 통찰한 것이다. 억압이나 억제는 결코 유익하지도 가능하지도 않는 심리기제일 뿐이다. 심리적으로 억압되어 있는 사람에게 최악의 고통은 무엇인가? 중요 대상이(부모, 형제자매, 친구) 내가 원하는 만큼 나를 원하지 않았다는 것을 깨닫는 고통이다. 그런데 이런 사랑과 인정의 결핍은 그저 말해 보기보다 느껴 봐야 한다. 심장이 뛰고, 머리가 지끈거리고, 목이 울컥거리고, 배가 아픈 것 같은 그 느낌을 고스란히 생생하게 느껴 내는 것이다. 그것은 마치 긴 시간 등반을 마친 뒤 신발과 양말을 벗고 처음으로 자기 피부를 느끼는 것과 같다. 오랫동안 하고 싶었던, 그러나 억압시켜야만 했던 이야기를 반복적인 소리(흐느낌, 히스테릭한 소리, 아우성 등)로 표출하는 작업은 고통을 외부로 드러내는 행위이며 그 자체로 고통스러운 것이다. 그러나 그렇게 함으로써 억압의 에너지가 풀리고 고통의 무게도 한결 가벼워지면서 심리적 안정감을 찾게 된다. 야노프는 우리에게 "고통을 많이 느끼면 느낄수록 그만큼 고통을 적게 겪는다."고 일깨운다.

직면 이후

내 안의 갈망(desire)과 만난다는 말은, '나는 존재 자체로 사랑받고 싶다, 중요한 사람으로 인정받고 싶다.'에 접촉되는 영적 순간을 말한다. 어쩔 수 없는 현실을 받아들이면서도 영적으로 내면이 평화로워지는, 그래서 자신에게 겸손해지는 그런 순간이다. 상황이 어떠하든 사람들이 상습적으로 갖고 있는 부정적인 감정, 즉 라켓 감정들(racket feelings)이 해소되는 때다. 라켓 감정은 어렵거나 비현실적인 상황에 대응하여 우리가 어린 시절부터 학습한 감정이다. 즉, 받아들여질 수 없는 감정에 대한 초기의 대체물일 뿐이다. 프라이멀 치료를 통해 일단 감정을 다 터뜨리고 나면 '나도 OK이고 너도 OK다.'라는 태도의 변화가 생기기 시작한다. 나에 대해, 대상에 대해, 세상에 대해 비난하기 보다는 자기의 에너지를 문제해결과 생산적인 변화에 집중할 수 있게 된다(Jongeward & Scott, 1997). 치료를 위해 오는 내담자의 마음에는 아직 이름이 붙여지지 않은 많은 감정들이 숨어 있다. 실직의 고통을 겪은 가장은 직장을 잃었다는 그 자체보다 그 일 때문에 자신의 존재 가치가 떨어져 나가는 것에 대한 두려움과 싸운다. 남자 친구를 잃은 여성은 여성으로서 자신의 매력에 대해 회의적이 되고 그 때문에 무기력해진다. 어린 시절에 당한 정신적 충격, 부모로부터의 충분치 못한 사랑, 애정을 받고 싶었던 중요 대상으로부터의 거절을 경험한 사람들은 성인이 되어서도 이런 부정적 사건을 겪으면 어느새 내면에 있는 자기 존재에 대한 심상(心像)을 작동시킨다. 그러면서 '나는 어떻게 할 수가 없어. 어디서부터 관계를 시작해야 할지 모르겠어. 이 미궁으로부터 빠져나갈 수가 없어. 난 결코 빠져나가지 못할 거야!' 하면서 자책하고 원망하며 무기력에 빠져든다. 마치 때가 되었는데도 아직 나갈 준비를 못하는 태아처럼 말이다. 억압이 어린 시절 부모와 관련 있다고 해서 꼭 별거나 부재를 의미하는 것은 아니다. 함께 살지만 나에게 중요한 존재라는 자기가치감을 심어 주지 않은 많은 중산층 가족도 마찬가지다. 프라이멀 요법은 무의식 속에 숨어 있는 감정에 이름 붙여 줌으로써 의식화시키는 내면작업이다.

오랫동안 밀폐되어 죽어 있던 정서가 다시 살아나면 어떤 일이 벌어질까? 비틀즈(The Beatles) 멤버인 존 레논(John Lennon)은 직접 프라이멀 치료를 받은 가수다. 그의 유명한 노래 '어머니'는 유년기 고통의 결산이며 '소리 지르기' 치료 이후 만든 창작품이다. 둔중한 교회 종소리로 시작되는 이 노래는 그동안 억눌러 왔던 부모에 대한 원망이 음산할 정도로 처절하게 표현되어 있다. 자기를 버린 부모에 대해 "엄마, 가지 마요! 아빠, 제발 돌아와요!"를 거의 열 번이나 반복하며 절규하는 이 노래는, 그동안 몽상가로서의 존의 모습이 아닌, 그냥 존일 뿐인 자기 자신을 받아들이고 평화롭게 누리는 성숙한 존이다. 치료 이후, 고립되어 우울과 분노의 세월을 살았던 그는 자기 감정에 진실해지고 그것을 진솔하게 표현하는 창조적인 예술가로 다시 살아갈 수 있게 되었다. 그의 진실은 사랑과 평화뿐만 아니라 비참과 분노도 포함한다. 억압되어 있던 정서와의 깊은 해후는 이처럼 인생에 대한 수용적인 태도와 그에 따른 창의적인 생산으로 귀결된다. 야노프 박사가 내담자들에게 '어머니' 노래를 들어 보라고 권하는 이유가 있다. 흐느껴 보지 않고는, 소리 질러 보지 않고는, 절규해 보지 않고는 내가 얼마나 아픈지 나 자신도 알아차릴 수 없다는 뜻이다. 일단 소리 질러 보라. 어색하더라도 부르고 싶은 이름을 세게 불러 보라. 울부짖어 보라. 치료의 반이 이미 시작되었다.

3. 감정 표현하기 - 춤 테라피

지금 여기(here and now)

상담을 하는 사람이라면 누구나 '지금 여기'라는 말을 수도 없이 듣는다. 그런데 상담 현장에서 '지금 여기'라는 말을 얼마나 의식하며 쓰고 있는지는 의문이다. 내담자들은 현재 일어난 부정적 사건이 과거에도 일어났으며 앞으로도 그런 방식이 계속 될 거라고 종종 예상한다. 그렇기 때문에 '그때' 어떤 일이 일어났는지 반복적으로 이야기를 하며 미래가 비관적이고 현재 자신은 그것 때문에 불안하다고 말한다. 즉, 과거가 현재에 재현되고 있으며 그러므로 미래는 없다는 것이다.

과거에 붙들리고 미래를 염려하는 내담자의 이야기 속에서 우리는 자아(ego)의 속성을 확인할 수 있다. 자아는 '그때 거기' '그 사람들'과 관계하면서 형성된 것이다. 자아의 또 다른 얼굴인 자의식은 관계성의 부산물이다. 타인이 의식되고, 타인을 의식하고 있는 내가 의식되는 심리기제가 자의식이다. 자아가 강한 사람은 과거 없이는 내가 없다고 믿는 것 같다. 과거를 통해 정체성을 형성하고 성취를 위해 미래를 중시 여기는 사람이다. 기억을 위해서는 과거를 의지하고, 성취를 위해서는 미래를 의지한다. 그것에 집착할수록 현재를 잃어버리는 사람이다. 그런데 삶은 무엇인가? 지금 이 순간일 뿐이다. 지금 내가 무엇을 하는지 온전히 집중하는 일은 자의식이 강할수록 쉽지 않다. 문제의 실마리를 현재에서 찾아야 하는데 과거나 미래에 집착할수록 해결을 위한 의지가 상쇄된다.

그때 일어난 일, 관여했던 사람들, 특히 내가 아닌 다른 사람에 관하여 내담자는 충분히 이야기할 시간을 가져야 할 것이다. 상담자

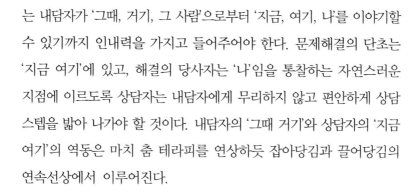

는 내담자가 '그때, 거기, 그 사람'으로부터 '지금, 여기, 나'를 이야기할 수 있기까지 인내력을 가지고 들어주어야 한다. 문제해결의 단초는 '지금 여기'에 있고, 해결의 당사자는 '나'임을 통찰하는 자연스러운 지점에 이르도록 상담자는 내담자에게 무리하지 않고 편안하게 상담 스텝을 밟아 나가야 할 것이다. 내담자의 '그때 거기'와 상담자의 '지금 여기'의 역동은 마치 춤 테라피를 연상하듯 잡아당김과 끌어당김의 연속선상에서 이루어진다.

█ 외상과 불안

지금 여기에 대한 통찰을 이끌어 주는 춤 테라피(dance therapy) 치료법이 있다. 춤 테라피는 언어가 아닌 몸의 움직임을 통해 개인의 내면세계를 표출시킴으로 치료의 효과를 높이는 기법이다. 겉으로 표현한 인간의 몸짓의 반응보다는 내면 안에 감춰진 잠재의식을 통해 자기의 주된 감정이나 자기 패배적 관계방식, 그리고 간절한 소망을 알게 해 준다. 춤을 통한 치유성이란 강박적인 생각으로부터 마음을 정리한다는 점, 억압되어 있거나 혼란한 사고로부터 평정된 마음가짐을 갖는다는 점이다. 무엇보다 창의적 에너지를 통해 내면의 깊은 것을 표현시켜 심리치료의 목표인 건강한 자기개념을 갖게 한다.

이야기 상담을 통해 관계 기술을 높이고, 만족스럽지 않은 삶의 스타일을 바꾸며, 또한 가슴 아픈 기억을 극복하기도 하지만, 춤 테라피는 몸을 사용해 몸과 내면과의 부정적인 관계를 회복시키도록 도와준다. 정신-신체적(psycho-physical)이라는 말이 의미하는 그대로 정신적이고 신체적인 수준에서 동시에 나타나는 경험을 깨닫게 하는 것이다. 즉, 육체가 정신을 입고 있고, 정신이 몸을 입고 있는 복잡한 영향을 총체적으로 알아차리게 한다. 춤 테라피를 통해 상처입은 사람은 기능하지 못하는 몸 부분의 긴장을 풀고, 동작의 습관을 바꾸고, 몸의 자연적인 능력을 회복하며 자기에 대한 상(image)을 향상시킨다 (Halprin, 2002; Chodorow, 2003).

특별히 외상(성폭력 같은 치명적 상처)을 입은 사람에게 춤 테라피는 그의 제한되고 억제된 상상, 환상, 심상의 사용을 자극한다. 파도의 강렬한 물살, 야생 동물 같은 공격성, 멀리서 들려오는 새소리 등의 주제를 가지고 춤을 추는 것은 이러한 작업들을 통해 내담자의 방어기제를 이완시키고 자신의 신체적 자율성을 키워 줌으로써, 피해자들에게 가장 빈번하게 나타나는 주제인 수치심, 죄책감, 발달적인 문제, 그리고 최종적으로는 자기 몸의 주인이 되어 상처를 극복하는 일에 직면케 한다. 상처가 많을수록 타인에 대한 피해의식도 많지만, 어떤 결정을 내리는 것에 대해 외적 승인 욕구도 그만큼 강하다. 현재의 나도 불안하지만 미래에 대해서 회의적이기 때문에 더더욱 불안하다. 불안할수록 혼자 있는 것이 어려워지고, 허둥대고, 남의 눈치를 보고, 위축되고, 자신감이 저하된다. 몸 움직임을 평화롭고 자유롭게 하기 위해서는 '허둥대는' 움직임을 차분하게 조율한 다음, 곡선 몸짓과 직선 몸짓, 스타카토 몸짓 등으로 확장시켜 나간다. 그래야 항상 조바심 내며 부산하게 움직였던 몸 움직임을 차분하면서도 맺고 끊음이 있는 절제된 움직임으로 키워 나갈 수 있다.

내면 역동과 몸

춤을 출 때 개인의 고유함이나 독특함을 통해 그 내면 세계가 어떠한지를 이해하는 것도 중요하지만, 무엇보다 끊임없이 다른 모습으로 나타나는 몸 동작과 강약을 통해 몸 움직임을 변화시켜 나가는 그 흐름(flow)을 놓쳐서는 안 된다. 개인 동작의 크기와 강도, 공간적 경로, 역동 면에서의 지속적인 느림이나 행동의 주기 등이 나타나기 때문이다. 즉, 빠른 몸짓, 머리를 흔들거나 발바닥을 치는 동작, 강조해야 할 것의 드러남, 공간을 활용하는 일, 방향을 갖는 일 등은 춤의 내용과 상관없이 드러난다. 춤의 역동적 색채는 그 부드러움과 강함, 혹은 직선과 곡선의 몸짓에 따라 어떤 가치가 주어지는 것이 아니라, 그 모든 것이 적절하게 창의적으로 자기 내면을 표현함을 의미한다. 이처럼 몸 표현의 변화 과정에 숨어 있는 내면 세계의 역동성 파악이 치료를 위한 단초가 된다.

춤 테라피에 참여한 사람들이 종종 처음에 알아차리는 것은 자기 몸 움직임에 어떤 습관이 있어서 항상 관성적으로 움직인다는 것이다. 이 같은 습관적인 몸 동작은 더 풍성할 수 있는 여러 형태의 몸 동작을 방해한다는 것도 깨닫는다. 자기가 어떻게 규칙적으로 반복하여 몸놀림을 하는지 알아차리는 것은 몸의 쓰임을 더 화려하게 혹은 다양하게 표현할 수 있는 가능성을 높인다. 춤출 때 손과 엉덩이만 흔들면 어떤 식으로든 자기표현이 되었다고 느꼈는데, 몸통 부분, 발바닥 부분 등도 의식하면서 그 부분을 약간이라도 활용해 보면, 이때까지 습관적으로 움직였던 것에서 훨씬 더 다양하게 자기표현을 할 수 있다. 혼자 춰 보는 것과, 둘이서 또는 여럿이서 춰 보는 것이 다르듯이 자기 몸의 구석구석을 느끼고 의식하며 춤을 추어 볼 때, 말로 표현한 것 이상의 자기표현이 가능해진다. 자기 몸 구석구석의 움직임을 알아차리는 것이야말로 그 몸속에 있는 내면의 말을 진정으로 듣는 것이고, 이것이 바로 잠재되어 있는 감성을 깨우는 일임을 과정 과정을 넘기면서 통찰하게 된다.

불안은 실존과 관계되는 감정이다. 실존이란 바로 '지금 여기'에 머무는 것을 말한다. '지금 여기' 자기 몸 움직임 속에 있는 열망을 알아차림으로써 외부적 승인이 아닌 자신의 내적 승인을 함양하는 것이 춤 테라피의 목적이다. 어떤 지위(position)나 역할(role)에 붙들리지 않고, 내 안에 어떤 소망이, 어떤 불편함이, 어떻게 살고 싶음이 있는지 미세한 동작에서, 눈치 보는 조심성에서, 팔짱 끼고 남을 구경하는 행동에서, 작은 소리 큰 소리 질러대는 사위 짓에서 한 단계한 단계 높아지고 깊어지는 그런 훈련이다. 춤 치료자는 어떤 기본동작이나 테크닉을 가르쳐주는 강사가 아니라, 춤추는 사람의 삶의 경험에 기반한 상상력을 통해 마음껏 몸의 움직임에 내맡김으로써얻어지는 창의성을 발휘토록 격려해 주는 안내자다. 오직 지금 여기에 날 내맡기고 내 안의 소리들을 정성스럽게 들어보라. 두려움, 떨림, 불안, 걱정, 근심 등의 길고도 피곤한 내적 터널을 지나 마침내는 몸과마음과 정성이 하나가 되는 몸 움직임이 이루어진다. "나는 선택한다.나는 결정할 수 있다. 나는 책임질 수 있다. 내 인생의 주인은 바로나다. 나는 나를 신뢰한다." 등은 춤 테라피에 참여하는 많은 사람들이 외치는 자기 선언이다. 춤은 그렇게 나를 알아차리고, 확장시키며, 성장하게 하는 치료 도구가 된다.

4. 생각 살피기 - 인지 재구성

초기경험과 인지도식

'왜냐하면 게임(Because Game)'이라는 것이 있다. 상담자가 어떤 문장을 주면, 내담자는 그 문장에 대해 왜 그 문장이 자기에게 호소력이 있는지 상담자를 설득시키는 것이다. 예를 들어, 상담자가 '그는 다른 사람을 찾을지도 모른다.' 라는 문장을 주면, 내담자는 왜 그런지에 대해 이유를 설명해야 한다. '나한테 질려서, 그가 바람둥이니까, 내가 뚱뚱하니까, 내가 학력이 짧으니까' 등, 내담자는 그가 자기에게서 떠나려고 하는 나름대로의 타당한 이유를 대야만 한다. 이렇게 말하는 이유 속에는 그렇게 말한 사람의 초기경험, 특별히 유기(버림받음)와 관계된 단서가 잡히는 경우가 종종 있기 때문이다.

'나는 항상 불리한 위치에 있다.'라는 문장이 주어졌다고 가정해 보자. '왜냐하면 나는 부모한테 물려받은 게 없으니까.' '왜냐하면 나는 여자니까.' '왜냐하면 나는 신체적 결함이 있으니까.' 등의 이유를 대서 '그래서 나는 항상 불리하게 느낀다.'라는 등의 대답을 상상해 볼 수 있다. 이 대답에는 어렸을 때부터 '의미 있는 타자(내게 영향을 미친 부모나 형제, 교사, 친구 등)'와의 대상관계 속에서 배운 불신이나 상처 입을 것에 대한 기대가 숨겨져 있다.

이런 게임을 통해서 사람마다 세상을 바라보는, 타인에 대해 생각하는 인지도식이 있다는 것을 알 수 있다. 지각과다 유형(5, 6, 7번)은 자신의 지각 습관을 살필 필요가 있다. 자신, 자신의 환경, 그리고 앞으로 일어날 일들에 대해 부정적인 견해의 왜곡된 방식으로 사건을 해석하는 경향이 있지는 않은지 말이다. 벡(Aaron Beck, 1967)에 따르면, 심상(心像)이 왜곡되어 있는 사람은 부정적인 방식으로 사실을 잘못 해석하고, 어떤 상황의 부정적인 면에만 초점을 두며, 미래에 대해 비관적이고 절망적인 기대를 갖고 있다고 한다. 무엇보다 이들의 특징적인 점은, 귀인(attribution)의 습관이 탄력적이지 않는 점이다. 스트레스 상황에 우울해지면 지각의 과다가 미치는 역기능성을 알 수 있다.

귀인론(attribution theory)

귀인이란 말은 '결과의 원인을 ~에 돌린다.'는 뜻으로, 자신이나 타인이 한 행동의 결과에 대해서 그 원인을 추론하는 과정을 말한다. 내가 어떻게 귀인했느냐에 따라 귀인의 결과는 나의 정서와 행동 결과에 영향을 미친다. 사람들은 대체로 다음 세 가지 방향의 귀인을 한다.

① 내부적-외부적 귀인

내부적 귀인(internal attribution)은 내부적 요인(성격, 능력, 동기 등)에 원인을 돌리는 것이다. 이와는 반대로 외부적 귀인은 행위자의 밖에 있는 요소(환경, 상황, 타인, 우연, 운 등) 탓으로 돌리는 경우를 말한다.

② 안정적-불안정적 귀인

안정적 귀인(stable attribution)은 그 원인이 내부적인 것이든 외부적인 것이든 시간이나 상황에 상관없이 비교적 변함이 없는 원인(성격이나 지적 능력)에 돌리는 경우를 의미한다. 반면 불안정적 귀인은 자주 변화될 수 있는 원인(노력의 정도나 동기)에 돌리는 경우다.

③ 전반적–특수적 귀인(global-specific attribution)

이 차원은 귀인요인이 얼마나 구체적으로 한정되어 있는지의 정도를 의미한다. 예를 들면, 이성에게 거부당한 일에 대해서 성격이라는 내부적–안정적 귀인을 한 경우도 그의 성격 전반에 귀인할 수도 있고 그의 성격 중 성급함이라는 일면에만 구체적으로 귀인할 수도 있다. 수학 과목에서 성적이 나쁘게 나와 자신의 능력 부족에 귀인할 경우, '나는 머리가 나쁘다.'고 일반적인 지적 능력의 열등함에 귀인할 수 있고, '나는 수리능력이 부족하다.'고 구체적인 지적 능력에만 귀인할 수 있다.

자신이나 타인의 행동에 대해서 그 원인을 어떻게 귀인하느냐에 따라 우리의 감정과 행동이 달라진다. 일반적으로 사람들은 자존감을 유지하기 위해서 방어적 귀인(defensive attribution)을 하는 경향이 있다. 즉, 좋은 결과는 자신의 탓으로 돌리고 나쁜 결과는 외부적 요인에 돌리는 경향(상황탓, 남탓, 조상탓)이다. 그러나 우울한 사람들은 이와는 반대의 경향이 나타난다. 우울증에 취약한 사람들은 실패 경험에 대해서 내부적, 안정적, 전반적 귀인을 하는 경향이 있다.

귀인오류와 정신건강

이러한 귀인양식은 우울증의 세 가지 측면과 관련되어 있다. 실패 경험(혹은 부정적 생활사건)에 대한 내부적–외부적 귀인은 자존감 손상과 우울증의 발생에 영향을 미치고, 안정적–불안정적 귀인은 우울증의 만성화 정도와 관련된다. 또한 전반적–특수적 귀인은 우울증의 일반화 정도를 결정한다. 이 세 가지 측면을 자세히 살펴보도록 한다.

실패경험(성적 불량, 사업 실패, 애인과의 결별 등)에 대해서 내부적 귀인(능력 부족, 노력 부족, 성격적 결함 등)을 하면, 자존감에 손상을 입어 우울감이 증진된다. 그러나 같은 실패경험이라도 외부적 귀인(잘못된 시험문제, 전반적 경기 불황, 애인의 변덕스러움 등)을 하면 자존감의 손상이 적다. 즉, 실패한 결과가 자신의 부정적 요인 때문이라고 평가할 경우에만 자기책망을 통해 자존감의 상처를 입어 우울증으로 발전한다는 것이다.

실패경험에 대한 안정적 귀인은 우울증의 만성화와 장기화에 영향을 미친다. 실패경험을 능력 부족이나 성격적 결함과 같은 안정적 요인에 귀인하면, 무기력과 우울감이 장기화될 수 있다. 왜냐하면 능력이나 성격은 쉽게 변화될 수 없는 지속적 요인이므로, 이런 요인에 문제가 있다면 부정적 결과가 지속적으로 발생할 것이라고 기대하기 때문이다. 그러나 실패를 노력 부족 등의 일시적인 불안정적 요인에 귀인하면 일시적으로 무기력해질 수는 있으나 곧 회복될 수 있을 것이다.

실패경험에 대한 전반적-특수적 귀인은 우울증의 일반화에 영향을 미친다. 즉, 실패경험을 전반적 요인(전반적인 능력 부족, 성격 전체의 문제 등)에 귀인하면, 우울증이 전반적인 상황으로 일반화될 수 있다. 예를 들어, 성적불량에 대해서 수학과 관련된 능력에만 문제가 있는 것이 아니라 전반적인 지적 능력의 부족 때문이라고 전반적 귀인을 하면 수학시험뿐만 아니라 모든 과목의 시험에서 무기력한 행동을 보일 것이다. 이처럼 전반적 귀인은 무기력함과 우울증상이 여러 상황에 일반화되어 나타나도록 만든다.

이렇듯 우울한 사람들은 실패경험에 대해서 지나치게 내부적, 안정적, 전반적 귀인을 하는 반면, 성공경험에 대해서는 지나치게 외부적, 불안정적, 특수적 귀인을 하는 경향이 있다. 이러한 귀인방식을 '우울 유발적' 귀인이라고 부른다. 이러한 귀인방식은 비현실적으로 왜곡되어 있다는 점에서 일종의 귀인오류라고 할 수 있다. 우울한 사람들은 부정적인 삶의 경험이나 사건에 대해 습관적으로 그 원인을 스스로에게 돌리는 버릇이 있다. 이런 습관이 굳어질수록 그 사람의 인생 태도는 자율적이지 못하면서 타인에 대해서는 피해의식이 강해 매사에 방어적(defensive)이 된다.

스트레스 상황에서는 굳이 지각과다형(5, 6, 7번)이 아니더라도, 어느 유형이고 우울해질 수 있다. 우울의 특징적인 점은 행동이나 정서 전(前)의 심상, 즉 심리도식의 강박에 있다. 각 유형마다 우울해질 때 그 마음에는 다음과 같은 집착이 일어난다(Brady, 1991; Hurley & Dobson, 1991).

- 1번 유형―나는 모든 일에 완벽해져야 한다.
- 2번 유형―나는 누구에게든 사랑받아야 한다.
- 3번 유형―나는 어떤 목표든 성공해야 한다.
- 4번 유형―나는 독특해져야 한다.
- 5번 유형―나는 매사에 완전히 알아야 한다.
- 6번 유형―나는 매사에 안전해야 한다.
- 7번 유형―나는 매사가 즐겁고 낙천적이어야 한다.
- 8번 유형―나는 모든 것에 강한 존재가 되어야 한다.
- 9번 유형―나는 매사에 평화롭고 갈등이 없어야 한다.

우울증 귀인이론에 비추어 볼 때, 부정적 사건이나 나쁜 결과를 모두 자신의 탓으로만 짊어지려는 지나친 양심적 태도는 정신건강에 좋지 않음을 알 수 있다. 즉, 부정적 결과에 대해서 남 또는 상황의 탓으로 조금은 돌릴 수 있음에도 불구하고, 모든 책임을 자신에게 돌리는 지나친 책임감과 양심기제를 가진 사람이 우울해지기 쉽다는 것이다. 이러한 우울유발적 귀인을 계속하면 즐거움은 줄어들고 괴로움만 많은 삶이 되어 우울증으로 발전될 수 있다. 우울증의 귀인이론은 좋은 일이든 나쁜 일이든 각자의 몫만큼 책임을 지는 공정한 귀인이 바람직함을 보여 준다.

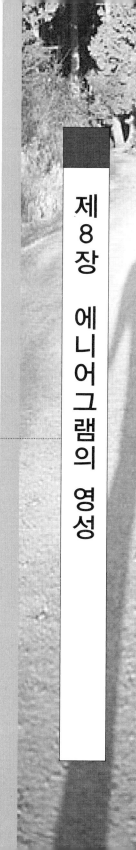

제8장 에니어그램의 영성

제8장

에니어그램의 영성

1. 그림자

아이히만(Adolf Eichmann)은 인간 심리 속에 내재해 있는 그림자 (shadow) 기제 논의 시 반드시 인용되는 인물 중 하나다. 유대인 대량 학살의 주범인 아이히만에 대한 세상의 관심은 지대했다. 독일 패망 이후, 그 많은 유대인을 죽음으로 몰아간 아이히만을 보기 위해 세계 도처에 있는 사람들이 재판과 처형장에 나타났다. 그의 얼굴을 본 사람들은 큰 충격을 받았다. 그는 평상시에 만나는 '우체부 아저씨'의 이미지로 친숙하고 평범한 사람이었기 때문이다. 그 많은 사람들을 가스실로 보낸 얼굴이 저렇게 평범하다니…. 악이 저렇게 평범하다니…. 사람들은 자신도 아이히만이 될 수 있고, 자신 안에도 아이히만이 있을 수 있다는 사실에 대해 경악했다. 아이히만은 자기가 무슨 일을 하고 있는지 전혀 깨닫지 못한 사람이라는 점에서 악의 평범성을 시사한다. 평범성을 일상성이라는 의미로, 즉 '엄청나게 충격적인 일이 일상적일 정도로 자주 일어나서 그만 당연하게 느껴지는 것'으로 해석하는 것에 대해 아렌트(Hannah Arendt, 2006)는 위험성을 경고한다. 여기에서 평범성이란, 악이 평범한 모습을 하고 있어 우리가 쉽게 접할 수 있는 근원에서 나온다는 의미를 갖고 있다. 악은 멀리 있지 않으며, 또한 특별한 어떤 사람이 아닌 내 이웃과도 같이 우리 삶 속에 가까이 있다.

종교 개혁자 루터는 "우리는 여전히 우리 몸에 많은 연약함과 죄를 지니고 있다. 우리는 육과 더불어 싸워야 하기 때문에 세례 후에도 여전히 악한 욕망을 느낀다."고 한탄하였다. 루터는 흥미롭게도 자기 의로움이 강한 1번 유형이고, 사람들에게 선과 의와 도덕성을 주장하였지만 그런 만큼 좌절도 많은 사람이다. 자기 안에 있는 그림자, 즉 내면 깊이 잠재해 있는 어두운 부분에 대해 인정하지 않을 수 없기 때문이다. 신앙인이거나 도덕성 기제가 높은 사람들은 자기 종교나 이상적인 삶에 헌신하기는 하지만, 그럼에도 불구하고 마음속에 악하고 용납할 수 없는 부적절한 경향이 여전히 남아 있다는 사실을 승인하지 않으려 한다. 그리고 그러한 경향이 자기의 참된 일부분인 것을 용납할 수 없기 때문에, 그들은 여전히 두려움을 느끼며 좌절한다. 전체적이며 통합된 인격 형성은 사람의 어두운 부분, 곧 그림자와의 의식적인 협력을 통해 한 인격체 안에서 온전히 이루어진다.

페르소나와 그림자

자아는 가장 큰 심리적 적응기관으로 전체 인격의 배후에서 활동하는 힘이다. 따라서 자아는 평생 동안 주어진 상황에서 최선을 다해 적응해야 하는 책무를 지닌다. 자아는 삶으로부터 자체적 실현을 추구하는 자체의 기능을 가지고 있다. 자아의 목표는 전체성, 곧 통합이다. 우리가 사회에 적응하는 방식은 페르소나(persona)라는 인격의 한 측면에 의존한다. 페르소나는 우리가 외부 세계에 보이고 싶어 하는 자아의 측면을 뜻한다. 사회적 적응과 성공은 그 페르소나의 속성에 달려 있다. 자신의 페르소나가 올바르고 참된 에고의 속성을 반영하면서도 새로운 상황에 쉽게 적응한다면, 그 사람은 주변 세계에 적응할 수 있고 변화에 대처할 수 있다. 문제는 여러 가지 이유 때문에 어울리지 않는 페르소나를 채택할 때 일어난다. 원래 페르소나는 부모, 교사, 매체, 세상 등 주변 상황의 변화와 기대로부터 생겨난 것이다. 아이는 어떤 행동이 바람직하고 어떤 행동이 그렇지 못한지 쉽게 깨우친다. 바람직한 습관은 페르소나의 일부가 되며, 사회적으로 수용할 수 없는 행동은 억압되어 무의식 속에 깊숙이 감춰진다.

외부 세계와 관계 맺는 인간심리의 구조가 바로 페르소나다. 우리는 사회가 우리에게 요구하는 것과 타협을 하는데, 이 타협의 결과가 곧 우리의 페르소나인 것이다. 자신의 참된 감정을 누른 채 용납받을 만한 역할만 함으로써 만들어진 모습이다. 페르소나가 자아와 외부 세계 사이에 있으면서 자아를 외부 세계와 관계 맺게 한다면, 그림자는 자아와 내부 세계 사이에 있으면서 자아를 내부 세계와 관계 맺도록 한다. 그리고 그것은 본성에서 페르소나의 밝은 부분과는 반대되는 자리에 있다. 그림자는 우리에 대해 다른 사람이 결코 알기를 원치 않는 우리 내부의 모든 것이다. 따라서 우리는 억압과 거부를 통해 편리하게 '잊어버리는' 것이다. 이 억압과 거부는 성인이 되는 과정에서 여러 가지 명령(shoulds, oughts, musts)에 따라 발생하며, 성격발달에 중요한 역할을 한다. 페르소나의 검열을 통과하지 못한 수많은 기질과 역동성을 우리는 그림자 안에 잘 간직하고 있다.

그림자는 무의식의 이미지다. 자아는 자신이 어떤 그림자를 가지고 있는지 모른다. 자아에게는 보이지 않는 무의식의 그늘에 속하는 인격이기 때문이다. 그림자는 오히려 자아의식으로서는 결코 있을 수 없는 면이고, 가장 싫어하기 때문에 정반대로 그렇게 되지 않으려고 노력해 온 바로 그 부분이다. 그림자의 크기나 강도는 사람에 따라 다를 수 있으나 대체적으로 그 사람이 자라면서 해 온 체험과 관련이 있다. 환경이 넓고 개방적일수록 그림자는 작아지고, 환경이 좁고 폐쇄적일수록 그림자는 더 커진다. 넓고 허용적인, 개방적이며 동정심이 있고 비율법적인, 그러면서 타당성 있게 제한을 둔 조직체와 같은 환경에서 자란 사람들에게는 억압과 금지의 소지가 많지 않다. 그렇기 때문에 자연히 그림자가 많이 쌓이지 않을 것이다. 그들은 가정의 원칙이나 사회의 관습과 가치들을 배우면서도 비교적 자유롭게 자기 자신이 되며, 나아가 사회에 필요한 예의범절의 매개들을 기꺼이 받아들일 수 있다. 감정 표현을 허용하는 가정에서는 감정을 억압할 필요가 없다. 반대로 억압적인 환경, 즉 좁고 명령적이며 폐쇄적이며 율법적이고 긴장감이 있는 환경에서 자란 사람들은 많은 거절과 억압의 명령의 영향을 받는다. 그들의 생각과 말과 행동은 대부분 거부되고 따라서 마음 깊숙이 억압시켜야 한다. 호기심이나 모험 등은 용납되지 않는다. 따라서 호기심이나 모험과 같이 역동적인 것은 그림자

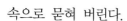

속으로 묻혀 버린다.

원형 그림자

우리는 때때로 너무나 착한 아이가 부모를 살해하는 사건을 목격한다. "그 아이가 그런 일을 하다니 상상도 할 수 없는 일이다. 다른 아이들이라면 몰라도, 설마 아무개가 그런 끔찍한 일을!" 소위 착한 사람이나 의로운 사람은 생각하기를, 자신은 자신의 그림자를 제거했으며 따라서 자신은 오직 이 사회가 원하는 착한 페르소나의 모습으로만 산다고 믿는다. 그러나 바로 이러한 사람이야말로 자신의 내부 깊숙한 곳에 숨어 있는 그림자에게 희생될 가능성이 많다. 예를 들어, 아내의 진정한 역할이란 무엇보다 남편에게 순종하고 남편의 필요를 채워 주는 것이라고 믿어 온 여성이, 억압적인 성장과정 속에서 분노와 자기중심적으로 삶을 형성해 온 남편을 만났다고 하자. 순종적인 아내를 얻는 데 성공한 남편은 더 이상 친절과 사랑의 가면을 쓸 필요가 없다. 아내는 내 욕구를 즉각적으로 만족시켜 줘야 하고, 그렇지 않을 경우는 참을 수 없어 폭언과 폭행도 마다하지 않는다. 아내는 한 번도 자신의 불만, 불행, 분노를 공개적으로 나타내지 않는다. 그러다가 어느 날 남편의 몸에 칼을 들이대고, "맙소사, 내가 무슨 일을 저질렀지?" 한다. 수년 동안 눌러 왔던 그림자가 한순간 튀어나온 것이다. 몇 년 동안 거부되고 억압되어 왔던 실망과 분노, 적대감의 그림자가 그녀의 자제력과 인내심을 짓밟고 마침내 살인으로 치닫게 만든 것이다. 그녀는 한 번도 자신의 그림자에 대해 깊이 생각해 본 적이 없다. 그녀는 단순히 무시하고 억압해 왔을 것이다. 따라서 그림자는 그녀를 무서운 적인 원형 그림자(archetypal shadow)에게 넘긴다.

원형 그림자는 언제나 성공적으로 그녀의 자아를 집어삼켜 왔다. 어느 날 그녀의 자아는 무의식에 압도되고 정복되어 그녀 자아가 그림자를 저항할 힘을 잃고 만다(Miller, 2000; 이부영, 1999).

그림자와 동기

그림자는 항상 의식적이지는 않지만 늘 활동적이다. 그림자의 측면이 우리의 의식과 접촉하면 죄책감, 수치심, 공포, 거부감을 유발한다. 이때 우리는 방어기제를 이용하여 그림자의 고통스러운 감정을 회피하고 다른 사람에게로 투사한다. 변화의 시기에는 특히 그런 경향이 심해진다. 사람이 자기의 그림자를 다루지 않으면 그림자가 그를 다루게 된다. 사람이 화를 내는 것이 죄이고 따라서 용납할 수 없는 것이라고 믿는다면, 그는 그의 분노를 억압하고 분노의 감정을 없는 것처럼 생각해야 할 것이다. 억압된 그림자는 언젠가 거인으로 자란다. "나는 신앙인이기 때문에 원수도 사랑해야 해."라는 말처럼 자기 감정이나 의식을 억압하는 것은 훈련이나 절제보다는 덜 고통스러워 보인다. 그러나 억압은 동기에 대한 명백한 의식이 없이 우리로 하여금 행동하도록 하기 때문에 오히려 더 위험하다. 그림자를 인식하는 것만으로는 문제를 해결할 수 없다. 흔히 "나는 정말로 ~해야만 해." 라든가, "나는 반드시 ~해야 해."라는 말은 그 동기가 밖으로부터 온 것이다. "나는 정말로 ~해야만 해."라고 말할 때는 "나는 정말로 원치 않아."라고 말할 가능성 또한 있다. 외부로부터 어떤 압력을 느끼고 그렇게 말할 때는 부정적이든 긍정적이든 그에 따른 보상이 있게 마련이다. 동기가 밖에서 온 것인지, 내 안에서 발현된 것인지 구분하는 것이 중요하다. 각 유형의 기본적인 동기와 그림자를 살펴보면

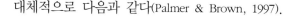

대체적으로 다음과 같다(Palmer & Brown, 1997).

- 1번 유형은 가능한 한 자기의 기준(standard)에 도달하고자 애쓰는 욕구에 따라 동기화되기 때문에 보람 있는 명분을 위해 일하는 것에 끌린다. 이들에게는 규범이나 규칙이 너무나 중요하며 그것들이 지켜지지 않을 때 재빨리 알아차리고 그런 실수를 바로잡으려는 책임을 느낀다. 대체적으로 그 기준이라는 것이 (1번 유형의 생각에) 무시되기 일쑤인 세상에서 초조, 성마름, 조급함, 짜증, 화를 갖지 않을 수 없다. 그러나 윤리적 도덕적인 이들이 어떻게 그런 감정을 표출할 수 있겠는가? 그림자로 남기는 것이다.

- 2번 유형은 돕는 사람으로, 모든 사람에게 최상의 동기부여자가 되기를 바란다. 그런데 주변 사람들이 자신을 수용해 주고 있고, 자신에게 영감을 준다고 느낄 때는 스스로 동기화되지 않는다. 2번 유형은 자신을 타인의 요구에 응하는 사람(shape-shifters)으로 보지만, 긍정적인 인정을 받지 못하거나 관심이 다른 사람에게 향할 때 좌절하고 나약해진다. 투자한 시간과 노력에 비해 얻는 것이 없을 때는 지칠 때까지 과로하고 결국에는 의기소침한다. 원망과 서운함, 의기소침은 그림자로 남는다.

- 3번 유형은 성공의 가시적인 증거(급여, 물질적 지위, 명예 등)가 확실할 때 동기화된다. 그것이 단순한 것일지라도 상승을 의미하는 것이라면 허리띠를 졸라매는 태세로 반응한다. 그런 경우 3번 유형의 행동은 자신 깊은 곳에서 나온 것이라기보다 타인의 눈으로 인정받고자 하는 인간적 욕구에 바탕을 둔 것이다. 업무와 행동

흐름에 집중한 나머지 3번 유형은 자신의 의향이나 주변에 대해서 인식하지 못한다. 감정유형 중심에 있지만, 가장 감정을 알아차리지 못하는 것이다. 감정들은 그림자로 남는다.

▨ 4번 유형은 자기 삶 속에서 좋아하거나 존경하는 사람들로부터 받는 특별한 관심에 따라 동기 유발된다. 그들은 맘이 통하는 사람과 연합함으로써 창조적인 아이디어를 만들어 낼 수 있게 된다. 4번 유형의 생산품의 감수성과 창조적 노력은 대개 일상적이지 않거나 신비로움까지 곁들어 있어서 지속적으로 인정받지 못하는 일이 종종 발생한다. 그러면 실망과 좌절로 깊은 우울에 빠지게 된다. 버림받음, 무가치함, 세상과 멀찍이 떨어져 있고 싶은 마음들이 그림자로 남는다.

▨ 5번 유형은 자신의 정신력으로 사실을 파악하고 만들어 가며 예측할 수 있다는 신념에 따라 동기화되기 때문에 획득한 정보나 자료를 소중히 여긴다. 지식이란 재산과도 같은 것이어서 지적인 부를 늘리기 위해 과도한 욕심을 낸다. 그러다 보니 감각적이거나 정서적인 것들이 그림자로 남고, 사람들과의 상호작용이 원만히 이루어지지 않는다. 5번 유형의 주의와 관심이 개인적인 시간이나 공간을 통제하는 데 완전히 몰두하고 있기 때문이다.

▨ 6번 유형은 둘(공포 순응형/공포 대항형) 다 '당신이 믿을 수 있는 자가 누구인가?'라는 것과 같은 의구심에 따라 동기 유발된다. 흔들리지 않는 확실성의 기반을 찾으면서 충직한 회의론자 6번 유형은 보호적인 권위에 이끌린다. 그렇지만 이것은 전형적인 이중

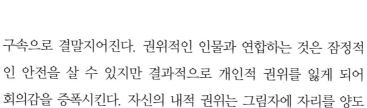

구속으로 결말지어진다. 권위적인 인물과 연합하는 것은 잠정적인 안전을 살 수 있지만 결과적으로 개인적 권위를 잃게 되어 회의감을 증폭시킨다. 자신의 내적 권위는 그림자에 자리를 양도해 버린다.

7번 유형은 모험심을 부추기는 다양성으로 동기화된다. 같은 주제라도 다른 접근법으로 경험하기를 바라며 여러 가지 좋은 아이디어가 서로 연합하고 조화를 이루는 방식에서 즐거움을 느낀다. 그러나 실생활의 현실적인 제약들이 탐색의 자유를 박탈할 때 불안정해지고 회피적이 된다. 자유롭고자 하는 자신의 바람이 자유를 제한하는 현실 세계의 제한과 충돌할 때 상당한 좌절을 느낀다. 그러면서 완전한 실행에 바칠 수 있을 에너지나 내적 동기는 그림자로 숨어 들어가 버린다.

8번 유형은 '모든 헌신을 훌륭한 행동으로 이끌어낼 수 없다면 왜 애를 쓰는가? 성취의 중요함이 없다면 왜 노력을 하는가?'라고 물으면서 지쳐 쓰러져 잠이 들 때까지 일한다. 8번 유형은 '도전성'이 없다면 아주 게을러질 수 있다. 그 힘의 스위치가 켜 있거나 꺼져 있다. 왜냐하면 8번 유형이 자기의 모든 것을 걸지 않는 일이란 해야 할 가치가 없기 때문이다. 모호하거나 여타의 감정들은 그림자로 밀어 넣어 통제해 버린다.

9번 유형은 자신이 아닌 다른 사람들의 의제(agenda)에 동기화되며, 타인의 의제가 야기하는 갈등에 예민하다. 9번 유형은 지나치게 화합에 치우친다. 한 사람이 자기주장을 해서 우뚝 서는 것은 다른 사람들에게 대항하면서 서 있는 것을 의미하기 때문이다. 9번 유형은 갈등이 없는 무풍지대를 추구하기 때문에 종종 자신의 한계를 설정하지 못하며, 미해결 과제에 압도되어 긴장한다. 그 긴장은 그림자로 남는다.

그림자에 대해서 의식한다는 것은 인격의 어두운 면을 현재적이고도 진정한 것으로 인식한다는 것을 말한다. 따라서 자연히 상당한 정도의 저항에 직면할 수밖에 없다. 그림자에 대한 대부분의 반응은 도무지 불쾌하다는 것이다. 거울을 쳐다보면서 얼굴 너머에 있는 미움, 증오, 복수심, 두려움, 불안으로 가득 찬 내 모습을 만난다는 것이 어디 쉬운 일인가? 그런데 사실 그것은 바로 나 자신이며 나 자신의 일부다. 그림자를 용납하고 존재를 인정하라. 그림자의 성질과 의도를 배우라. 그림자의 모호성과 역설 속에서 참고 견디며 건설적으로 사용하라. 무엇보다 그림자를 무의식으로 밀어 넣는 동기를 인식하는 일이 급선무다. 다음의 것을 연습해 보자.

오른쪽과 왼쪽의 두 난(欄)으로 목록을 만들라. 첫 번째 난에는 당신이 스스로와 연결시키는 특성들을 모두 적어라. 이것들은 당신이 동일시하고, 수용할 수 있으며, 자신의 자아 경계선 안쪽에 자리하게 하는 특성들이다. 다음 난에는 첫째 난에서 열거한 특성들의 반대 특성들을 적는다. 이것들은 당신이 수용 불가로 여기며 동일시하기를 원치 않아서 자신의 자아 경계선 바깥에 놓는 대립 자질들이다. 이 특성들은 당신이 억압하면 꿈에 그림자 인물(shadow figure)로 나타날 수 있다. 혹은 이 특성들을 타인에게 투사하여 당신이 타인에게서 싫어하는 특성으로 나타나거나 감탄하는 특성으로 나타날 수 있다.

당신은 스스로의 강점을 약점과 마찬가지로 외부로 투사하거나 버릴 수도 있다.

예를 들어, 첫째 난의 〈나〉에서 당신은 이렇게 적었을지도 모른다. '나는 친절하다.' 둘째 난의 〈나 아님〉에서는 '나는 잔인하다.'라고 적을 것이다. 또는 당신이 생각하기에 친절함과 반대되는 것 중 어떤 것을 적을 것이다. 첫째 난의 〈나〉에서 당신은 이렇게 말했을지도 모른다. '나는 두렵다.' 혹은 '나는 안전을 추구한다.' 둘째 난의 〈나 아님〉에서 '나는 용감하다.' 또는 '나는 모험적이다.'라고 말했을 수도 있다. 또는 당신이 생각하기에 두려움과 안전 추구와 대립하는 것 중 어떤 것이든지 적을 것이다.

둘째 난의 자질 목록으로 되돌아가서 그것들과 동일시해 보거나 재소유해 보라. 예를 들어, 당신은 얼마나 잔인한가? 혹은 용감한가? "나는 아니야."라고 말할 때 처음에 느끼는 반발에 저항하라. 그리고 이 자질들이 위치하거나 지금 현재 나타나는 당신 삶의 영역을 탐색해 보라. 이 자질들은 아직 흘러나오지 못한 에너지와 힘을 대표한다. 만약 당신이 이 자질들을 손에 넣을 수 있다면, 이들은 당신의 패러다임을 상당히 넓혀 주고, 일어나는 상황을 다루는 데 더 많은 방책을 당신에게 부여할 것이다.

만약 〈나 아님〉 난에 있는 어떤 자질과 동일시하는 데 여전히 어려움을 겪고 있다면, 그 자질마다 그에 속한 좋은 점을 생각해 보라. 예를 들어, 잔인하다는 것이 좋은 점은 무엇인가? 또는 잔인하다는 것에 들어 있는 좋은 자질에는 무엇이 있는가? 아마도 이 좋은 자질은 왜곡되어 있을 것이다. 예를 들어, 잔인하다는 데서 발견되는 분노와 위협에는 상당한 힘이 들어 있을 것이다. 만약 이 힘과 에너지가 깨끗하게 흘러나올 수 있다면, 생산적으로 사용할 수 있을 것이다(Wagner, 1996).

별로 덕스럽지 못한 것으로 간주되고 있는 그림자 속의 게으름이나 나태(9번 유형) 역시 건설적으로 변화될 때, 강제성이나 강박관념 등을 누그러뜨리는 선한 역할을 할 수 있다. 분노(1번 유형)와 자만(2번 유형) 같은 바람직하지 못한 성품은 건설적이고 건전한 야망으로 변한다. 항상 다른 사람에게 있는 것을 부러워하는 성품(4번 유형)은 다른 사람의 선을 발견하고 그들을 신뢰하는 성품(6번 유형)으로 변화한다. 느슨한 성품(9번 유형)은 까다로운 성품을 누그러뜨릴 수 있고, 세속적 성품(3번 유형)은 지나치게 고상한 성품을 누그러뜨릴 수 있다. 장난스러운 성품(7번 유형)은 강제성 있는 성품(8번 유형)을 누그러뜨리고, 이기적이고 자아중심적인 성품은 적절히 자아주장을 할 수 있는 성품(5번 유형)으로 누그러질 수 있다. 내가 나의 불완전성을 용납하면 할수록 다른 사람의 불완전성 또한 용납할 수 있다. '나는 옳고 너는 틀리다.' 는 태도에서 '나 역시 때로는 실수한다. 어쩌면 당신이 옳을지 모른다.' 는 태도로 바뀐다. 자신의 그림자를 인정하고 자신의 것으로 소유한 사람은, 그림자의 힘을 자신을 순화하는 데 사용한다.

2. 원형들

아니마/아니무스

융(Carl Jung)은 인간의 깊은 내면세계에 원형들이 존재한다고 보았다(Jung, 1968; Jacobi, 1971). 원형(archetype)이라 함은 집단 무의식

(collective unconsciousness), 신비로운 본질, 에너지 흐름 등과 같이, 인간 내면 깊숙한 곳에 있는 안정적이며 긍정적인 잠재능력을 말한다. 즉, 우리 인류가 몇 세대에 걸쳐 유전적으로 이어받은 본능적 에너지로, 이러한 원형은 우리의 행동, 사고, 느낌, 반응 등의 근간을 이루고 있다. 행동양식의 원형이 실재한다는 것은, 인간이 잘못된 길로 빠지거나 사람들과의 불행한 만남으로 상처를 받으면, 정서장애를 일으키는 사실에서 드러난다. 역으로 이러한 심리적 문제들은 원형이 실제로 존재한다는 것을 의미한다. 즉, 부모의 잘못된 행동과 자신의 원형과의 괴리 때문에 정서장애가 일어나는 것이다. 그러면 인간 안에 어떤 에너지들이 각인되어(imprinted) 있다는 것일까?

융은 인간의 무의식 심층에 아버지와 어머니로부터 물려받은 남성성과 여성성이 동시에 존재한다고 본다. 그러나 사회문화적 환경에 따라 남성은 자신 안에 있는 여성성을 억압하고 여성은 자신 안에 있는 남성성을 억압하면서 성장한다. 자신이 지닌 한 성(性)을 억압할 때 온전함에 이르지 못하고 미성숙한 인간으로 살아가게 된다. 즉, 남성이든 여성이든 자신의 내부에 있는 다른 성의 통합 없이는 심리적인 성숙이나 영적 성숙에 도달할 수 없다. 남성 속에 있는 여성적 요소(아니마)는 남성다움을 고양시키고, 이와 마찬가지로 여성 내부의 남성적 요소(아니무스)는 여성다움을 고양시킨다. 아니마와 아니무스의 존재를 인식하고 자신의 인격 안에 통합하는 과정이 이루어지면, 남성의 경우는 정서생활이 풍부해지고, 사랑하고 관계하는 능력이 확대된다. 여성의 경우는 합리적인 사고와 창조적 힘, 자신감이 증대한다. 융은 중년을 넘어서야 이런 통합이 가능할 것으로 보았다.

중년에 대한 시기적 중요함을 다룬 레빈슨(Daniel Levinson, 1996)의 남성 발달심리에 대해 언급하고 넘어가자. 탈무드에서는 서른 살이 되서야 남성은 비로소 완전한 힘을 가지며 이때야 비로소 자립할 수 있다고 본다. 서른에서 마흔 살까지 남성은 최고의 힘과 정력을 소유하지만, 가장 성숙한 역량에는 도달하지 못한다. 중년기는 대략 마흔에서 예순 살까지 지속되는데, 탈무드에서는 남성의 중요한 발달 시기를 이 시기로 보고 있다. 사십대는 '이해(understanding)'의 시기이며, 오십대는 '상담을 해 주는(counseling)' 시기다. 마흔에서 쉰 살까지는 비록 젊음의 힘과 정력이 다소 감퇴함에도 불구하고, 개인이 자신의 능력과 덕을 최고도로 성취하고 사회에 가장 큰 공헌을 할 수 있는 기간이다. 연장자로서의 충만한 지혜와 위엄은 예순 살에 시작된다. 이 연령대에는 생과 죽음, 개인적 가치의 궁극적인 원천, 자아와의 새로운 관계 속에 들어가며, 그것을 통해서 욕망과 도덕성, 사회와 자아 사이의 오래된 대립을 초월해서 새로운 종류의 영적인 자유를 얻는다. 이제 남성이 성인기를 성숙하게 잘 보내고서야 선물처럼 주어지는 시기, 곧 게부라(Gevurah)의 단계를 만난다. 바로 고령에 얻는 '새로운 힘'의 시기를 말한다. 게부라는 세상에 대해서나 나에 대해서 충분히 수용적이 되고, 더 나아가 나와 관계하는 사람들에게 귀가 열려 상담을 해 주는 중년의 시기를 거치고서야 얻게 되는 영적이고 육체적인 힘을 말한다.

▌ 젠더(gender)의 문제

문제는, 생물학적인 성(sex)이 아닌 사회적 역할기대에 따라 형성된 여성성과 남성성(gendered sexuality)이 서로 가치중립적이지 않은 사회 속에 우리가 살고 있다는 점이다. 수용하고 감성적이고 관계지향적인 능력(여성적인 것)보다 구별하고 논리적이고 인식적인 능력(남성적인 것)에, 더 가치를 두는 사회 말이다. 융이 남성과 여성 모두에게 잠재되어 있다고 주장하는 또 다른 면(아니마/아니무스)을 통합시키려는 노력에는 가치가 전제된 성적(性的) 이해가 아닌 전인적 존재로서의 인간이해가 포함되어 있다.

그레이(John Gray, 2000)는 〈화성남자 금성여자〉 시리즈를 통해 남성성과 여성성에 대한 실제적인 가이드라인을 계속 소개하고 있다. 새로운 책들에서도 남성과 여성에 대한 그레이의 입장은 변함이 없다. 즉, 남성과 여성은 성역할(sex role)에 대해 다른 오리엔테이션을 받았다는 것이다. 그레이에 따르면, 남자는 능률과 효율, 업적을 중시한다. 자기능력을 입증해 보이거나 힘과 기술을 신장시키기 위해 끊임없이 노력한다. 목적을 이루는 능력을 통해 자기 존재를 확인한다. 그리고 성공과 성취를 통하여 충족감을 맛본다. 또한 남성은 사람들이나 느낌보다는 '사물'과 '사실'에 관심이 많다. 이들은 전적으로 혼자 일을 처리했다는 데서 자부심을 느낀다. 자율은 힘과 능률, 능력의 표상이다. 이들은 자기 문제를 스스로 처리하는 게 보통이므로 전문적인 조언이 필요한 경우가 아니면 좀처럼 자기 이야기를 남에게 털어놓지 않는다.

화성남자에 대한 가장 흔한 여성의 불만은 여성의 이야기에 화성남자가 귀를 기울이지 않는다는 것이다. 문제의 핵심은 여자는 공감을 기대하는데, 남자는 그녀가 문제를 해결해 주기를 바란다는 것이다. 남성에게 화성여자에 대한 가장 흔한 불만은 여성이 늘 남성을 변화시키려 한다는 것이다. 한 여자가 남자를 사랑하면 그녀는 그가 조금이라도 나아지게 하는 것이 자기의 일이라고 느끼고, 그의 생활을 개선시키려고 노력하며, 기회가 있을 때마다 그에게 할 일을 알려 주려고 하지만, 남자는 조종당하고 있다고 느낀다. 남자는 도움받기보다는 인정받기를 원하는 것이다.

여자가 자기문제를 이야기할 때 남자가 자꾸만 해결책을 제시하려고 하는 것은 남자들 세계에서의 습관 때문이기도 하다. 여자가 우울한 마음을 털어놓거나 낮에 있었던 속상한 일에 대해 말하면, 남자는 자기에게 전문적인 조언을 구하는 줄로 알고 당장 해결안을 내놓으려 하는 분위기다. 이것이 그가 도움을 주고 사랑을 표현하는 방식이다. 해결책을 제시하여도 (대개는 여성에게 현실성이 없기가 일쑤인) 그녀의 기분이 풀리지 않는다면 그는 자기가 아무 도움도 줄 수 없는 사람이라고 생각하여 더 이상 그녀의 말에 귀 기울이지 않는다. 그냥 그녀와 같은 입장이 되어 진지하게 이야기를 들어 주는 것이 그녀에게 도움이 된다는 걸 그는 꿈에도 이해하지 못한다. 여자가 자기문제를 남에게 들려주는 것이 결코 해결책을 찾기 위함이 아니라는 것을 그는 알지 못하는 것이다.

반면에 남성들은 '고장이 나지 않는 한 고치지 말라.'는 것이 모토인 사람들이다. 여자가 남자를 자꾸 향상시키려고 하면 그는 그녀가 자기를 고치려 한다고 생각한다. 그리고 이는 자기가 고장난 물건으로 취급받고 있다는 의미로 받아들이기도 한다. 대체로 여자는 남자에게 원하지도 않는 조언을 하거나 도와주려고 할 때, 자신의 말이 얼마나 비판적이고 불쾌하게 들릴 수 있는지 잘 모른다. 또 여자는 하루 동안의 자기 기분이 어떠했는지를 그냥 이야기할 뿐인데, 그녀의 남편은 뭔가 도울 생각으로 그 문제들에 대한 해결책을 제시하는 바람에 둘은 서로 피곤하고 지치게 된다.

이렇게 남녀가 다르니, 남성은 여성에게 좀 더 감성적이 되고, 여성은 남성의 인정 욕구를 이해해 주어야 한다는 것이 그레이의 주장이다. 그는 어떻게 남녀가 사회적 기대감을 통해 형성되었는지를 이해시키고, 그에 기반하여 관계를 기술적으로(technically) 개선하자고 한다. 그러나 그의 주장은 자칫 또 다른 성(sex)의 정형화(stereotype)를 낳을 수 있다. 왜냐하면 여전히 성역할(sex role)에 기반하고 있고, 남성의 역할이 더 인정받는 사회 속에서는 남성적 성격이 더 가치 있는 것으로 인식되기 때문이다. 〈화성남자 금성여자〉 식의 사고는 우리가 지금껏 인식해 온 여성성, 남성성에 대하여 좀 더 현실적이고 기술적이 되자고 말한다(McGraw, 2000; Tannen, 1990). 이런 사고방식에는 남편에게 꽃을 받기보다 찹쌀떡을 받는 것이 훨씬 더 이해받고 사랑받고 있다고 느낄 현실적인 여성이 설 자리가 없다. 꽃가게를 지나다 향기가 너무 좋아 잠깐 멈추고 싶은 어느 남성은 남자답지 못하여 부끄러워야 할 일이다. 외적으로 봐도 이미 아니마가 많이 노출되어 있는 감성적인 남성(소위 말해서 여성적으로 보이는 남성), 어렸을 때부터 아니무스가 좌절되지 않고 유지되는 여성(소위 여자답지 못하다는 말을 듣는 여성)은 어떻게 처신해야 한다는 말인가?

에니어그램의 8번 유형은 보통 남성적인 에너지와 동일시된다. 그래서 8번 유형의 여성은 어떤 여성보다 자기 유형에 대해 양가적 감정을 가진다. '양가적'이란 말은 단지 확신하지 못하거나 모호한 감정과는 다르다. 이것은 사람이나 사물을 사랑하면서 동시에 미워할 때 생겨난다. 모순적인 '태도'는 같은 대상에 대한 두 가지 반응이지만, 모호한 '감정'은 대상의 복합성이나 불완전성을 있는 그대로 해석하는 데서 비롯된다. 이 양가감정이 신경증적 갈등을 유발할 수 있다. '공격적'이란 말 자체가 주는 문화적 이해 때문에 어떤 유형보다 8번 유형 여성이 갖는 고민이 있다. 사실 실험에서는, 의식과 자기 검열의 억제 수단이 없는 꿈속에서는 여성도 남성과 같은 정도의 공격성을 경험한다. 물론 그 공격성은 여러 가지 변형을 취하고 있으므로 즉각 알아차리기는 어려울 수도 있다. 여성이 공격성이나 분노를 표출하는 것은 사회적 환경에서 어울린다고 간주되는 기준에 따라 크게 좌우된다. 여성이 공격성을 표출하는 단계에 이르기까지는 쉽지 않지만, 일단 그 문턱을 넘어서면 남성 못지않은 공격성을 보인다는 사실이 밝혀졌다. 다만 여성은 공격이 부적절하다고 생각할 때는 공격성을 억제하는 것이다(Hurley & Dobson, 1993; Starr & Zucker, 2003).

역사적으로 우리는 남자다움을 미덕으로 쳤고 남성은 자신의 정서와 여성성을 억압해야 했다. 최근까지도 여성이 자신의 남성성을 드러내 보이는 것은 사회적으로 금지되어 있었다. 여성성의 상징은 끝도 시작도 없는 원(circle)이었다. 둥근 형태와 곡선은 아름다움의 상징이었다. 그러나 시간이 흐르면서 세상을 보는 새로운 방식이 생겨났다. 원은 숭배의 자리에서 쫓겨났고 직선이 그 자리를 대신했다. 직선에는 끝과 시작, 상하, 우월한 위치와 열등한 위치가 있다. 우리는 남성적, 직선적, 이성적, 합리적인 것이 여성적, 순환적, 직관적, 감정적인 것보다 우월한 대접을 받는 사회에 살고 있다. 융 학파에 따르면, 전쟁은 남성의 공격성이 사랑과 인내의 균형을 통해 조화를 이루지 못한 결과다. 반면에, 여성들 사이에 급속도로 번지고 있는 섭식장애는 우리 사회와 우리 내면에서 여성성과 남성성이 불균형을 이룬 결과다. 우리 내면의 여성성은 진실을 감지하는 현명하고 직관적인 목소리이고, 남성성은 행동을 취하는 부분이다. 음식으로부터 자유로워지

려면 자신의 여성적 측면을 되찾아 남성적 측면과 다시 균형을 이루게
해야 한다(Johnston, 2003).

성역할에 기반한 가치관이 아닌, 다양한 방법으로 '힘'에 대해서
물어보면 어떨까? 남성과 여성을 어떻게 구별하는가, 그 사람의 성품
이 어떠한가, 그 사람이 힘을 어떻게 다루는가, 그리고 자신의 힘을
신뢰하는 것을 어떻게 배웠는가, 왜 힘이 좋은가, 하고 물어보는 것이
다. 남성이든 여성이든 인간 안에 있는 잘못된 여성적 혹은 남성적
성향은 힘에 대한 신뢰가 없는 것에서 비롯된다(Wagner, 1992; Rohr,
1995; Brady, 1991). 우리가 살고 있는 가부장제 사회는 두 성(性) 모두에
게 공정하지 않고 둘 다 왜곡시킨다. 그래서 둘 다 서로를 이해하지
못하여 고통에 빠지게 만든다.

왕 - 전사 - 지혜자 - 연인

우리의 이중적 성문화 때문에, 우리 안에 있는 아니마와 아니무스
원형은 융의 의도와는 상관없는 오해를 낳고 있다. 융은 인간이 중년
기 이후에 그동안 잠재되어 있던 아니마와 아니무스를 발현시켜 통합
적이 될 것이라고 하였다. 한쪽은 금성, 다른 한쪽은 화성으로 보듯
영원히 다른 나라의 사람으로 이해하려고 할 것이 아니라, 이미 우리
안에 내재해 있는 원형을 발현시킬 수 있는 방법을 생각해야 한다는
것이다. 뿐만 아니라 우리 안에는 의식화되지 않은 더 많은 원형들이
잠재되어 있다. 미국에서 남성운동을 일으키고 있는 사람들이 애용하
는 우리 안의 또 다른 원형들인 왕, 전사, 지혜자, 연인의 에너지를
소개한다(Moore & Gillette, 1990; Weber, 1998).

왕(King)

왕의 상징은 지도력과 공급자이며, 그 구체적 기능은 질서 잡기와 풍요와 축복에 있다. 미성숙하거나 제 역할을 못하는 아버지가 있는 가정 혹은 아버지가 없는 결손 가정에서는 왕 에너지가 부족하여 흔히 무질서와 혼란이 지배한다. 현명한 왕은 신하를 인정하고 그들에게 생명력을 준다. 또한 축복을 내려 준다. 축복을 받으면 인간은 심리적으로 고무적인 영향을 받는다. 우리가 자긍심을 느끼거나, 칭찬을 받거나, 축복을 받았을 때, 몸이 실제로 화학반응을 일으키는 것을 보여 주는 연구결과가 있다. 오늘날의 청년은 연장자, 즉 왕 에너지로부터의 축복에 굶주려 있다. 그들이 '철들지 못하는' 이유가 바로 여기 있다. 그들은 축복을 받을 필요가 있고, 축복의 효력은 치유력을 가지고 있으며, 온전하게 만든다. 우리가 가치를 마땅히 인정받고 타고난 재능과 능력에 대해 구체적으로 보상받을 때 이런 일이 일어난다. 왕의 원형은 질서와 이성적이고 합리적인 행동 양태, 분열되지 않은 남성 심리의 자질을 말하며, 혼란한 감정과 무질서한 행동을 안정시킨다. 그리고 안정감과 중심이 잡혀 있다는 것을 말하며, 활력, 생명력, 기쁨, 지속성, 균형을 가져온다. 우리의 내적 질서를 지켜 주고, 삶의 목적과 존재의 일체감과 정체성 등에 대해서 중심이 선 안정감을 준다. 다른 사람들이 약하건, 재능이 있건, 어떤 가치가 있건 간에, 있는 그대로 본다. 그것은 다른 사람들을 영예롭게 하고 고무시키며, 안내하고 육성하며, 자신의 존재를 활짝 펼치도록 한다. 또 시기하지 않으며, 우리와 다른 사람들에 내재된 창조력을 격려하고 상을 내린다. 자기 자신이 왕이며, 안정되어 있기 때문이다.

전사(Warrior)

현대는 전사라는 형태의 남성 에너지를 불편하게 여긴다. 특히 여성이 불편하게 느끼는데, 이 에너지 그림자의 직접적인 희생자가 바로 여성이기 때문이다. 공격성은 전사의 특성 중 하나이지만 단순한 인간적 분노와 동일시하지 말아야 한다. 공격성은 삶에 대한 자세로서 의식을 일깨우고, 기운을 북돋우며, 동기를 유발시킨다. 우리로 하여금 수세에서 벗어나 공세를 취하게 하고, 삶의 과제와 문제점들에 대해 '주저하는' 태도로부터 벗어나게 한다. 선두에 서서, 앞으로 전진하라고, 생명력 에너지를 총동원하여 인생의 전쟁터에 뛰어들라고, 방향은 오직 하나이니 앞으로 전진하라고 충고한다. 전사는 올바른 상황 판단을 하고 적절한 공격성을 취할 수 있다면 이긴다고 본다. 상황에 따라 적절한 공격성이 무엇인지 어떻게 알 수 있는가? 바로 명확한 사고와 분별력을 통해서다. 전사는 항상 경계하고 있고 항상 깨어 있다. 그는 자기의 마음과 몸을 집중하는 방법을 알고 있다. 전사는 자기가 원하는 것이 무엇이며, 그것을 어떻게 취할지를 안다.

그는 전략가이며 모사꾼으로 정신이 항상 명료하다. 그는 상황을 정확하게 평가할 수 있으며, 현실적인 상황(자신의 한계와 능력을 현실적으로 파악)에 자신을 적응시킨다. 전사는 절대적으로 필요한 만큼 이상의 에너지를 낭비하지 않는다. 말도 많이 하지 않는다. 전사는 생이 짧고 인생이 나약하다는 것을 잘 알고 있다. 모든 행위가 의미 있으며 모든 행동을 할 때마다 마치 마지막인 듯 최선을 다한다. 그는 너무 오래 생각하지 않는다. 너무 오래 생각하면 의심이 일고, 의심은 망설임으로, 망설임은 행동의 포기로 이어지기 때문이다. 행동의 포기는 전투에서의 실패로 이어진다. 전사는 우리가 보통 말하는 자의식(self-consciousness)으로부터 자유롭다. 의식보다는 행동하는 것이 제2의 천성이다. 전사는 자신이 성취하고자 하는 것을 위해 기꺼이 수고를 감내한다. 또한 전사 에너지는 소위 개인을 뛰어넘는 헌신이라는 것을 보여 준다. 긍정적 전사 에너지는 파괴될 필요가 있는 것만을 파괴하며, 무언가 새롭고 신선하고 좀 더 영광스러운 것이 나타나게 한다.

지혜자(Magician)

성서 지혜자의 상징인 나단('양심' '주는 자' '선물'이라는 뜻)은 다윗 왕의 카운슬러였으며 예언자였다. 그는 왕을 위해 자문을 하던 일종의 심리치료사였다. 나단은 왕의 언행이 거만하지 않도록 억제시켰으며, 때로는 왕의 실책과 실수에 대해서 서슴없이 의의 비판을 가하기도 하였다. 다윗 왕이 신하의 아내 밧세바와 음행을 저지르고 충직한 용사 우리아를 전쟁터의 최전선으로 보내 죽게 한 것에 대해서 '비유'를 들어 죄의 가증스러움을 드러나게 하였다. 그는 왕의 부정을 꿰뚫어 보고 분별력을 발휘토록 충고와 경고를 서슴지 않았다(삼하 12:1-14). 이처럼 지혜자는 언제 어디서든 악이 선으로 가장하고 있을 때 그것을 직감적으로 알아차린다. 고대의 왕이 감정에 사로잡혀 특정인이나 마을을 벌주고자 할 때, 지혜자는 합리적이고 예리한 논리로 일격을 가하여, 왕의 파괴적인 감정을 풀어 주고, 왕의 양심과 상식을 일깨워 주었다. 설사 그것이 지혜자의 명예와 사회적 위치를 위험에 빠뜨리는 것이라 할지라도 어떤 것이 지혜의 근본인가를 두려움 없이 표현한다.

사람들은 심사숙고와 결정이 필요할 때, 지혜자의 도움을 필요로 한다. 이 에너지는 적응 자아(ego)와 본질적 자아(self)의 축이 형성되도록 도와준다. 이 에너지는 안정성, 중심감, 정서적 평온함을 견고하게 지켜 준다. 어느 나라든 민족적 신화가 있기 마련인데, 그 신화 속에는 자기 민족의 미래와 현재를 넘나들며 사는 방법을 가르쳐 주는 지혜자의 원형이 있다. 지혜자는 항상 자연과 소통한다. 비, 눈, 구름, 바람, 봄, 겨울 등 지금의 때와 앞으로의 때를 과거의 때와 비추어 준비하고 예측한다. 재난과 재해를 예견하며 극복할 방도를 공동체에게 알려 준다. 한쪽으로 치우치지 않도록 이쪽의 극단과 저쪽의 극단을 지양하며 양쪽을 조화롭게 통합으로 이끈다. 융은 인간의 마음에 지혜자의 에너지가 운행할 수 있으려면 발달 단계적으로 중년에 이르러야 한다고 보았다.

연인(Lover)

연인 에너지는 생동감, 살아 있음, 열정이라고 불리는 태초의 원형 에너지다. 외부 환경에 대한 감수성의 에너지로 색, 형태, 소리, 감촉, 냄새를 지각하는 기능이다. 연인의 결합력은 지능의 높고 낮음과는 상관이 없으며 우선 느낌으로 통한다. 연인은 경계선을 알지 못하며 사회적으로 설정된 경계선에서 멈추려 하지 않는다. 연인의 삶은 종종 비인습적이고 그(녀)는 인습에 대항하기 때문에, 결과적으로 삶에서 넓은 의미의 감성과 도덕 사이의 갈등, 사랑과 의무 사이의 갈등을 겪는다. 자기 내부의 강력한 느낌 속에서 내적 세계와 결합하기를 원하며, 타인과의 관계 속에서 외부 세계와 결합하기를 원한다. 습관적인 행동을 잠시 멈추고 장미 냄새를 맡으려고 섰을 때 우리는 연인을 느낀다. 존재 자체로서 느끼고 꾸밈없는 그대로를 느낄 때, 인간의 삶을 지속시키는 존재의 의미를 느낄 때 연인 에너지를 발견한다. 인간관계 속에서 연대감, 생의 환희, 열의, 연민, 동정과 원기를 느끼며, 우리의 삶과 목표와 일, 그에 대한 성취에 대해 낭만적으로 느낀다. 연인을 적절히 접하면, 삶의 의미와 감각을 일깨워 줄 수 있다. 우리 자신과 타인들을 위해 더 나은 세상을 열망케 하는 그 근원이 연인이다. 연인은 이상주의자이며 꿈꾸는 자다.

이 네 원형들은 서로 중복된 부분도 있으나, 이상적일 경우는 상호 보완적이다. 훌륭한 왕은 항상 전사인 동시에 지혜자이고 연인이다. 남성 심리의 원형, 즉 고대 왕들의 자비심, 고대 전사들의 용기와 결단력, 지혜자의 조언과 충고, 연인의 열정이 지금 이 개인주의 시대, 그리고 아버지가 부재한 시대에 필요하다. 오늘 우리 시대의 문제는 아버지가 가정에 존재함에도 불구하고 실재로는 없는 아버지가 되든지, 반(半) 아버지가 되든지, 반(反) 아버지가 되는 현상이다. 그러한 현상은 원형의 반대 측면인 어두운 그림자(shadow)와 관련 있다. 왕의 그림자인 '폭군'에 사로잡힌 아버지는 겉으로는 허세를 부리지만 분노, 무가치함, 나약한 감성으로 주변 사람을 괴롭힌다. 전사의 그림자인 '파괴자'는 부드러운 여성성이 자신을 삼켜 버릴까 봐 겁에 질려 오히려 난폭하게 행동한다. 지혜자의 어두운 그림자는 '영적으로 무감각해지는' 것이다. 자녀에게 전혀 멘토(mentor)나 친구의 역할을 할 수 없는 불안정한 아버지가 그렇다. 연인의 그림자는 인간관계의 경계선 문제로 끊임없이 갈등을 야기하는 '애착하는 남성'에게서 나타난다. 당신 아버지는 물질적으로 정서적으로 잘 공급해 주었는가? 아내와 자녀를 잘 보호하며 희생하였는가?, 당신 인생의 멘토로서 투명한 의사소통을 할 수 있었는가?, 당신에게 친구가 되어 주었는가?

　우리는 흔히 연결성, 친밀감, 관계, 부드러움 등만을 여성적 특질로 간주하는데, 사실은 남성 내면에 각인된 진정한 연인 원형의 에너지가 그것이다. 남성은 어린 시절에 어머니와의 연결을 어떻게 하였는지, 그리고 그것이 자기 성격에 어떻게 영향을 미쳤는지를 아는 것이 필요하다. 그것은 현재 여성과 관계하는 자기 인격을 반성하게 해 준다. 어머니와의 결속, 즉 어머니와의 동일시 고리를 끊지 못한 경우, 다시 말해 어머니와의 관계를 통해 형성된 아니마를 인격에 통합하지 못한 사람은 한평생 아니마에 사로잡혀서 뭇 여성들의 꽁무니를 쫓아다닐 수 있다. 어느 한 여성과도 진정한 사랑의 관계를 맺지 못하고 이 여자 저 여자 품을 전전긍긍하는 사람은 실상 자신의 내부에 존재하는 '그림자 연인' 에너지에 사로잡혀 자신의 아니마를 붙잡기 위해 안간힘을 쓰는 것이다. 원형적 연인의 모습으로 자기가 완성되려면, 자신의 내부에 있는 아니마를 인식하고 인격 속에 통합해야 한다. 그렇지 못할 경우, 그는 한 여성에게 만족하지 못한 색정적인 남성이 되거나, 역으로 여성 혐오증에 걸리거나, 통제하고 지배하는 방식으로만 여성을 만나는 성폭력 가해자가 될 수 있다. 성장 과정에서 아버지의 부재를 경험했기에, 그래서 진정한 남성의 원형 에너지에 접촉해 본 일이 없기 때문에 자신 안의 연인 원형이 희생된 것이다. 성격은 부모와의 직접적인 관계의 산물이기도 하지만, 세대를 걸쳐 내려오는 원형 경험의 산물이기도 하다. 당신은 아름답고, 단호하면서도, 지혜로우며, 다른 이들에게 복을 빌어 주는 그런 존재다.

3. 영성을 위한 세 중심

의미와 영성

카발라 에니어그램에는 유대인의 삶을 엿볼 수 있는 이야기들이 많은데, 특히 지혜에 관련된 수수께끼(riddle)가 많다. 헐리와 답슨의 에니어그램에도 세 중심의 불균형에서 기인하는 행동방식에 대한 수수께끼가 많다(Seidman, 1999; Hurley & Dobson, 1993; Tokayer, 1995). 한 가지 예를 들어 보자. 빈 주머니, 재채기, 사랑의 공통점은 무엇인가? 빈 주머니를 감출 수 있는가? 내 주머니가 아직 비어 있지 않다고 사람들한테 계속 감출 수 있다면 결국에는 무슨 일이 벌어지는가? 아마 신용불량자가 될 것이다. 재채기를 감출 수 있는가? 참아 보려고 잠시 잠깐 애쓰는 상황이 있기는 하지만 생리적으로 가능하지도 않다. 사랑을 감출 수 있다고 말하는 이들이 있다. 누군가를 오랫동안 좋아 했는데 상대는 모른다는 것이다. 사랑을 잘 감추는 사람의 심리 상태 는 건강할까? 스스로에 대한 가치감이나 매력에 대해 보통 부정적이 기 쉽다. 사랑이란 에너지와 같은 것이어서 속성으로 치면 '흐르는' 것이다. 흘러야 할 것이 흐를 수 없다면 어딘가에 고여 있을 것이고 고인 것은 썩기 마련이다. 인간사에는 사랑해서는 안 될 대상을 사랑 하는 일이 종종 있다. 밖으로 흐를 수 없는 사랑이 내 안에 고여 있어 야 하니, 사랑이란 이름으로 마음 아픈 이들이 많은 이유가 바로 이것 에 있다. 답은 '감출 수 없다.'다.

영성이란 무엇인가? 꼭 종교를 가진 사람에게만 관련 있는 것인가? 우리는 인간적 한계와 불가사의를 경험하면서 스스로에게 묻는다. 왜 이렇게 사는 것이 힘든가? 왜 가장 사랑받고 싶은 사람에게 나는

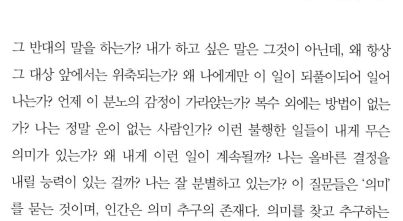

그 반대의 말을 하는가? 내가 하고 싶은 말은 그것이 아닌데, 왜 항상 그 대상 앞에서는 위축되는가? 왜 나에게만 이 일이 되풀이되어 일어나는가? 언제 이 분노의 감정이 가라앉는가? 복수 외에는 방법이 없는가? 나는 정말 운이 없는 사람인가? 이런 불행한 일들이 내게 무슨 의미가 있는가? 왜 내게 이런 일이 계속될까? 나는 올바른 결정을 내릴 능력이 있는 걸까? 나는 잘 분별하고 있는가? 이 질문들은 '의미'를 묻는 것이며, 인간은 의미 추구의 존재다. 의미를 찾고 추구하는 일은 영성과 관계 있다. 그 분별의 영성을 도움 받는 일이 영적 지도 혹은 영성안내(spiritual companionship)다(Conn, 1998; Fitchett, 1993; Rakoczy, 1992).

영적 지도(spiritual direction)

영성 안내자도 상담을 받으러 온 내담자처럼 특유의 유형이 있다. 주기적으로 반복되는 행동방식, 즉 습(習)에 대한 통찰은 영성 안내자가 되기 위한 필수 과정이다. 고질적인 문제 중 성격(기질도 포함)이나 삶을 살아가는 방식(참여적/비참여적, 공격적/수동적)은 거의 변화하기 어렵다는 점이 이미 성격유형을 통한 자기 인식에서 분명하게 드러났다. 영성 안내자는 내담자가 자기 이야기를 구술하는 방식을 통해 행동방식의 패턴을 주지하고, 어떻게 하면 내담자가 그 패턴의 흐름을 건강하게 쓸 수 있을지 안내 혹은 코치해 준다.

내담자 쪽에서 경향성을 살펴본다면, 좀처럼 자기의 깊은 정서 상태를 접하지 못하는 2/3/4번 유형의 사람들은 본능적으로 정서 기능을 통해 삶에 직면하는 8/9/1번 유형의 사람들을 이해하기가 힘들다. 한편, 5/6/7번 유형의 사람들에게 가장 커다란 도전을 제시하는 부류의 사람들은 2/3/4번 유형의 사람들이다. 왜냐하면 2/3/4번 유형의 사람들이 삶에 직면하는 방식인 행동/행위 반응은 5/6/7번 유형 사람들에게 가장 멀게 느껴지는 성향이기 때문이다. 다른 한편, 8/9/1번 유형 사람들은 5/6/7번 유형 사람들을 이해하는 데에 가장 어려움을 느낀다. 왜냐하면 5/6/7번 유형 사람들에게는 본능이 되는 지각 기능이 8/9/1번 유형 사람들에게는 가장 깊숙이 감춰진 기능이기 때문이다. 지도자 쪽에서 경향성을 살펴본다면, 5/6/7번 유형 지도자들은 정확한 정보에 얽매이는 충동적 집착으로부터 자신을 자유롭게 할 수 있어야 한다. 마찬가지로 타 유형의 지도자들 역시 자기를 지나친 집착으로 빠지게 하는 요소로부터 자유로울 수 있어야 한다. 2/3/4번 유형 지도자들은 내담자가 스스로 현실을 체험하기도 전에 그들을 일정한 방향으로 이끄는 것을 삼갈 필요가 있다. 8/9/1번 유형 지도자들은 내담자를 정서적 차원 안에 머물도록 강요하는 것보다, 정서적 체험을 그에 적합한 행동이나 지각 기능으로 직접 통합하도록 이끌어 주어야 한다(Zuercher, 2002).

사람마다 평균 마음 상태와 스트레스 상태는 다르며, 그에 따라 행동방식도 달라진다. 누군가와 갈등상태에 있을 때는 스트레스(stress/distress) 상황에 처해 있는 때다. '관계'를 '나'보다 중요시 여기는 사람에게 공격적이 되어 '맞서 보라'거나, 공격적인 사람에게 사람을 만나지 말고 혼자 '후퇴해 있어 보라'고 충고하는 것은 적절한 안내 방법이 아님은 주지의 사실이다. 사람마다 마음 상태에 따라 역동이 달라지는 것에 대해 영성 안내자의 훈련된 직관이 필요하다. 세 유형은 각자의 특징을 유지하면서도 스트레스 상황에서는 행동방식이 다소 달라진다. 예를 들어, 대개 독립적으로 생각하고 목표를 향해 전진

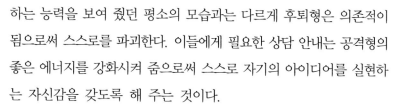

하는 능력을 보여 줬던 평소의 모습과는 다르게 후퇴형은 의존적이 됨으로써 스스로를 파괴한다. 이들에게 필요한 상담 안내는 공격형의 좋은 에너지를 강화시켜 줌으로써 스스로 자기의 아이디어를 실현하는 자신감을 갖도록 해 주는 것이다.

의존형은 스트레스 상황에서 공격형으로 건전치 못한 이동을 한다. 관계를 유지할 때는 그렇게 온화하고 친절했던 사람이 갑자기 비난을 하고 공격할 때가 있다. 바로 친절과 사랑의 본성을 거스르는 싸움에 휘말리는 때다. 이들을 위한 상담은 후퇴형의 건전한 움직임으로 향하게 하는 것이다. 다른 이들과 밀접하게 연관된 생활을 하는 의존적인 사람들은 홀로 있는 시간이 필요하고, 분별력을 키우고 자율성을 강화하기 위한 자기만의 공간을 가질 필요가 있다. 그렇게 하면 그토록 의존하던 사람으로부터 거리를 두고 자기의 진정한 가치에 대해 생각해 볼 기회를 가지게 된다.

공격형은 적극적인 삶과 다른 이의 생활에 대해 지나치게 관여할 수 있는 유형이다. 그런데 이 유형이 스트레스 상황에 보이는 부정적인 방식은 후퇴형처럼 움츠리어 어떤 공간에 장기적으로 체류하는 때다. 공격형의 창조성이 축소될 때, 긍정적으로 사용되어야 할 에너지가 부정적이 된다. 이들을 위한 건전한 움직임은 개인적 차원에서 사랑과 돌봄의 관계를 형성할 수 있는 의존형에게로 나아가는 것이다. 타인과 나는 연관되어 있고, 나는 그들을 필요로 한다는 깨달음은 그들의 자기 억제와 충동적인 공격성이 균형을 이루게 해 준다.

세 중심 축

내담자 혹은 상담자가 어떤 유형이든지 간에, 영적 지도는 영성의 기본 세 축(사랑, 자기주장, 약함)을 중심으로 진행된다(Montgomery, 1995; Keating, 1987). 이 세 가지 축의 가정은 우리가 다른 사람들에 대해 느끼는 기본적인 방법과 우리가 자신을 어떻게 느끼고 있는가 하는 연속성을 대표하는 이미지다. '사랑'은 온정, 부드러움, 배려, 기쁨 등의 감정을 느끼게 하고, 소속감을 맛보게 하며, 두려움과 필요와 꿈을 표현할 수 있게 한다. 사랑은 누군가에게 우리를 마음대로 좌지우지하도록 허용하는 면허장이 아니다. 피학대성은 우리를 너무 하찮게 여긴 나머지 남이 우리를 학대해도 된다고 생각하는 사랑의 왜곡이다. 그러니까 남의 호의를 사기 위해서라면 자신의 존엄성마저 내팽개치는 것이다. 사랑 안에서 성장한다는 것은, '나는 받아들인다. 나는 격려한다. 나는 키워 낸다. 나는 애정 어린 관심을 표현할 수 있다.'는 의미다. 이럴 때 사랑의 축에서 동정심이 자연스럽게 흘러나온다.

'자기주장'은 불안감 없이 자신을 두둔하고, 마음 편하게 자신을 표현하고, 우리가 필요한 것들을 두고 협상하고, 남의 권리를 부정하지 않으면서도 자신의 정당한 권리를 행사하고, 죄책감을 느끼지 않는 상태에서 '안 돼.' 하고 말할 수 있게 해 준다(사람들이 자기주장을, 사람을 책망하는 것, 사람을 열나게 만드는 것, 격분하거나 강요하는 일과 연결한다. 불쾌감을 주거나 공격적으로 자기주장을 하는 것은 사랑과 균형을 이룬 상태에서 나타나는 자기주장과는 다른 아집이다). 예수가 성전의 환전상들과 독선적인 바리새인들과 대항한 것을 기억하라. 자기주장의 축에서 성장한다는 것은 '나는 분명하게 표현하는 사람이다. 나는 도전할 줄 안다. 나는 맞설 수 있다. 나는 다를 수 있다.'고 말하는 것을 의미한다. 용기의 미덕은 자기주장의 축을 건전하게 활용하는 데서 생긴다.

'약함'은 우리 문화에서 가장 비웃음거리가 되는데, 약함은 자부심을 느끼지 못한다든가, 노력해도 늘 실패만 한다는 것과는 다르다. 약함은 우리가 살아가는 동안 자칫하면 상처를 입을 수 있다는 사실을 인정하는 것이다. 또 다른 면은 근심걱정을 인간 존재의 정상적인 일부분으로 받아들이는 것이다. 근심걱정을 피하려는 것이 아니라 다루는 법을 배운다는 의미다. 니버(Reinhold Niehbur)의 기도는 이 점을 잘 말해 준다. "하나님, 바꿀 수 없는 것들은 조용히 받아들이고, 바꿀 수 있는 것들은 용감하게 바꾸며, 둘 사이의 차이를 슬기롭게 구분할 줄 알게 하소서." 약함을 받아들이는 건강한 자세는 '나는 불완전하다. 나는 쉽게 상처받을 수 있다. 나는 도움이 필요하다. 골짜기에도 성장은 있다.'라고 생각하며, 여기서 겸손의 미덕이 나온다.

이 중 하나라도 경시하거나 부인할 경우, 편파적인 인격을 지니게 되고 일방적이 되고 유연성을 잃는다. 그러한 상태는 자아 인식을 왜곡시키며 우리의 주체성을 상실하고, 친교 역량을 감축시키고, 애정 어린 공동체에 참여하는 능력을 위축시킨다. 우리가 인격의 어느 부분에 '집착'을 하면, 즉 지나친 사랑은 지나친 의존을 유발하며, 통제력을 상실한 자기주장은 공격성으로 비화한다. 바람에 나풀거리는 약함은 도피로 악화되고, 우쭐해진 힘은 강압적인 지배로 발전한다. 편파적인 인격 유형을 고집하는 가장 보편적인 이유는 우리가 그런 식으로 자랐다는 데 있다. 많은 여성이 사랑의 축에 지나치게 기울어지는 것은, 자기주장이 위협적이고 숙녀답지 못하고 이기적인 것이라고 배웠기 때문이다. 또한 많은 남성이 자기주장 축에 집착하는 것은, 자신의 부드러운 감정이 발휘되지 못하도록 가로막고 자기주장을 이용하여 밀어붙이도록 가르침받았기 때문이다. 어렸을 때 괴롭힘을 당한 사람들은 흔히 약함 축에 좌초된 채 무력감과 절망감을 떨치지 못하는 수가 많다. 반면에 지나치게 칭찬받고 응석을 부리며 자란 사람들은 자기중심적이고 자기애적이 되어 다른 사람과의 관계를 일방적으로 하기 쉬워서 상처를 입힌다.

이 세 가지가 바로 우리의 영적 안녕(wellbeing) 혹은 우리 존재의 중심축이다. 영성은 사랑으로 두려움을 극복하고, 자기주장은 무기력을 대신하며, 자기존중은 수치심을 몰아내고, 용기는 자기 회의를 제거하게 한다. 그러므로 '사랑'은 인간관계에서 친절과 배려를 낳는 접착제다. '자기주장'은 자신감을 갖게 하고 자기 표현력과 용기를 준다. '약함'은 우리가 지극히 불완전하다는 것을 나타내며 삶에 공감과 겸손을 제공한다. 영성은 분별하는 지혜이며, 에니어그램은 그것을 도와주는 도구로 쓰일 수 있다. 에니어그램 정신은 자신의 에고에 대한 지식적인 인식과 정서적 인정, 마지막은 자유로워지는 행위에 있다. '내가 그런 방식으로 자랐구나.' 하는 사실적 인식, 내가 '어떻게 그럴 수 있었지?' 하고 느낌으로 오는 통찰, '참, 바보같이 살았구나.' 혹은 '참 편협되게 살았구나.' 하는 후회, '다른 방식도 내 삶에 허용해야지.' 하는 의지와 결단, 그래서 가벼워지는 삶, '아하!(aha experience)' 하고 깨달아지는 과정이 반복되면 우리 안에 자연스럽게 분별의 영성이 자리잡게 된다(Rohr & Ebert, 1990; Metz & Burchill, 1987). 영적으로 가장 충만할 때 각 유형의 상태는 다음과 같다.

▨ 1번 유형은 자기가 불완전해도 괜찮다는 것을 받아들일 수 있다. 그리고 자신과 상황을 덜 심각하게 받아들일 수 있으며 좀 더 자연스럽게 우러나오는 대로 행동한다. 더 많이 통제하려고 애쓰는

대신 자기 자신을 풀어 주고 일어날 것은 일어나게 한다. 강물은 저절로 흐르므로 그 흐름에 맞서는 대신 평안하게 그 흐름을 따르며 과정을 신뢰한다. 내면 아이(inner child)에게 필요로 하고 원하는 것을 물어볼 수 있다. 스스로에게 분노의 원인을 질문하고 자신과 타인에 대한 자신의 기대가 실현 불가능하게 높지는 않은지 점검한다. 어느 사이에 평온한 자신을 만난다.

2번 유형은 자신의 필요, 원하는 것, 느낌과 접촉한다. 자신을 위한 시간을 스스로에게 허용하고 홀로 누린다. 그래서 타인의 소원과 필요에 따라 변화하지 않는 일관된 자아를 발달시킨다. 이제 자신을 돌보는 것을 실천한다. 자신을 위해 할 필요가 있는 것을 한다. 다른 사람들은 스스로를 돌보게 함으로써 자신의 필요에 대해 책임을 지게끔 한다. 2번 유형은 이제 자신의 필요를 확실하게 나타내고 발언할 수 있으며, 자신에게 마땅한 몫을 다른 사람들에게 솔직하게 요구할 수 있다.

3번 유형은 이제 정직하다. 역할에 어울린다고 생각되는 느낌을 내보이는 대신에 자신의 진짜 느낌을 발견하고 그에 관해 사실대로 이야기한다. 더 이상 기계적이고 효율적으로, 경쟁적으로 행동하지 않고, 세상이 정해진 대로 잘 돌아가고 있으며 때로는 나 없이도 괜찮다는 사실을 신뢰한다. 사회적 보답이 있는 이미지에 대항하여 진실되고 가치 있는 것을 드러내고 실현하기를 원한다. 자신과 자신의 이미지를 분리할 수 있다.

4번 유형은 이미 독창적이어서 특별해질 필요가 더 이상 없다.

자신의 외부에서 사랑해 줄 대상을 찾는 대신 자신 내부에서 사랑받는 자를 찾고 발견했기 때문이다. 자연스러워지고 즉흥적일 수 있으며 평범과 일상 속에서 특별함을 발견해 낸다. 자신의 독특한 재능을 받아들이고 타인과 자신을 비교하지 않는다. 타인이 지닌 가치를 찾아내고 알아보며 그 가치를 자신 안에서 발견하는 데 활용한다. 지금 여기에 머물며, 행복하기 위해 필요한 모든 것을 바로 지금 가지고 있음을 깨닫는다.

■ 5번 유형은 자신의 개인적인 힘에 접촉한다. 자신의 내면 권위에 접촉하며 믿는 것을 지지한다. '나는 할 수 있다.'고 스스로에게 말할 수 있다. 이제 자신을 투명하게 드러낸다. 눈에 띄지 않도록 애쓰는 대신 자신을 연다. 자신이 알려지고 보이도록 허용한다. 바보처럼 보이는 것, 실수하는 것에 대한 두려움에 도전하는 데 성공한다. 그런 두려움 때문에 자신이 원하는 것을 하지 못하는 데서 벗어난다. 선택하고 행동하기 전에 모든 것을 알 필요가 없다. 이제 머리뿐만 아니라 마음으로 듣는다. 분석할 뿐만 아니라 공감한다.

■ 6번 유형은 그동안 자신의 가장 나쁜 적은 자신이었음을 깨닫는다. 6번 유형은 과거에는 무엇이 잘못될 수 있는지 검토하는 성향이었으며 그 때문에 행동하지 못했다. 이제 자신의 본능, 시각, 내면의 권위를 신뢰한다. 타인의 견해, 특히 권위 있는 사람의 결정에 의존하지 않고 좀 더 자주적이 된다. 외부에서 안정을 찾는 대신 자기 내부에서 안정된다. 자신과 자신의 능력에 대해 현실적인 믿음을 발달시킨다. 자신을 긍정할 수 있다. 자신 내면의 나침반과

욕구를 신뢰한다. 자신이 진정으로 원하는 것이 하나님이 자신에게 원하는 것임을 믿는다.

▨ 7번 유형은 자신과 상황을 심각하게 고려하는 것을 두려워하지 않고, 비록 힘겹더라도 자신이 추락하지 않을 것을 알게 된다. 이제 좀 더 훈련되고 초점 잡힌 상태가 되어 자신의 계획과 프로젝트를 끝까지 잘 수행하고 완성할 수 있다. 환상적이고 추상적인 비전 대신 좀 더 객관적으로 묘사된 시각을 택한다. 고통을 회피하고 합리화하고 승화시키려는 등의 노력 대신 고통과 함께한다. 지금 여기에 머무르고, 미래의 계획을 세우는 대신 지금 하고 있는 것을 마저 한다.

▨ 8번 유형은 이제 진짜 순진무구해진다. 왜 다른 사람들이 당신을 해치고 싶어 하겠는가? 그리고 왜 당신이 누구를 해치고 싶어 하겠는가? 매 순간과 매 상황마다 상처 입거나 이용당할 것을 생각하지 않고 과거의 잘못과 모욕에 대한 기억을 재구성하여 새롭게 나아간다. 자신의 연약한 이면을 다른 사람들과 나눈다. 자신 속의 두려워하는 내면 아이의 존재를 다른 사람들에게 내보임으로써 다른 사람들이 8번 유형을 지지하는 것을 허용한다. 의존하는 것을 두려워하는 대신에, 이제 서로 의지한다.

▨ 9번 유형은 그냥 거기에 있는 것이 아니라 무언가를 한다. 자신의 효율적 자아와 접촉하고 수동적으로 받기만 하는 대신 자신 속의 능동적 자아와 접촉한다. 더 이상 질질 끄는 대신 세상에 영향을 미치기 위해 행동한다. 자신의 내면 권위를 신뢰하고, 자신의 진정

한 자아, 감정, 욕구에 눈을 뜬다. 이제 자신이 진정으로 필요로 하고 원하는 것을 대수롭지 않은 일과 본질적이지 않은 일로 대체하지 않는다. 자신의 입장, 느낌, 기호를 피력할 수 있으며 자연스러운 감사가 자신을 행동으로 이끌고 있음을 알게 된다(Brady, 1994; Wagner, 1996; Hannan, 1992).

4. 구전(口傳) 이어 가기

고등학교 100주년 기념을 위해 졸업 동문들이 행사 위원회를 발족하였다. 이 큰 기념행사를 위해서 각기 한 역할씩 분담하기로 한다. 새롭고, 참신하고, 재미있는 기념행사가 되기를 7번 유형이 제안한다. 100주년의 목표를 분명히 세우는 일이 중요하다고 3번 유형이 설득한다. 예를 들어, 지역주민에게 도움되는 학교, 학교를 빛낸 졸업생 시상하기, 100년 역사를 되돌아보는 편찬서 만들기, 기념 도서관 건립 등의 목표가 있어야 효율적인 동기부여가 된다는 것이다. 종래의 기념행사 규범을 탈피하는 영감적인 세리모니를 장식해야 사람들이 프로젝트에 대해 호기심을 가질 거라고 4번 유형이 인상적으로 말한다. 학교 100년 역사에 대한 기본정보를 모아 분석해서 논리적 기반을 확보하는 일은 5번이(누군가의 지명에 의해) 맡는다. 그렇다면 누가 메가폰을 잡고, 어려움을 마다않고 이 프로젝트를 진군해 나갈 것인가? 사람들이 모두 8번 유형을 쳐다보고, 8번 유형은 (당연하다는 듯) 고개를 끄덕이며 받아들인다. 인상 좋은 7번 유형이 홍보 사절을 맡아 여기저기 다니며 이 프로젝트의 즐거움과 희망, 에너지를 고양하는 일을 맡는다. 누가 보든지 말든지 실무를 착실하게 수행하며 맡은 바 책임을 다하는 사람이 항상 있게 마련이다. 자기 할 일만 묵묵히 수행하는 6번 유형이다. 전체과정을 체크 관리하며, 무엇이 잘못되어 가고 있는지 문제점이나 함정, 올바른 방향을 잡아낼 수 있는 사람인 1번 유형의 역할은 빠질 수 없다. 대형 프로젝트이다 보니 일을 하다 보면 아무래도 피로감이 쌓일 수 있다. 이때 온화함이나 주위의 마음을 배려하고 지원해서 힘들거나 피곤한 마음을 치유해 주는 사람인 2번 유형은 이미 시작 때부터 그 일을 하고 있었다. 목소리 높이지 않고, 지시에 따라 일하면서 팀의 인화를 위해 노력하며, 갈등이 생기지 않도록 조화롭게 일하는 9번 유형 때문에 모두들 평화롭다. 어쩌면 이렇게 기가 막히게 팀원이 잘 조직되었는지, 모두 서로 행복해하며, "이렇게 환상적일 수가!"하고 탄성을 지른다.

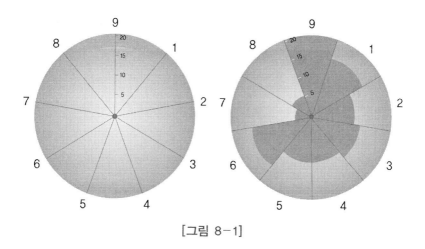

[그림 8-1]

먼저 부록을 통해 자기의 유형을 측정해 보라. 그런 다음, 20개 항목 중 각 유형에 몇 개나 해당되는지 위의 그림([그림 8-1])에 표시해 보라. 해당되는 번호를 연결하여 전체를 색칠해 보라. 어떤 사람은 가운데 부분만 진하게 색칠했을 수도 있고, 또 어떤 사람은 색깔이 왼쪽으로 몰려 있을 수도 있고, 아마 한 유형에만 색깔이 꽉 차 있는 사람도 있을 것이다. 주지한 대로 인간이 신의 얼굴이라면, 우리 내면 안에 에니어그램 아홉 가지 색깔이 골고루 들어 있다는 것을 말한다. 마치 무지개 색깔처럼 온전함, 사랑, 성취, 아름다움, 지혜, 믿음, 기쁨, 힘, 평화가 우리 마음 안에 자리잡고 있다. 오늘은 어떤 색깔의 옷을 입고 싶은가? 사랑을 입을 것인가, 기쁨을 입을 것인가? 일이 마음대로 진행되지 않을 때는 어떤 색깔의 옷을 입을 것인가? '나는 할 수 있다. 해낼 수 있다.'는 성취의 옷이 어떤가? 어쩔 수 없는 상실을 겪었는가? 몇 날 며칠이고 깊은 외로움의 늪 속에 의식적으로 빠져 있는 것은 어떤가? 남들에게 기죽은 모습을 보여 주지 않기 위해 아무 일도 없었던 것처럼 가면을 쓰기보다 4번 유형의 그 깊은 감성으로 나의 본래 모습을 유지하면 어떤가? 배신을 당했는가? 춤 테라피는 어떤가? 항상 무채색 계통의 옷을 습관적으로 입어 왔다면, 한번쯤은 전혀 의외의 색깔을 내 몸에 입혀 보면 어떨까?

주의할 것은 밤색의 옷이 자신에게 어울린다고 생각하여 밤색 톤(tone)을 유지해 온 사람이 어느 날 갑자기 전혀 다른 색깔의 옷을 입을 수는 없는 일이다. 낙관적인, 기분부전적인, 능동적인, 수동적인, 적극적인, 소극적인, 안정적인, 무반응적인, 불안한, 침착한 등의 분위기는 어느 날 갑자기 바꿀 수 있는 속성의 것이 아니다. 이것들은 거의 안정적이고 지속적이고 변화가 어려운 '성격적인' 기질이다. 성격은 그 사람의 독특한 분위기를 연출한다. 에니어그램의 원리가 우리에게 교훈하는 것은 그 분위기를 도울 수 있는 여러 색깔들이 우리 안에 주어져 있는 데 비해 활용도가 너무 없다는 것이다. 내 안에 이렇게 많은 색깔이 잠재해 있다면, 나와 관계하는 대상들도 지금 보이는 얼굴이 다가 아니다. 페르소나 너머의 진심, 사랑하고 싶고 사랑받고 싶은 마음이 진실이다.

에니어그램의 특징적인 점은 구전(口傳)에 있다. 구전의 속성은 구전에 있다. 즉, 구전은 다시 또 구전되어야 한다. 구전되다가 원래의 뜻이 왜곡될 수도 있고 오히려 와전될 수도 있다. 이것이 또 구전이 가진 특성이다. 2000년 전부터 전해 내려오던 이야기가 문서적으로 이론화될 때 그 이야기의 역동성은 현저히 줄어들 수 있다. 에니어그램은 문서화된 이론으로 배우기보다 사람들이 살아가는 '이야기'로 배워야 한다고 강조한 나란조(Naranjo)를 다시 기억하자. 영적 존재로서의 인간에 대한 통찰이 에니어그램의 출발이다. 육체적 존재로만 있을 수 없었던 조상의 영적 갈망이 에니어그램을 만들어 냈다. 갈망이 있는 사람은 정체되어 있을 수 없다. 사랑이 에너지이듯, 그래서 흘러야 하듯, 갈망도 그렇게 흐르도록 되어 있다. 우리는 끊임없이 자신이 누구인지, 어떻게 살고 싶은지, 누구랑 나누고 싶은지 묻고 또 물을 수밖에 없다. 타성에 젖어 살 수 없는 인간의 고유적 특성이 영성이다. 타성과 영성은 반비례 관계다. 타성에 젖어 그냥저냥 산다면 에니어그램은 만들어지지 않았다. 더군다나 지금까지 이렇게 전해지지도 않았을 것이다. 좀 더 의미 있게 살고 싶어 하는 인간의 간절한 욕망이 에니어그램의 기본 동기다. 그 동기에 충실하다면 에니어그램의 정신은 왜곡되지 않는다.

인간세계를 완전히 떠난 성스러운 산에서, 사막에서, 바닷가에서,

계곡에서 체험한 신을 통해 조상들이 깨달은 것은 신에 대한 더 큰 이해가 아니라 인간 자신에 대한 이해다. 신을 이해한다는 것은 곧 신성을 입고 있는 인간 자신에 대한 이해를 의미한다. 그리고 그들은 영적으로 깨달은 사람이 되어 다시 사람 사는 곳으로 내려왔다. 그들이 증언하는 신과의 만남은 곧 인간에 대한 더 큰 통찰을 의미한다. 결국 인간을 이해하는 하는 일이 신을 만나는 일이다. 인간 안에 있는 신의 빛, 그 스펙트럼을 얼마나 굴곡 없이 세상으로, 다른 인간에게 내비치고 있는지 의식적으로 깨달아 가는 일이 영적 수행이다. 종교가 없거나 종교적 언어를 싫어하는 사람은 영적 수행이라는 말이 어떤 특별한 훈련을 해야만 자신을 아는 거냐고 의문을 제기할 수 있겠다. 로어(Rohr)는 인간이 자신에 대해서 깨달음을 얻는 자연스러운 발달 단계를 40세 정도로 언급하였다. 그런 면에서 융의 입장과 같다. 인간이 중년에 들어서면 자연히 자신의 내면을 들여다보는 기회가 생기는데, 자신이 어떤 면에서 지나친지를 인식할 수 있다. 우리는 한 방향이나 한 입장에만 집착할 수 있다. 중년이 되면 자신이 충만히 살지 못했다는 것, 항상 한 가지 중심축(vector)에서만 에너지를 끌어들이며 살았다는 것, 한 종류의 현실에만 초점을 맞추고 집요하게 살았다는 것, 한 가지의 특정한 문제해결 방식만 고집하고 있었다는 것을 알아차리게 된다. 내가 살고 싶은 것 혹은 표현하고 싶었던 것은 사실 많은 의미에서 숨어 있었고, 두려워서 혹은 불안해서 피해 보려고 썼던 전략이 오히려 나를 더 크게 운행하고 있었음을 깨닫는다. 페르소나의 진실, 즉 진심은 두려워서 내면 깊숙이 숨은 데 반해, 그것을 보호하기 위한 가면이 나의 인격처럼 주인 행세를 하고 있었다는 사실 말이다.

내 마음 안에 신의 아홉 가지 속성이 모두 내재되어 있는데, 그중 하나만, 그것도 매우 왜곡되고 편파적인 방법으로 사용하고 있다니 얼마나 어리석은가? 인간 본성 안에 이 많은 것들이 다 주어졌는데, 번호(number)로만 혹은 유형(type)으로만 부르고 있다니 너무 편파적이지 않은가? 나는 번호보다 더 큰 존재, 유형보다 더 원대한 존재가 아닌가? 이제부터 나 자신을 번호로 부르지 말자. 어떤 타입으로 가두지 말자. 그 모든 번호와 타입을 넘어서 본성으로 나를 바라보자. 이제 나는 어떤 존재인가? 나에 대한 이야기를 새로 구성하자. 주변의 사랑하는 사람부터 내가 이런 사람이라는 걸 알려 주자. 나도 당신을 그런 존재로 대해 줄 것도 알려 주자. 그 어떤 것보다 사실이고 진실인 것이 다음의 나다. 누가 이렇게 말했는지는 모르겠다. 에니어그램 배울 때 누군가가 전해 주었다. 나도 그저 전할 뿐이다. 구전의 속성은 구전에 있다.

- 이 세상에서 적어도 5명은 나를 너무나 사랑해서 죽기까지 할 수 있다.
- 이 세상에 적어도 15명은 어떤 방식으로든 나를 사랑한다.
- 누군가가 나를 미워한다면, 그 미움의 유일한 이유는 나와 같이 되지 못했기 때문이다.
- 나의 미소가 누군가에게 행복을 가져다줄 수 있다. 비록 그 사람이 나를 싫어하는 사람이라 할지라도 말이다.
- 매일 밤 누군가는 잠들기 전에 나를(나에 대해서) 생각한다.
- 누군가에게 나는 세상 전부다.
- 누군가는 나 없이 인생을 살 수 없을지도 모른다.

▨ 내 자신의 방식대로 나는 매우 특별하고 고유한 사람이다.

▨ 내가 이 세상에 존재하는지도 모르는 그 누군가가 나를 사랑한
단다.

▨ 내가 큰 실수를 저지른다 할지라도, 결과는 반드시 (실수로부터)
선한 것이 나온다.

▨ 세상이 나를 등졌다고 생각했던 적이 있지만, 사실은 내가 세상을
등졌음을 인정한다.

▨ 내가 원하는 것에 대해 얻을 수 없을 거라고 생각한다면 (내 생각대
로) 얻지 못한다. 그러나 내가 내 스스로의 바람(희망)에 대해 확신
을 갖는다면 조만간에 얻을 것이다.

▨ 내가 받은 칭찬과 격려에 대해서는 항상 기억하자. 그러나 기분
나쁜 말은 흘려보내자.

▨ 내가 어떻게 느끼는지에 대해서는 항상 말하자. 그러면 사람들이
안다.

▨ 내게 좋은 친구가 있다. 꼭 시간을 내서 그(녀)에게 그 사실(당신은
괜찮은 사람이다)을 알리자.

▨ 나는 괜찮은 사람임에 틀림없다. 누군가가 이 진실(facts)에 대해
말해 주었기 때문이다.

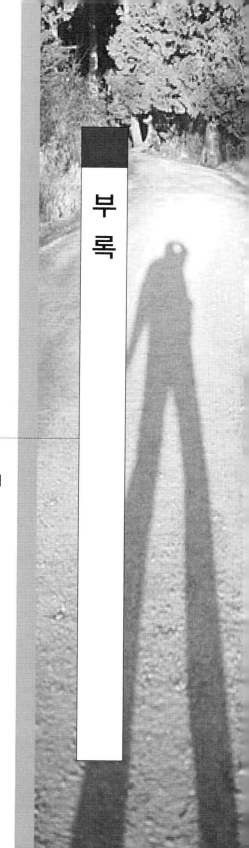

부
록

부록 1

바보게임 축어록

(A도시－베드로－본능유형, B도시－마르다－감정유형, C도시－도마－사고유형)

B형: 나는 B도시를 방문한 순간 '아, 여기구나!' 하고 단번에 느낄
수 있었어요. 무엇보다 이 도시 중심에 있는 마르다 사원에 들어
가 쿠션 좋은 의자에 앉아 보고 제 느낌을 더 믿을 수 있었죠.
사원 안에 장식되어 있는 그 아름다운 스테인드글라스 보셨어
요? 색깔이 너무 찬란하지 않아요? 당장이라도 제단 앞에서 몸
을 드려 찬양하고 싶은 거 있죠. 워십 댄스(worship dance)가 뭔
지 아세요? 사실 전 언제부터인지 그렇게 몸을 움직여 마음을
드리는 방식의 예배가 좋았거든요. 정말이지 마치 내가 마르다
가 되어 예수님의 일행을 맞고 있는 것처럼 마음이 분주하고,
흥분되고, 기쁘고, 황송하고, 어쩔 줄 모르겠는 거예요! 난 B도
시에서 살 거야!

A형: 그게 그렇게도 좋으세요? 난 그 도시가 너무 집과 사람들로 연
결되어 있어서 답답하던데요. 글쎄, 전 사람들이 서로 만나고
좋아하고 왁자지껄 대화 나누고 하는 걸 싫어하는 건 아닌데,
그래도 어떤 선(線)이 지켜지지 않으면 좀 짜증나거든요. 어떤
대의를 위해서는 모이고 함께하는 것이 좋지만, 대체적으로 사
람들은 그 대의가 끝나고 나면 자기 집으로 가야 하는데 헤어질
줄을 모르는 게 탈이죠. B도시에서는 나만이 속한 어떤 공간이
없다는 생각이 들어요.

B형: 제가 너무 호들갑을 떨었나요? 전 그저 너무 사람이 좋은 거예요. 그런데다 사람들이 서로 쳐다볼 수 있게 담이 없는 그런 집들이 연결되어 있는 게 제일 맘에 들어요. 서로 음식도 나눠 먹고, 무슨 일이 있었는지 언제라도 주고받을 수 있는 그런 환경이 전 좋거든요. 전 성냥갑 같은 아파트 삶이 그동안 얼마나 삭막했었는지, 도대체 문만 열고 들어가면 이웃에 무슨 일이 일어나는지 알 수 없잖아요. 얼마 전, 오랫동안 봐 온 아파트 경비 아저씨가 보이지 않아 새로 온 분한테 물어봤더니 글쎄, 그분이 퇴직했다는 거예요. 세상에 얼마나 미안하고 서운하든지. 수고했다는 인사도 못 드렸는데, 그렇게 하루아침에 사람이 없어져도 아파트 사람들은 모르고 관심도 없잖아요. B도시에 산다면 그런 일은 없을 거라고 생각해요. 그리고 일생에 한 번 볼까 말까 한 예수님이 오셨다는데, 연결이니 내 공간이니, 글쎄…. 전 뭐랄까. 마음 상하게 하고 싶진 않지만, 인생에서 중요한 건 사람 만나는 일 아니에요? 그리고 지금 예수님이….

A형: 다른 사람 얘기도 좀 들어 봅시다. C형, 당신은 듣고만 있을 참이에요?

C형: 글쎄, 전 딱히 그렇게 입장이 분명한 건 아녜요. 두 분 이야기 듣는 것으로도 충분하구요. 당신이 저를 C형이라고 불렀다시피 제가 C도시에 와 있군요. 꼭 C도시라고만 할 것도 없는데, A나 B가 아닌 것은 분명하니 다른 선택의 여지가 없네요.

B형: 와, 그 도시가 맘에 들어요? 지적인 것을 많이 추구하시나 봐요. 얼굴을 보니 지적으로 생기셨네요. 마리아처럼 말씀을 배우고

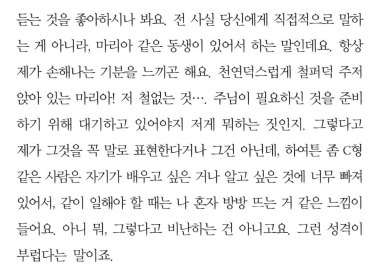

듣는 것을 좋아하시나 봐요. 전 사실 당신에게 직접적으로 말하는 게 아니라, 마리아 같은 동생이 있어서 하는 말인데요. 항상 제가 손해나는 기분을 느끼곤 해요. 천연덕스럽게 철퍼덕 주저앉아 있는 마리아! 저 철없는 것…. 주님이 필요하신 것을 준비하기 위해 대기하고 있어야지 저게 뭐하는 짓인지. 그렇다고 제가 그것을 꼭 말로 표현한다거나 그건 아닌데, 하여튼 좀 C형 같은 사람은 자기가 배우고 싶은 거나 알고 싶은 것에 너무 빠져 있어서, 같이 일해야 할 때는 나 혼자 방방 뜨는 거 같은 느낌이 들어요. 아니 뭐, 그렇다고 비난하는 건 아니고요. 그런 성격이 부럽다는 말이죠.

A형: 부러워서 C형처럼 되고 싶다는 말은 아니지요? B형이 말하면, 당신이 진짜 말하려고 하는 것이 무엇인지 잘 파악을 못하겠어요. C형이 좋다는 거예요, 싫다는 거예요? 그러니까 당신 말은 C형이 좀 이기적이라는 말이죠? 안 그래요?

B형: 어머! 그렇게 들렸나요? 아유, 그렇다면 내가 말을 잘 못했나 보네요. 난 그저 마르다 심정을 말한 것뿐인데 말이죠. 예수님이 오셨고, 너무나 뵙고 싶어 했고, 옆에 있고 싶고, 얼굴을 쳐다보며 대화 나누고 싶은 예수님. 아, 난 무엇으로 그분을 기쁘게 해드리지? 일단 발 씻을 물부터 준비하자. 그분이 배고프지 않게 살피고, 수행원들에게도 최대한 편안하게 잠자리를 봐드려야지. 잠잠히 그분을 섬기며 품어드리는 것이 은근하면서도 진정한 사랑인 거야. 음식을 준비하고, 청소를 하고, 동네 아줌마들과 함께 수다를 떨면서 기쁘고 행복한 마르다의 마음, 정말 모르겠어요? 촉각을 곤두세우고 그분의 일거수일투족을 살피면

서 예민하고 세밀하게 움직이는 마르다에게 예수님 코앞에 앉아 주제넘고 철없이 행동하는 마리아가 얼마나 한심하겠어요? 아니, 여자가 지금 해야 할 일이란 게 뻔한 거 아닌가요? 그 외에 무슨 입장이 있을 수 있어요, 이 상황에? 저 같아도 마르다처럼 움직이느라 정신이 없을 거예요. 그냥 전 누구를 비난하는 게 아니라 마르다 입장이 충분히 이해가 된다는 거죠.

C형: 그렇게 말씀하시니 듣기가 거북하네요. 마리아가 마치 철도 없고 이기적이라고 말씀하시는 것처럼 들려서요. 나 같으면 그 상황에 마리아를 택할 것 같습니다. 밥이야 항상 먹는 것이고, 예수님은 언제고 오시는 분이 아니고, 그분에 대한 세상 이야기는 무성하고, 도대체 그분이 어떤 사람인지 궁금하지 않으세요? 그 사람의 말을 직접 들어 보는 방법보다 소문의 진상을 밝히는 확실한 방법은 없다고 생각해요. 전 가십(gossip) 같은 건 싫어해요. 뒷말은 대체적으로 자기 개인의 생각이나 이해타산이 묻어 있기 마련이거든요. 사실에서 많이 벗어나기가 십상이죠. 직접 확인할 수 있는 기회가 왔는데 그것을 놓친다는 것은 너무 충동적이거나 감정적이지 않나 싶어요. 어, 제가 너무 말을 많이 하는 건 아닌가요?

A형: 그렇게 자기 의견을 정확히 얘기해 주니까 누군지 이제 알겠네요. 난 도대체 돌려서 얘기하는 사람들 말은 잘 못 알아먹겠거든요. 그러고 보니까 내가 어디에 속한지 분명히 말씀 안 드렸나요? 나는 생각해 보고 느끼고 따지고 할 것 없이 A도시예요. 난 B도시나 C도시를 구경 안 했는데도 처음에 딱 느낌이 와서 맘먹어 버렸어요. 다른 데 가 볼 것도 없이 난 여기다, 난 여기가

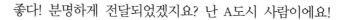

좋다! 분명하게 전달되었겠지요? 난 A도시 사람이에요!

B형: 어머 어머, 다른 곳은 가 보지도 않고 어떻게 그렇게 단박에 결정해 버릴 수 있어요? 어, 되게 성질 급하시네. 물론 나도 C도시 가기 전에 B도시에서 느낌을 가졌던 건 사실이에요. C도시에 갔을 때는 계속 B도시의 느낌이 남아 있어서, C도시에 집중이 안 될 정도였지요. 혹시 게임의 원칙이 바뀌어서 A나 C 중에서만 선택해야 된다면 어쩔까 걱정까지 했으니까요. 아까 B도시에서 더 충분히 머무르면 좋았을 걸 하고 후회하는 마음도 들고요. A형 마음도 이해해요. 사람마다 각자 성향이 있으니까요. 좋아하는 취향도 다르겠죠. 어머, 그러고 보니 내가 C도시를 잘 보기는 했나? C형, 그 도시의 어떤 점이 그렇게 맘에 들었어요? 호호.

C형: 아니, 뭐 특별히 어떤 것이라고 꼬집어서 말하기는 그렇지만, 그냥 건물들 자체가 맘에 들더군요. 특히 박물관이나 도서관이 제일 맘에 들었어요. 그 도서관 기억나요? 세상에 있는 희귀한 자료는 다 있는 것 같았어요. 그 사서 선생님 봤어요? 누가 어떤 까다로운 자료를 요청해도 일주일 안에 복사해서 고객에게 보내드린다잖아요. 프로 정신이 몸에 묻어 있는 것 같아서 신뢰감이 들더군요. 순간적으로 내 머릿속에 확인하고 싶은 질문들이 한꺼번에 떠오르기 시작하는데, 일행이 많아서 폐가 될까 봐 참았지만요. 그 도서관 가까이에서 산다고 생각하니까 뭔가 보장된 것 같은 안정감이 들었어요. 사실 우리가 모르는 게 얼마나 많습니까? 일일이 사람들에게 물어볼 수도 없는 거고.

A형: 왜 물어볼 수가 없어요? 세상에 사람 천지인데! 난 C도시가 참 삭막하던데. 세련되고 첨단 시설이 잘 되어 있긴 합디다만, 너무 자연스럽지가 않아요. 조경도 너무 인위적인 거 같던데, 못 느꼈어요? 사람들도 좀 사무적으로 보이고, 잘난 사람들같이 보이긴 했지만, 인간미가 없어 보이던데요. 전문직이라고 명찰을 달고 있는 모습이나 하나같이 사무적인 복장을 입고 있는 것이 오히려 거만하게 보여 뭔가를 부탁하거나 요구하기가 기죽던데 말이죠.

B형: (C형 눈치를 보며) 저는 C형 도시 사람들을 점잖게 봤는데…. 조용하신 분들이라고 느꼈어요. 그리고 빌딩들이 진짜 현대식이어서 놀랐어요. 사실 전 빌딩들이 너무 높아 쳐다보느라고 현기증이 날 정도였다니까요. 어떤 사람들이 그렇게 높은 빌딩들을 만들어 낼까요? 정말 머리 좋은 사람이 아니고서야 그렇게 고층 건물을 한 순간에 꼭대기까지 올라갈 수 있도록 어떻게 고안할 수 있었겠어요? 정말 대단해요!

A형: 그렇게 높은 데 올라가 봐야 뭐 합니까? 공기가 더 좋습니까? 좋은 자연환경 다 망가뜨리는 그런 빌딩 지어 놓은 인간들, 참 한심하지요. 미시간 호수를 끌어다 그 빌딩 수영장에 연결했다는 얘기 듣고 사람들은 놀라 탄성을 지르던데, 난 사실 화가 났어요. 미친 인간들, 자연을 인위적으로 그렇게 만들어 놓고 미래는 생각 못 하는 거죠. 자연환경 망쳐 놓은 인간들이 다 그렇게 머리 좋은 인간들이라니까요. 아니, 도대체 생각이 있는 거요, 없는 거요? 뭐가 좋다는 거요?

C형: (고개를 으쓱해 보이지만 말은 하고 싶지 않은 모습이다).

B형: (이쪽저쪽을 쳐다보며 어쩔 줄 몰라 한다). 재미있는 대화가 논쟁으로 가 버렸네요. 각자 생각하는 게 다를 수 있죠, 뭐. 근데, 사실 전 C도시에서 '도마 사원'을 보고 조금 주춤거리긴 했어요. 예수님 못자국 난 손을 확인하는 도마 모습의 배너가 걸려 있었잖아요. 좀 이해가 안 가는 게, 왜 하필 그런 배너를 걸어놨나 모르겠어요. 도마 같은 사람 되고 싶은 신앙인들이 어디 있겠어요? 사원 이름을 그렇게 지어 놓으면 사람들이 선뜻 오고 싶은 마음이 들까요? '도마'라는 이미지 때문에 나 같으면 좀 주저할 거 같아요.

A형: 나 같으면 '마르다 사원'에 더 안 갈 것 같은데요. 그거나 이거나 뭐가 달라요? 둘 다 사람들에게 이미지가 좋다고 말할 수는 없잖아요. 하나는 너무 허둥대고 바쁘다가 예수님한테 혼나고, 하나는 너무 의심이 많아 혼난 인물 아닌가요?

C형: 성경에 근거해서 말씀을 하셔야지요. '혼났다'고 어디에 적혀 있습니까? 너무 편파적으로 성경을 읽는 사람들이 그렇게 종종 이야기하죠. 마르다만 하더라도, 성경에 다른 모습도 함께 보시면서 이해해야지요. 하나의 인물을 이해하려면 그 인물의 배경과 또 다른 사건에는 어떻게 묘사되었는지도 충분히 살펴본 다음 판단해야 한다고 생각해요. 나사로가 죽었을 때 마르다 모습은 또 어땠는지 생각나세요?(요 11 : 17-30) 그냥 속수무책으로 울고만 있는 소극적인 마리아하고는 달리, 예수님에게 달려가 예수님이 그리스도시니까 나사로를 살릴 수 있지 않느냐고 과감하게 도전했던 장면도 있잖아요. 보통 때의 사랑 많고 사람들 챙기고 분주하고 걱정 많던 마르다의 모습이 아니지요. 그리고

도마만 하더라도 그렇죠. 예수님이 왜 도마를 열두 제자로 택했
겠습니까? 공동체를 이끌어 나가려면 반드시 행정이라는 게 필
요합니다. 조직과 공동체는 사람 좋다고만 되는 일이 아니지요.
그것을 어떻게 관리하고 재정을 효율적으로 할 것인지가 공동
체 유지의 관건이죠. 돈을 아무한테나 맡길 수 있습니까? 충동
적으로 기분이나 내는 사람에게 예수님이 돈을 맡기겠습니까?
아마 모르긴 몰라도 신중하고 책임감 있고 믿을 만해야 하지
않을까 싶네요. 글을 읽을 때 행간을 읽으라는 말이 왜 있겠습니
까? 그렇게 보이는 것만 보고 얘기하시면 곤란하죠.

A형: 아하, 이제 C형의 제 목소리가 나오기 시작하는군요. 그러니까
기분이 나쁘다 이거죠? 아, 그렇게 솔직히 얘기하면 좀 좋습니
까? 전 단순 담백해서요, 복잡하게 생각하는 거 싫어합니다. 어
쨌든 내가 보기에 B형은 자기가 하고 싶은 진짜 말보다 상황설
명을 더 장황하게 하면서 본론을 잊어버릴 때가 많아서 답답하
고요. C형은 이치 따져 가며 조용조용 차분하게 얘기하는데,
너무 계산적이라는 생각이 들어서 일단 기분이 잡쳐요. 그래서
아예 전 도마 사원 같은 데 가서 신앙생활을 하지도 않지만 말입
니다. 그들이 신앙인으로 진짜 하는 일이 뭡니까? 어디서 유명한
강사 불러다 성경공부 열심히 한다는 얘기는 들었습니다만.

C형: 조금 무례하다는 생각이 드는군요. 성경공부를 하는 것이 신앙
인의 기본 아닙니까? 말씀을 모르고 어떻게 신앙생활을 할 수
있습니까? 이스라엘의 역사, 유대인의 사고방식, 사막교부들의
영성, 개혁교회의 신학 등 사실은 우리가 신앙인이라고 하면서
모르고 믿는 것이 너무나 많습니다. 전 현대 교인들이 공부는

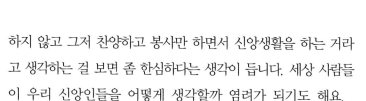

하지 않고 그저 찬양하고 봉사만 하면서 신앙생활을 하는 거라고 생각하는 걸 보면 좀 한심하다는 생각이 듭니다. 세상 사람들이 우리 신앙인들을 어떻게 생각할까 염려가 되기도 해요.

B형: 어머, 이스라엘 역사 같은 것도 다 아세요? 사막교부라는 것은 또 뭐예요? C형은 참 아는 것이 많아 부럽네요! 사실 전 성경 공부 좋아하는 타입은 아니에요. 차라리 전 봉사활동을 하는 것이 훨씬 활력 있고 신앙생활 하는 재미가 있거든요. 교회 식사 당번, 고아원 방문, 꽃 담당, 성가대 등 이렇게 활동적인 것을 좋아하죠. 저번에 어떤 강사님이 오셔서 강의하셨는데, 전 차라리 뒤에서 순서지 나누어 주며 사람들 맞아 주는 역할 맡을 걸 후회했다니까요. 그리고 어디를 가더라도 누군가 기다렸다가 반겨 주면 참 좋지 않아요? 도마 사원에 친구를 따라 간 적 있는데, 죄송하지만, 저희 마르다 사원하고 너무 다르더군요. 누가 오는지 가는지 전혀 사람들이 관심이 없는 거예요. 손님으로 간 제가 오히려 문 앞에 서서 어서 오라고 인사를 하고 싶을 정도였어요. 사람들이 얼마나 냉랭하던지 좀 민망했어요.

C형: 사람들이 너무 아는 체하고 신경을 많이 써 주는 것이 어떤 부류의 사람들에게는 부담스러울 수도 있죠. 사실 전 조용히 왔다가 슬며시 사라지는 스타일이기도 하구요. 활동적인 사람도 아니어서, 누군가 너무 친절하고 호의 있게 대해 주면 은근히 피하게 됩니다. 저번에 마르다 사원에서 건강 세미나 개최할 때 가 보기는 했었습니다. 사원 가기 전, 거리부터 교인들이 띠 두르고 나와서 친절하게 안내를 해 주더군요. 주차장이고 어디고 사람들이 어서 오라고 반겨 주는데, 사실 전 어색하고

불편해서 혼났습니다. 조용히 내버려두면 더 좋으련만, 저같이 생각하는 사람들은 역시 소수인가 봅니다. 어쨌든 세미나는 내용이 있어서 좋은 교육이라고 생각했습니다. 그렇게 교회 프로그램이 유익하다면 어느 교회고 왜 사람들이 안 가겠습니까?

A형: 성경을 공부하는 목적이 뭡니까? 좋은 일 하자는 거 아닙니까? 그 교회에서는 무슨 좋은 일을 합니까? 제가 속한 A교회에서는 항상 바자회를 하는 거 아세요? 불우한 이웃이나 세계의 굶주리는 아이들을 위해 구매운동을 해서 실질적으로 돕는 일을 하고 있어요. 배우기 좋아하는 사람치고 뭔가를 직접 하는 걸 보지 못했어요. 많이 배우면 마음이 바뀝니까? 더 좋은 일 하게 됩니까? 그리고 언제 하게 됩니까? 생각에 생각이 꼬리를 물면 무슨 좋은 수가 납니까? 생각만 하느라고 현재 일어나는 일, 해야 할 일에 얼마나 그 머리 쓰는 사람들이 참여하는지 의심스러워요. 물론 의심은 내 전공이 아니라 C형 사람들 전공이지만요.

B형: 너무 그렇게 단도직입적으로 따지고 들어오시면 C형이 얼마나 당황스러우시겠어요? 전 좀 그러니까….

A형: 그러니까 B형 당신은 C형 스타일이 좋다 이겁니까?

B형: 좋다 싫다는 것이 아니고요. 다만 A형이 너무 C형을 밀어붙인다는 생각이 들어 C형이 얼마나 당황스러울까 싶은 거죠.

C형: 아니요, 전 걱정 마십쇼. 전 어떤 것도 의견을 달리하는 것에 대해 차분히 얘기할 수 있는 분위기만 된다면 제 입장을 피력할수 있습니다. 얘기 주제가 너무 제 관심하고 멀면 할 수 없지만요. 글쎄요, A형은 저 같은 C형이 상습적으로 의심만 하는 사람

으로 매도하는 것 같군요. 뉴턴, 파스칼, 토머스 아퀴나스 등도 다 합리적이고 이성적인 사람들이죠. 크리스천 사이언스 교회(Christian Science Church)라는 데도 있잖습니까? A형은 크리스천이 이성적이거나 합리적인 것이 문제인 것처럼 말씀하시네요. 테니슨은 "정직한 의심에 믿음이 더 많다."고 말했습니다. 의문이 가는 부분에 대해서 묻는 것이, 그저 일단 믿고 보는 사람에 비해 더 정직한 거 아닙니까? 의문이 풀리면 더 확실하게 믿음 생활에 충실할 수 있지 않을까요? 세상 사람들이 신앙인들을 향해 비합리적이고 비이성적이고 비지성적이라고 말하는 것에 대해 우리가 반성해야 된다고 생각합니다. 신앙인들이 너무 몰지각하다는 얘기 아니겠습니까? 그러는 A형한테 묻고 싶네요. 베드로 사원의 어떤 점이 마음에 드십니까?

A형: 일단 교회가 살아 있잖아요. 베드로가 누굽니까? 어부잖아요? 어부는 날마다 일하는 사람이에요. 부지런해야 하는 직업이지요. 어떤 복잡하고 추상적이고 계산적인 생각이 필요가 없는 직업이에요. 그냥 살면 되는 거지요. 신앙도 그런 거죠. 누군가 뭔가 필요하면 그것을 현실적으로 주면 되는 거예요. 배고프면 먹을 것 주고, 추우면 입을 것 주고, 잠잘 데 없으면 잘 곳을 만들어 주고. 그래서 우리 교회에서는 노숙자들을 위한 쉼터도 제공하고 있어요. 교회라는 게 그런 곳 아니에요?

C형: 글쎄, A형 말씀대로 신앙이 그렇게 단순한 건지는….

A형: 제가 단순하다는 겁니까? 그래요, 나 베드로처럼 단순한 사람이에요. 단순하기 때문에 일을 망친다고 얘기하고 싶겠죠? 복잡해

서 좋은 거 뭐 있어요? 당신 같은 유형들이 베드로를 얕잡기 위해 잘 인용하는 성경 이야기(마 14 : 22-33)를 내가 알죠. 바다 속에 빠진 베드로처럼 그렇게 천방지축이라고 말하고 싶겠죠? 밤 사경에 예수께서 바다 위로 걸어서 오실 때 제자들은 예수님이 바다 위로 걸어오심을 보고 놀라 유령이라고 무서워 소리를 질렀던 얘기 말이죠? 베드로가 뭐라고 했죠? "주여, 만일 주님이 시거든 나를 명하사 물 위로 오라 하소서." 요청했고, "오라."는 주님의 말씀에 배에서 내려 물 위를 걸어가다 결국 물에 빠졌죠. '과연 주님이실까, 사람이 물 위를 걷는다는 것이 가능한 것일까' 생각해 보고 타당한 것인지 따지고 의심했다면 예수님은 이미 제자들이 있는 배에 올라 타셨을 것이고, 베드로는 물 위를 걸어 볼 수 있는 기회를 놓쳤을 겁니다. 왜 사람들은 베드로가 물에 빠져서 허우적대는 모습만 보려고 하는 거죠? 다른 제자들은 물 위로 걷는 걸 시도나 해 보았습니까? 아, 물론 베드로도 물 위를 걸어보니 무서운 생각이 들어 잠깐 그 무서움에 휘말려 버린 건 사실이에요. 그 정황에 안 무서울 인간이 어디 있습니까? 물 위를 걸었던 베드로처럼 내게 주어진 기회 앞에서 예수님은 용기 있게 행동하는 힘이 되어 주는 분이죠. 예수님이 "왜 그렇게 믿음이 없느냐?" 하고 베드로한테 나무란 말씀을 사람들은 저 같은 유형한테 많이 인용하는데, 웃겨! 어떻게 자기들이 예수님 말씀을 베드로 유형인 나한테 써? 예수님 외에는 나한테 그렇게 말할 자격 없다고요!

B형: 듣고 보니 저 같아도 물 위를 걷는 것은 아예 시도도 못할 것 같네요. 베드로는 정말 용감한 사람 같아요. 그러고 보니 A형은

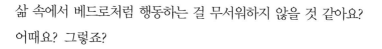

삶 속에서 베드로처럼 행동하는 걸 무서워하지 않을 것 같아요? 어때요? 그렇죠?

A형: 물 위를 일단 걷기로 작정한 베드로처럼 예수님은 내게 용기 있게 행동하는 힘이 되어 주시죠. 베드로처럼 저도 주어진 기회 앞에서 머뭇거리지 않는 유형입니다. 한번 해야겠다고 마음을 먹으면 반드시 실행에 옮기고 말죠. 내 남편은 늘 많이 생각하고 궁리하고 상황을 좀 더 고려해 본 후 행동해야 한다면서 내가 하려는 행동을 저지하곤 했어요. 그러나 일 주일, 한 달을 두고 생각하면서 비교해 보고도 결정을 내리지 않고 시간을 보내는 세월이 얼마나 많았는데요. 다가온 기회를 놓치면서 보낸 그 허송세월이 나는 아까운 사람이에요. 기회라는 것은 시간을 여유 있게 주면서 결정을 내릴 때까지 기다려 주는 것이 아니거든요. 내가 넓은 집을 살 수 있었던 것, 사업을 시작하고 확장할 수 있었던 것 등은 그 좋은 예라고 할 수 있죠.

B형: 이야기가 흥미진진해지는군요. 제가 잠깐 가서 커피 좀 가져올게요. 전 사실 사람들하고 얘기 나누는 것이 더없이 행복하거든요. (다녀와서) 제가 이야기를 잘랐으면 어떡하죠? A형, 집 장만한 얘기 좀 해 줘요.

A형: 제가 너무 잘난 체하는 건 아닌지 모르겠네요. 제 솔직한 얘기가 도움이 되신다면, 해 보죠. 사춘기 때 가정형편이 어려워 좁은 방에서 지낸 저는 넓고 큰 집을 가지고 싶은 소망이 늘 있었죠. 결혼은 나의 소망인 넓은 집을 만들어 가는 과정과 종착지라고 생각했어요. 신혼살림을 손바닥만한 전세로 시작했어요. 기업

의 평범한 사원으로 근무하는 남편의 월급으로 넓은 평수의 아파트로 이사 가는 건 어림없는 일이었죠. 나는 매일 아침 신문에 끼어 오는 아파트 분양 광고지를 통해 분양 대금이 저렴하면서도 평수 넓은 아파트를 찾아내어 분양을 받고 이사를 다니기 시작했어요. 중도금을 내기 위해 네 식구가 반지하 셋방으로 이사 가는 것도 개의치 않았습니다. 결혼 십 년 동안 여덟 번 이사를 다니면서 아파트를 마련한 이후에도 만족할 수 없었던 나는 작은 토지를 구입해서 삼 층짜리 단독주택을 지었죠. 남편의 월급, 중도금을 낼 수 없는 경제적 상황, 반지하 셋방 생활의 불편함 등을 생각했다면 넓은 집을 가지려는 내 꿈은 이룰 수 없었을 겁니다. 난 결심했고, 시행했고, 감당했죠.

B형: 정말 대단하네요! 어떻게 십 년에 여덟 번 이사를! 어떻게 그럴 수가 있는 거죠? 그런데다 그렇게 어렸을 때 힘들었던 얘기까지 해 주시니 정말 더 가까워진 느낌이에요. 어쩜 그렇게 솔직하세요. 그렇지 않아요, C형? 어렸을 때 C형은 어땠어요? 공부만 하는 아이였어요? 부모님들은 어떠셨어요?

C형: 전 남한테 저의 사적인 얘기를 잘 하지 않습니다. 그리고 할 얘기도 많지 않고요. A형, 전 이사 과정에 대한 당신 남편의 반응이 궁금합니다. 사실 저 같으면 너무 무리하는 건 아닌지, 전 안정이 보장되지 않은 일은 투자 안 하는 성미거든요. 무리해서 일을 하다 보면 원칙이나 규범을 벗어나는 예들이 종종 있고요. 사기도 당할 수 있는 거잖습니까? 그리고 사실 여자들은 세상 돌아가는 것에 좀 어둡기도 해서 통장이나 도장은 절대 쥐어 주면 안 된다고 하는 것이 저의 철칙이어서요.

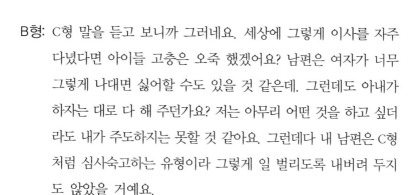

B형: C형 말을 듣고 보니까 그러네요. 세상에 그렇게 이사를 자주 다녔다면 아이들 고충은 오죽 했겠어요? 남편은 여자가 너무 그렇게 나대면 싫어할 수도 있을 것 같은데. 그런데도 아내가 하자는 대로 다 해 주던가요? 저는 아무리 어떤 것을 하고 싶더라도 내가 주도하지는 못할 것 같아요. 그런데다 내 남편은 C형처럼 심사숙고하는 유형이라 그렇게 일 벌리도록 내버려 두지도 않았을 거예요.

A형: 어떤 일을 결심해서 실행하려면 왜 고충이 없겠어요? 그런 저런 거 눈치 보고 따지면 난 아마 지금도 그 자리를 맴돌고 있을 거예요. 물론 중도금을 못 내고 남의 돈 빌려 쓰다 낭패 본 적도 있어요. 그렇지만 후회하지 않아요, 결국 내가 했던 방법 외에는 달리 길이 없다고 생각했으니까요.

B형: C형은 제 남편이랑 비슷한 거 같아요. 생각을 많이 하고 조심스럽게 사태를 바라보려고 하는 것도 그렇고요. A형은 그런 남편을 어떻게 설득할 수 있었는지 궁금해요. 그렇게 이성적이고 합리적인 사람을 설득하는 방법은 결국 C형에게서 배워야 하지 않을까요? C형, 당신이 그 전략 좀 가르쳐 줄래요? 호호, 저 표정 좀 봐, 다시 진지해지면서 몸 사리잖아요. 호호, 염려 마세요, 해답 달라는 거 아니고 그냥 물어본 것뿐이에요. 나는 결코 남편을 설득해 낼 수 없을 거예요. 논쟁했다 하면 항상 나는 방방 뜨고, 그 사람은 냉정해져서 도대체 싸움이 되지도 않아요. 내가 할 수 있는 방법이란, 어쩌든지 남편 비위를 맞춰서 그 사람이 주도하게끔 아부를 떨고 별별 서비스를 다해 주죠. 어떤 면에서 전 아부도 능력이라고 생각해요. 나서서 하고 싶지 않은 내 이기

적인 마음이 사실 있거든요. 막후조정을 하면서 제 능력을 발휘하곤 하죠. 보조자와 조력자가 내 역할로 적당하다고 생각하거든요.

C형: 현명한 처세라고 봅니다. B형은 제가 보기에 너무 감정적이에요. 세상은 감정으로 살다가는 다치기 십상인 곳이고요. 등쳐먹고 사는 사람들도 많고, 어느 것 하나 안전하다고 보장할 수 있는 것이 없어요. 얼마나 많은 재난과 재해와 전쟁이 일어납니까? 그런 곳에서 살 방도란 그저 믿을 만한 것이 무엇인지, 누구를 믿어야 하겠는지, 합리적으로 잘 따져 보고 신용을 잘 다져놔야 하는 거죠. 충동이나 기분으로 나대다간 신용불량자 되기 딱 알맞은 세상이죠. 감정의 변화가 심한 만큼 중심을 잃게 되고, 그런 만큼 그르치는 일이 많죠.

B형: C형 얘기는 제가 생각이 모자란다는 말인가요? 나댄다는 말은 정말 듣기가 거북하네요. 듣다 보니까 슬슬 기분이 나빠져요.

C형: 또 감정적이 되는 겁니다. 제가 괜한 참견을 했나 봅니다. 전 그저 이 세상이 얼마나 위험한 곳인지 조심하고 경계하라는 말씀을 드리고 싶었던 겁니다.

B형: (톤이 높아지며) 참, 기가 막혀! 언제까지 인생을 그런 태도로 살 거예요? 당신은 자신이 현자라도 되는 줄 아나 보죠? 당신 아내는 어떤 유형인지 모르지만, 속 꽤나 터지겠네요. 생각만 줄기장창 하고 앉았고, 어떤 행동도 좀처럼 나오지 않는 당신과 같이 살다가는 부드럽고 착했던 사람도 거세질 수밖에 없다는 걸 왜 몰라요? 윙크를 하는지, 코맹맹이 소리를 하는지 마음을

읽기는커녕, 자기 속에 갇혀서 세월아 네월아 탱자처럼 유유자적한 이 남편 아저씨! 이게 남편인지, 옆집 아저씬지, 하숙생인지, 기가 막힌 서비스와 기찬 요리로 기분 좋게 해 주려 해도 좀처럼 감정은 올라오지 않고, 그저 덤덤히 먹고, 그저 꿈벅꿈벅 소처럼 쳐다만 보는 이 답답하고도 느린 별난 족속! 사는 맛과 멋이 뭔지 알아요? 사랑이 오고가는 다이내믹한 묘미를 아느냐 말이에요! 산사에 정좌하고 앉아서 도나 닦지 그래요? 세상과 격리되서 살아야만 할 것 같은 홀로 있는 사람들! 세상은 말이지 그렇게 사는 것이 아니라고요. 서로 오고가며, 밥을 함께 나누고, 필요를 서로 채워 주며, 관계를 하며 사는 게 진짜 사는 거지, 도대체 그 속에는 뭐가 들어앉았는지! 세상을 사람답게 살려면 적어도 감정을 주고받으며 기쁜지 슬픈지를 서로 나눠야 되는 거 아니에요? 제가 감정적이라고요? 참, 나.

C형: 아니, 왜 A형은 이런 상황에 나서지 않는 겁니까? 아까는 잘도 남의 말 가로채며 자기주장을 잘하시더만, 왜 이런 상황에서는 아무 말 안하는지 모르겠네요.

A형: 내가 나서야 될 때였다면 분명 나섰지요. 안 나서는 게 좋다고 본능적으로 판단이 되던데요. 왜요, 그 잘난 머리 빙빙 굴려 보시지 그래요! B형이 화를 내니까 달리 보이는데요. 계속 '여기 말이 옳다, 저기 말이 옳다.' 하면서 주관도 없고 입장도 없고 아부만 하는 것 같더니만 그런 표현하니까 아주 시원해요. 그 남편 얘기 좀 더해 봐요. 속이 다 시원하네!

B형: 자르르 윤기 도는 맛있는 밥을 하면 이걸 나눠 먹어야 할 사람이

줄줄이 굴비처럼 엮어지고, 이 나누는 기쁨에 나는 기분이 흥얼
흥얼하는데, 이 인정머리 없는 도마 같은 남편은 그저 "우리나
먹지." 하면서 나누는 기쁨도 모른다니까요. 그렇게 삭막하게
자기 속에 갇혀 어찌 이 세상을 살아가려는지. 주위에 소중한
사람들이 많으니 얼마나 사람 사는 것 같고 정감 넘치냐고요.
생일에 선물 하나 주는 친구 없이, 그저 유유자적 모든 것이
괜찮다는 저 태도는 정말이지 지겨워요. 그러면서도 자기는
친구들하고는 친하다고 그래요. 고작 1년에 한두 번 만나고,
전화도 연락도 안 하는 친구가 무슨 친구냐고요. 외톨이 인생
이지. 날 좀 봐요. 적어도 내게 무슨 일 있으면, 도와줄 친구가
몇이고, 선배 후배까지 몇인 줄 알아요? 혼자 꽁생원처럼 결론
도 없는 생각만 계속 해대고 그저 입 다물고 있는 내 남편을 보면
도대체 뭘 하는 건지! 무슨 일 생기면 결국 내가 다 나서서 수습하
고, 아는 사람 동원해서 도움 청하고, 발 빠르게 움직이고 대응하
잖아요. 나만큼만 해 보라고 해요. 감정적인 사람은 사리분별
못해요? 혼자만 편하면 뭐해요. 사람들이 자기를 어찌 보는지도
모르고, 속 터지는 인간!

A형: C형, 뭐라고 말씀 좀 하시지 그러세요? 전 싸움을 붙이려고 그러
는 게 아니고, 단지 C형의 마음을 알고 싶거든요. 우리 둘 다
자기 얘기를 할 만큼 했다고 생각하는데, C형은 자기 얘기를
전혀 안 하고 듣고만 있으니 마치 우리만 속없는 사람이 된 기분
이에요. 뭐라고 한 마디 하셔야 되는 거 아니에요?

C형: 글쎄, 제가 무슨 비밀이라도 품고 있는 사람처럼 말씀하시네요.
전 그저 할 말이 별로 없어서 말을 안 할 뿐입니다. 두 분 얘기에

대해서 제가 어디 가서 가십 삼을 리도 없고요. 전 아까 B형처럼 갑자기 공격을 해 오면 어떻게 방어해야 할지 모르겠어요. 방법을 모르겠어서 말을 못할 뿐입니다. 뭔가 말을 하려면 전 좀 시간이 걸리거든요. 두 분처럼 상황마다 빨리빨리 말이 안 나오는 것이 제 성격인데, 어쩌란 말입니까?

A형: 자신이 신중한 사람이라는 걸 그런 식으로 말씀하시는 겁니까?

C형: 저한테서 반응을 바라신다면, 예의를 좀 지켜 주시면 좋겠습니다. 지금 전 뭔가 위협받고 채근받는 것 같아서 불편합니다. 이 대화에서 빠지고 싶은 마음도 들고요. 왠지 제가 두 분께 적절한 대화 상대가 아니라는 생각이 듭니다. 이쯤해서 전 물러나는 게 좋겠네요.

A형: 당신은 항상 그런 식으로 회피하면서 좀 더 점잖은 사람이 되는 모양이죠?

C형: 당신은 항상 그렇게 맞서면서 자신의 존재를 나타내야 합니까? 그러면 그럴수록 사람들이 당신을 부담스러워하거나 피한다는 것을 왜 알지 못하지요?

B형: 어머 어머, 잠깐만요. 우리 이런 식으로 대화하면 나중에 어떻게 서로 얼굴 보지요? 전 이런 상황이 너무 불편해요. 저 자신을 어떻게 처신해야 할지 몰라 허둥대게 되거든요. 제발 서로 얼굴 붉히지 말아요. 어머, 어떡해! 뭐, 차 한 잔 더 할래요?

(A형과 C형 둘 다 말을 않는다. B형은 뭔가 마실 것을 가지러 바삐 움직인다.)

부록 2

유형 확인 설문지

🔲 1번 유형

1. 자신의 결점을 고치려고 노력한다.
2. 모든 것이 깔끔하게 정리되어 있지 않으면 짜증이 난다.
3. 시간낭비라고 여겨지는 일이나 만남 등은 피하려고 한다.
4. 더 잘할 수 있는데 왜 못하냐고 자기 자신이나 주위 사람들을 자주 나무란다.
5. 작은 실수나 결점에도 신경이 쓰인다.
6. 편한 마음으로 쉬지 못하고 농담이나 조크를 잘 못한다.
7. 자기 자신만의 평가기준으로 자신과 남들을 평가하고 비판한다.
8. 쓸데없는 군걱정이 많다.
9. 모든 일에 솔직하고 정직하고자 한다.
10. 거짓말이나 속임수 등 정도에 벗어나는 일은 하고 싶지 않다.
11. 정확한 것이 중요하다.
12. 해야 할 일이 많은데 시간이 부족해 항상 조급해진다.
13. 시간을 어떻게 활용했는지 세세히 체크해 보곤 한다.
14. 꼼꼼하고 성실하며 정직하지만 소심하다.
15. 공정하지 못한 일이 생기면 당혹스럽고 고민에 빠진다.
16. 자기발전에 대한 욕구가 강하며 자신은 더욱더 발전해야 한다.
17. 남에게 인정받기 전에 우선 자기 자신부터 완전무결해야 한다.
18. 다른 사람들뿐만 아니라 자기 자신도 완전하지 못해 불만스럽다.

19. '올바른가 그른가' 또는 '좋은가 나쁜가'라는 기준으로 사물을 본다.
20. 나쁜 짓(도덕 윤리적으로)은 도저히 용납할 수 없다고 다짐하곤 한다.

🎲 2번 유형

1. 받는 것보다 주는 것이 더 편하다.
2. 사람들이 어떻게 할 것인지를 미리 헤아려서 그에 맞추어 행동할 때가 있다.
3. 항상 타인에게 필요한 존재가 되고 싶다.
4. 때때로 사람들이 나에게 과도하게 의존하는 것을 느낀다.
5. 사람들이 나의 조언과 지도를 편안하게 얻기를 바란다.
6. 사람들이 곤경에 빠지거나 고통스러워하면 도와주고 싶다.
7. 좋든 싫든 상관없이, 주위에 있는 사람들을 신경 쓰고 돌봐 주곤 한다.
8. 친밀감을 얻지 못하면 슬퍼지고 상처받으며, 내가 중요하지 않은 존재라는 느낌이 든다.
9. 사람들이 나를 의지하는 것은 기쁘지만, 무거운 짐으로 느껴질 때도 있다.
10. 정작 자신의 일은 뒤로 미루기 십상이다.
11. 사람들이 내게서 편안해하고 환영받는다고 느끼는 것을 중요하게 생각한다.
12. 항상 누군가의 곁에 있다는 느낌을 갖고 싶다.
13. 고맙다는 말을 기대했는데 그렇지 못하면 자신이 희생된 것처럼 느껴진다.

14. 사랑을 주고받는 것이야 말로 인생에서 가장 중요하다.

15. 사람들에게 봉사함으로써 내 자신이 그들의 인생에서 소중한 존재로 여겨지기를 바란다.

16. 곤경에 빠진 사람들을 돕기 위해 자신의 개인적인 시간, 돈, 자원을 종종 할애한다.

17. 주위 사람들이 보이는 반응에 민감하다.

18. 내 자신만의 욕구(돈, 성, 애정 등)에 대해 죄의식을 느낀다.

19. 중요한 사람이나 권위자들에게 인정받기를 원한다.

20. 누구도 소외시키지 않고 섬세하고 재치 있게 일을 처리하고 싶어 한다.

🎲 3번 유형

1. 항상 무엇인가 해야 즐겁다.

2. 동료들과 함께 일하는 것이 좋고 나 역시 좋은 동료가 되고 싶다.

3. 일에 관해서는 능력 있는 전문가가 되고 싶다.

4. 목표달성을 위해서는 조직적이고 효율적인 대처가 중요하다.

5. 항상 성공적으로 일을 처리해 왔다.

6. 항상 메모하면서 스케줄을 관리하는 편이다.

7. 성과를 이루기 위해 당장 해야 할 일이 무엇인지 잘 알고 있으며, 일을 척척 해내는 행동력을 남들이 부러워한다.

8. 스스로 결정하는 능력도 있지만 임기응변으로 의견을 바꿀 수도 있다.

9. 목표를 달성하기 위해 때로는 상대방에 맞춰 타협한다.

10. 과거의 실패나 잘못보다는 장래를 이야기하고 싶다.

11. 자신이 하고 있는 일에 대해 다른 사람이 부정적으로 말하면 정말 싫다.

12. 한 가지 일을 지속적으로 하기보다 새로운 일을 시작하는 쪽이 즐겁다.

13. 남들로부터 설득력이 있다는 소리를 종종 듣는다.

14. 자신의 일과 역할을 소중히 생각하며, 유능한 자신의 모습을 확인하고 싶다.

15. 주위 사람들은 나에 대해 능력 있고 자기주장을 할 줄 아는 사람이라고 말한다.

16. 첫 인상, 경제적 안정은 아주 중요하다.

17. 무대체질이어서 다른 사람들의 눈에 뜨일 때 실력이 발휘된다.

18. 내 주변 사람들을 실력 있게 만들고 동기를 부여해 주는 것을 좋아한다.

19. 나는 외모가 중요하다고 생각하며 좋은 이미지를 유지하려 애쓴다.

20. 때때로 내 감정과 대면하는 일이 어려울 때가 있다.

🎲 4번 유형

1. 많은 사람들이 인생의 진정한 아름다움과 기쁨을 느끼지 못하는 것 같다.

2. 자신의 과거에 깊은 슬픔을 느끼고, 그래서 자신이 비극의 주인공 같다.

3. 항상 자연스럽고 있는 그대로 행동하고 싶지만 잘 안 된다.

4. 상징적인 것에 마음이 끌린다.

5. 다른 사람들은 나만큼 사물(사건)을 깊이 있게 이해하지 못하는 것 같다.

6. 친구들은 인생을 바라보는 나의 남다른 시각을 좋아한다.

7. 좋은 매너, 품위 유지, 고상한 취미를 중요하게 생각한다.

8. 내 주변의 분위기를 중요하게 여긴다.

9. 인생은 연극 무대이고, 나는 무대에서 연기를 하고 있는 듯한 느낌이다.

10. 자신을 평범한 사람이라고는 생각하고 싶지 않다.

11. 상실, 죽음, 아름다움, 고통 등을 생각하면, 그만 깊은 사색에 잠겨 버린다.

12. 일반적이고 진부한 표현으로는 자신의 감정을 충분히 나타낼 수 없다.

13. 인간관계가 잘 풀리지 않는 것에 대해 남들보다 고민을 더 하는 것 같다.

14. 나의 직관을 소중하게 여기며 그것에 의존한다.

15. 어딘지 모르게 도도하게 구는 구석이 있다고 남들한테 비난받을 때가 있다.

16. 감정이 고양되다가도 갑자기 침울해지는 등 기복이 심하지만 오히려 이런 것이 내게 생동감을 느끼게 한다.

17. 사람들은 나를 보고 연극하듯이 행동한다고 하지만, 그들은 내가 어떻게 생각하고 느끼는지 전혀 이해하지 못한다.

18. 예술이나 미적 표현은 자신의 감정을 표현하는 수단으로 대단히 중요하다.

19. 나의 진정한 자아를 찾아 아름다운 삶을 살고 싶다.

20. 언젠가 진정한 사랑이 찾아올 날을 갈망하고 있다.

5번 유형

1. 내 스스로도 그렇고, 가까운 사람들도 내가 감정 표현에 미숙하다고 한다.
2. 언젠가는 필요할 것 같아 물건들을 모아 두는 편이다.
3. 명확한 주제가 없는 대화는 싫다.
4. 주장을 밀고 나가거나 공격하는 것을 내켜 하지 않으며 목소리 큰 사람을 싫어한다.
5. 갑자기 어떻게 생각하느냐는 질문을 받으면 당혹스럽다.
6. 일상생활에서도 나만의 시간과 공간을 가지는 것이 중요하다.
7. 나는 눈에 띄지 않는 사람 같다. 누군가 나를 주목하면 당황스럽다.
8. 어떤 일에 직접 뛰어들기 전에 남들이 하는 것을 관찰하는 경향이 있다.
9. 혼자 있는 시간을 좋아 한다.
10. 다른 사람들과 비교해 자신은 아주 침착한 편이다.
11. 먼저 다른 사람들에게 접근하지 못하고 남들에게 부탁하는 일도 하지 못하는 편이다.
12. 문제가 생기면 스스로 해결하는 편이 마음 편하다.
13. 오랫동안 사람들과 함께 있으면 쉽게 피곤해지며 사교모임을 싫어한다.
14. 사물을 종합적으로 보거나 여러 의견들을 하나로 정리하기 좋아 한다.
15. 시간과 금전에 관해서는 인색하다.
16. 조용조용 이야기하는 편이라 좀 크게 말해 달라는 말을 듣는 경우가 있다.
17. 사람들한테 주는 정보보다 얻는 정보가 많다.

18. 스스로 귀찮은 문제를 만들고 말았을 때는, 바보 같은 짓을 했다고 자책한다.
19. 나는 비판과 판단에 민감하다는 사실을 눈치 채이고 싶지 않다.
20. 부정적이고 냉소적이고 의심이 많은 부분이 있다.

🎲 6번 유형

1. 어떤 분야의 권위자가 옆에 있으면 신경이 예민해진다.
2. 마음에 의심이 생겨 고통스러울 때가 자주 있다.
3. 명확한 지침을 갖고 자신의 입장을 파악해 두고 싶다.
4. 항상 위험에 대비하며 최악의 상황을 예상하고 대비해 두는 편이다.
5. 주저하다가도 갑자기 어려운 상황에 느닷없이 뛰어드는 때가 있다.
6. 무엇인가 잘못된 것은 없는지 항상 자문하며, 안절부절 못하고 좌불안석일 때가 있다.
7. 남의 비판을 자신에 대한 공격이라고 느낄 때가 종종 있다.
8. 배우자나 동료가 무슨 생각을 하고 있는지 걱정하는 경우가 많다.
9. 마음만 먹으면 분골쇄신해 희생적으로 봉사할 수 있다.
10. 나는 책임감 있게 일하는 믿을 만한 사람이 되고 싶다.
11. 규칙은 엄격하게 지킨다. 그러면서 규칙을 어기기도 한다.
12. 친밀한 관계에서 입장이 약해질수록 자질구레한 걱정이 많아지고 화를 내게 된다.
13. 일을 질질 끌거나 아니면 앞뒤 생각 없이 무턱대고 뛰어들어 때로는 위험한 상황에 빠지는 경향이 있다.
14. 칭찬하거나 달래면서 조종하려 드는 사람을 금방 알아볼 수 있다.
15. 예측 가능한 일을 좋아한다.
16. 스스로 자신의 성공을 방해해 왔다고 생각한다.

17. 좋을 때나 나쁠 때나 변함없이 다른 사람들을 도울 수 있다.
18. 나는 허세 부리거나 야심이 많은 사람들을 싫어한다.
19. 내 가족과 친구에게 충실한 사람이 되고 싶다.
20. 위협을 받으면 움츠러들거나(공포 순응형) 거칠게 행동한다(공포 대항형).

🎲 7번 유형

1. 나는 인생을 충분히 즐기기를 원하며, 자유가 제한되는 것을 매우 싫어한다.
2. 내가 원하는 일을 할 때는 지루한 줄 모르지만 보통 쉽게 지루해진다.
3. 나는 정력적인 사람이며 호기심이 많은 사람이다.
4. 다른 사람들이 어떻게 생각하는지는 별로 관심이 없으며 항상 행복하다.
5. 나는 다른 사람들보다 슬픔과 고통을 쉽게 회복하는 편이다.
6. 사람들이 지쳐 있을 때 기운을 북돋아 주고 사물의 밝은 면을 보게 해 주려고 한다.
7. 흥분되는 일과 여행을 좋아한다.
8. 의무감이나 강요당하는 것을 유난히 싫어한다.
9. 무엇이든지 즐거운 것이 좋으며 어두운 이야기는 듣고 싶지 않다.
10. 계속 한 가지 일에서 다른 일로 옮아 가는 편이며 계속 움직이기를 좋아한다.
11. 고생에서 얻는 교훈보다는 즐거움으로 가득 찬 인생을 살고 싶다.
12. 큰 열정을 가지고 미래의 여러 가지 일을 계획하고 싶다.

13. 한 가지 일에 전문가는 아니지만 여러 가지 일을 대충 어느 정도 하는 편이다.

14. 대부분의 사람들을 좋아하는 편이며 그들도 나를 좋아하는 편이다.

15. 나와 비슷하게 잘 놀 줄 아는 명랑한 사람을 금방 알아본다.

16. 말과 행동으로 모험을 감행한다.

17. 모든 일은 항상 좋은 방향으로 가기 마련이다.

18. 만나는 사람에게 적대감을 느끼는 적이 별로 없다.

19. 재치를 중요하게 여기며 나 자신도 재치 있는 사람이다.

20. 할 수만 있으면 싫은 일(대상)은 피하고 싶다.

🎲 8번 유형

1. 자신을 위해서 또는 대의를 위하여 싸우는 것을 겁내지 않는다.

2. 타인의 약점을 빨리 알아차리며 나를 공격해 올 경우 그 약점을 공격한다.

3. 사람들과 대결하는 것을 두려워하지 않으며 실제로 자주 대결하는 편이다.

4. 나는 순응하기 어려운 인간이다.

5. 의리와 도리를 중요하게 생각한다.

6. 내 밑에 있는 사람들, 나를 의지하는 사람들에 대한 책임감이 강하여 보호해 준다.

7. 나는 뒤끝이 없는 단순한 사람이다.

8. 자기반성이나 자기분석에는 별로 관심이 없는 편이다.

9. 맞수가 되는 상대가 있을 때 힘이 솟아난다.

10. 나는 나 자신을 있는 그대로 보여 주는 사람이다.

11. 나는 쉽게 타협하지 않는 사람이다.

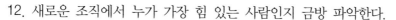

12. 새로운 조직에서 누가 가장 힘 있는 사람인지 금방 파악한다.

13. 상냥함, 품위, 부드러움 등을 표현하는 것이 쉽지 않다.

14. 나는 자기 권리를 스스로 힘 있게 지키는 사람을 존중한다.

15. 나에게 지나치게 잘해 주거나 아부하는 사람을 좋아하지 않는다.

16. 어떤 사람과 편한 관계가 되면, 친밀감을 표현한다는 것이 언쟁으로 갈 때가 있다.

17. 잘난 척 하는 사람을 보면 깨부수고 싶다.

18. 나를 이용하거나 조롱하는 사람을 가만두지 않는다.

19. 어떤 사람들은 내가 가만히 있으면 무섭다고 말한다.

20. 매사가 어떻게 되어야 당연한지 잘 알고 있다. 그래서 불만을 표시한다.

9번 유형

1. 사람들은 나를 느긋하고 편한 사람으로 보지만 사실은 종종 불안을 느낀다.

2. 정말 해야 할 일 대신 시시하고 별로 중요하지 않은 일로 시간을 보낼 때가 있다.

3. 갈등이 생기면 맞서기보다는 피하는 편이다.

4. 어떤 일을 할 때 힘을 아낄 수 있는 방법을 이리저리 궁리한다.

5. 할 일이 없으면 하루 종일 빈둥거릴 수 있고, 일을 시작하려면 외부의 자극이 필요하다.

6. 나는 감정에 좌우되지 않는 공평한 중재자다. 내가 보기에는 양편이 별 다를 것이 없다.

7. 대부분 가장 장애물이 없고 무난한 길을 택한다.

8. 사람들의 흥분을 가라앉히기 위해 상대방의 의견대로 행동할 때가 많다.

9. 나는 쉽게 흥분하지 않는 편이며 냉소적인 면이 있다.

10. '누울 수 있는데 왜 앉아 있으며, 앉을 수 있는데 왜 서 있나?', 나의 모토다.

11. 누군가 강요하거나 명령하면 꾸물대거나 못 들은 척, 수동적으로 공격할 때가 있다.

12. 마지막 순간까지 일을 미루지만 결국에는 일을 마무리한다.

13. 나는 침착하고 느긋한 사람이며 그 점을 자랑스럽게 여긴다.

14. 자기 자신을 그렇게 중요한 사람이라고 생각하지 않는다.

15. 내일까지 기다릴 수 없다고 조급해하는 일은 없다.

16. 주변에서 일어나는 불쾌한 일에 신경을 꺼 버릴 때가 있다.

17. 모든 선택의 이로운 점과 불리한 점을 다 알고 있기 때문에 쉽게 결정하지 못한다.

18. 그 정도의 일로 문제를 복잡하게 만들지 말라는 것이 평상시의 내 태도다.

19. 다른 사람과 같이 있을 때, 내가 무엇을 원하는지 정확히 알기 힘들다.

20. 나는 서로 지지하는 평화로운 관계와 상태를 좋아한다.

참고문헌

권석만(2003). 현대 이상심리학. 서울: 학지사.

노안영, 강영신(2002). 성격심리학. 서울: 학지사.

박용주 역(1998). 잃어버린 나를 찾아서. 서울: 하나의학사.

변혜정 편(2006). 섹슈얼리티 강의, 두 번째. 서울: 동녘.

윤운성 외(2003). 에니어그램: 이해와 적용. 서울: 학지사.

이강옥(2003). 에니어그램 이야기: 내면의 빛을 향하여. 서울: 중앙적성출판사.

이부영(1999). 그림자: 우리 마음속의 어두운 반려자. 서울: 한길사.

_____(2001). 아니마와 아니무스. 서울: 한길사.

_____(2002). 자기와 자기실현. 서울: 한길사.

이순자(2003). 구르지예프, 베어 및 리소의 에니어그램 비교. 창원대학교 대학원 박사학위논문.

최정윤, 박경, 서혜희(2006). 이상심리학(2판). 서울: 학지사.

한국성폭력상담소 엮음(1993). 섹슈얼리티 강의. 서울: 동녘.

허성준(2003). 수도전통에 따른 렉시오 디비나. 서울: 분도출판사.

Addison, Howard (1998). *The Enneagram and Kabbalah: Reading Your Soul.* Woodstock, Vermont: Jewish Lights Publishing.

_____ (2001). *Cast In God's Image: Discover Your Personality Type Using the Enneagram and Kabbalah.* Woodstock, Vermont: Jewish Lights Publishing.

Arendt, H. (2006). 예루살렘의 아이히만: 악의 평범성에 대한 보고서(김선욱 역). 서울: 한길사.

Beck, A. (1967). *Depression: Causes and Treatment.* Philadelphia: University of Pennsylvania Press.

Beck, A., Steer, R., & Brown, G. (1996). *Beck Depression Inventory-II.* San Antonio, Texas; The Psychological Corporation.

Beesing, Maria & Nogosek, Robert (1984). *The Enneagram: A Journey of Discovery*. Denville, NJ: Dimension Books.

Bennett, J. G. (1983). *Enneagram Studies*. York Beach, Maine: Samuel Weiser.

Berne, E. (1978). *Games People Play: The Basic Handbook of Transactional Analysis*. New York: Ballantine Books.

Bower, Sharon Anthony (1994). *The Assertive Advantage: A Guide to Healthy and Positive Communication*. Shawnee Mission, KS: National Press Publications.

Brady, Loretta (1991). The Enneagram: A Guide To Know Yourself and Understand Others. Tabor Publishing.

_____ (1994). *Beginning Your Enneagram Journey with Self-Observation*. Allen, Texas: Thomas More.

_____ (1997). *Finding Yourself On the Enneagram*. Allen, Texas: Thomas More.

Brame, Grace A. (1999). *Faith, The Yes of the Heart*. Boston, MA: Cowley Publications.

Brettler, Marc (2005). *How To Read The Bible*. Philadelphia: The Jewish Publication Society.

Capacchione, Lucia (1988). *Recovery of Your Inner Child: The Highly Acclaimed Method for Liberating Your Inner Child*. Cambria, CA: A Fireside Book.

Chodorow, J. (2003). 춤 · 동작치료와 심층심리학: 융 분석심리학적 접근에 의한 동작 상상(임용자 외 공역). 서울: 물병자리.

Conn, Walter (1998). *The Desiring Self: Rooting Pastoral Counseling and Spiritual Direction in Self-Transcendence*. New York/Mahwah, NJ: Paulist Press.

Dayringer, Richard (2000). *Life Cycle: Psychological and Theological Perceptions.* Binghamton, New York: The Haworth Press.

Donovan, Denis & Mclntyre, Deborah (1990). *Healing the Hurt Child: A Developmental-Contextual Approach.* London: W.W. Norton & Company.

Fitchett, George (1993). *Assessing Spiritual Needs: A Guide For Care-givers.* Minneapolis: Augsburg Fortress.

Fonagy, P. (2005). 애착이론과 정신분석(반건호 역). 서울: 도서출판 빈센트.

Framo, James (1992). *Family-of-Origin Therapy: An Intergenerational Approach.* New York, NY: Brunner/Mazel Publishers.

Frey, Diane & Carlock, Jesse (ed.). (1989). *Enhancing Self Esteem.* Muncie, Indiana: Accelerated Development Inc.

Gilligan, C. (1982). *In A Different Voice: Psychological Theory And Women's Development.* Cambridge, Massachusetts: Harvard University Press.

_____ (1977). "Concepts of the Self and of Morality." *Harvard Educational Review. Vol. 47,* 481-517.

_____ (1979). "Women's Place in Man's Cycle." *Harvard Educational Review. Vol. 49,* 431-446.

Gottman, John (1999). *The Marriage Clinic: A Scientifically Based Marital Therapy.* New York: W. W. Norton & Company.

_____ (2001). *The Relationship Cure: A 5 Steps Guide to Strengthening Your Marriage, Family, and Friendship.* New York: Three Rivers Press.

Gray, John (2000). *Practical Miracles For Mars & Venus: Nine Principles For Lasting Love, Increasing Success And Vibrant Health In The 21st Century.* New York: HarperLargePrint.

Greenspan, M. (1995). 우리 속에 숨어 있는 힘(고석주 역). 도서출판 또 하나의 문화.

Hallamish, Moshe (1992). *An Introduction To The Kabbalah.* Albany: State University of New York Press.

Halprin, A. (2002). 치유 예술로서의 춤: 동작과 이미지를 통한 치유(임용자, 김용량 공역). 서울: 물병자리.

Hannan, Peter (1992). *Nine Faces Of God.* Blackrock, Ireland: The Columbia Press.

Harary, Keith & Donahue, Eileen (1994). *Who Do You Think You Are?* New York, NY: HarperCollins Publishers.

Hideko, S. (1998). 9가지 성격(전태경 역). 서울: 대청출판사.

Horney, K. (1987). 자기분석(이태승 역). 서울: 민지사.

_____(2006). 신경증적 갈등에 대한 정신분석(이희경 역). 서울: 학지사.

Hurley, Kathy & Theodore Dobson (1991). *What's My Type?: Use the Enneagram System of 9 Personality Types.* New York, NY: HarperCollins Publishers.

_____ (1993). *My Best Self: Using the Enneagram to Free the Soul.* New York, NY: HarperCollins Publishers.

_____ (2000). *Discover Your Soul Potential: Using the Enneagram to Awaken Spiritual Vitality.* Lakewood, Colorado: WindWalker Press.

Jacobi, Jolande (1971). *The Psychology of C. G. Jung.* New Haven: Yale University Press.

Johnston, A. A. (2003). 달빛 아래서의 만찬(노진선 역). 서울: 도서출판 넥서스.

Jongeward, Dorothy & Scott, Dru (1997). 교류분석에 의한 여성의 개인 성장 프로그램(우재현 외 공역). 대구: 정암서원.

Jung, C. (1968). *Analytical Psychology, Its Theory And Practice.* New York: Pantheon.

Kaplan, A. G., & Sedeney, M. A. (1988). 성의 심리학(김태련 외 공역). 서울: 이화여대출판부.

Keating, Charles (1987). *Who We Are Is How We Pray: Matching Personality and Spirituality.* Mystic, CT: Twenty-Third Publication.

Keirsey, David & Bates, Marilyn (1984). *Please Understand Me: Character & Temperament Types.* Del Mar, CA: Prometheus Nemesis Book Company.

Keyes, Margaret (1991). *The Enneagram Relationship Workbook.* Novato, California: Molysdatur Books.

Kozlowski, Joseph (1997). *Spiritual Direction & Spiritual Director.* CA: Queenship Publishing Company.

Kushner, Lawrence (2000). *Honey from the Rock.* Woodstock, Vermont: Jewish Lights Publishing.

LaCocque, Andre (1990). *The Feminine Unconventional: Four Subversive Figures in Israel's Tradition.* Minneapolis: Fortress.

Levinson, D., Darrow, C., Klein, E., Levinson, M., & McKee, B. T. (1996). 남자가 겪는 인생의 사계절(김애순 역). 서울: 이화여대출판부.

Marrone, M. (2005). 애착이론과 심리치료(이민희 역). 서울: 시그마프레스.

McGraw, Phillip (2000). *The Relationship Rescue Workbook: Exercises and Self-Tests to Help You Reconnect with Your Partner.* New York, NY: Hyperion.

Mckay, M., & Fanning, P. (1996). 나를 사랑하기: 자기존중감 향상법(홍경자 역). 서울: 교육과학사.

Metz, Barbara & Burchill, John (1987). *The Enneagram and Prayer: Discovering Our True Selves Before God.* Denville, NJ: Dimension Books.

Miller, W. (2000). 섀도: 당신 속의 어두운 그림자와 친구가 되라(백상열 역). 서울: 대한기독교서회.

Montgomery, Dan (1995). *God & Your Personality*. Boston, Massachusetts: Pauline Books & Media.

Moore, Robert & Gillette, Douglas (1990). *King Warrior Magician Lover: Rediscovering The Archetypes Of The Mature Masculine*. New York: HarperSanFrancisco.

Muuss, R. E. (1999). 청년발달의 이론(정옥분 외 공역). 서울: 양서원.

Myers, Isabel Briggs & Myers, Peter (1995). *Gifts Differing: Understanding Personality Type*. Palo Alto, California: Davies-Black Publishing.

Naranjo, Claudio (1995). *Enneatypes in Psychotherapy*. Prescott, Arizona.

Ouspensky, P. D. (2005). 위대한 가르침을 찾아서(오성근 역). 서울: 김영사.

Palmer, Helen (1995). *The Anneagram In Love & Work: Understanding Your Intimate & Business Relationships*. New York, NY: HarperCollins Publishers.

Palmer, Helen & Brown, Paul (1997). *The Enneagram Advantage: Putting the 9 Personality Types to Work in the Office*. New York: NY, Three Rivers Press.

Ponce, C. (2000). 카발라: 비밀의 유대 신비주의(조하선 역). 서울: 물병자리.

Prichard, Rebecca (1999). *Sensing the Spirit: The Holy Spirit in Feminist Perspective*. St. Louis, Missouri, Chalice Press.

Rakoczy, Susan (1992). *Common Journey, Different Paths: Spiritual Direction in Cross-Cultural Perspective*. Maryknoll, New York: Orbis Books.

Riso, Don Richard (1990). *Understanding the Enneagram: The Practical Guide to Personality Types*. Boston: Houghton Mifflin Company.

_____ (1995). *Discovering Your Personality Type.* Boston: Houghton Mifflin Company.

Riso, Don Richard & Hudson, Russ (1996). *Personality Types.* Boston: Houghton Mifflin Company.

_____ (1999). *The Wisdom of the Enneagram: The Complete Guide to Psychological and Spiritual Growth for the Nine Personality Types.* New York: Bantam Book.

Rogacion, M. R. E. (1990). 에니어그램(이정순 역). 서울: 성서와 함께.

Rohr, Richard (1995). *Enneagram II: Advancing Spiritual Discernment.* New York, NY: Crossroad Publishing Company.

Rohr, Richard & Ebert, Andreas (1990). *Discovering The Enneagram: An Ancient Tool for a New Spiritual Journey.* New York, NY: The Crossroads Company.

Sarason Irwin & Sarason Barbara (2001). 이상심리학(김은정 외 공역). 서울: 학지사.

Scholem, Gershom (1987). *Origins Of The Kaballah.* Philadelphia: Jewish Publication Society.

Seidman, Richard (1999). *The Oracle of Kabbalah: Mystical Teachings of the Hebrew Letters.* New York: NY, St. Martin's Press.

Sims, A. (2000). 마음의 증상과 징후: 기술 정신병리학 입문(김용식 외 공역). 서울: 중앙문화사.

Sullivan, Harry (1953). *The Interpersonal Theory of Psychiatry.* New York: Norton.

_____ (1972). *Personal Psychopathology.* New York: Norton.

Starr, F., & Zucker, J. (2003). 꿈(남경태 역). 서울: 휴머니스트.

Tannen, Deborah (1990). *You Just Don't Understand: Women and Men in Conversation.* New York: Ballantine Books.

Tokayer, M. (1995). 유태인의 성공법(진웅기 역). 서울: 범우사.

Wagele, Elizabeth (1997). *The Enneagram of Parenting: The 9 Types of Children and How to Raise Them Successfully.* New York, NY: HarperCollins Publishers.

Wagele, Elizabeth & Baron, Renee (1995). *Are You My Type, Am I Yours?: Relationships Made Easy Through the Enneagram.* New York, NY: HarperCollins Publishers.

Wagner, Jerome (1992). *Two Windows On The Self.* Kansas City, MO: Credence Cassettes.

_____ (1996). *The Enneagram Spectrum of Personality Types.* Portland, OR: Metamorphous Press.

Weber, S. (1998). 남자의 마음을 받쳐주는 네 기둥: 왕, 군사, 맨토, 친구(최재훈 역). 도서출판 디모데.

WHO (1994). ICD-10 정신 및 행태장애(이부영 역). 서울: 일조각.

Yanov, Arthur (1973). *The Primal Scream Therapy.* London: Sphere.

_____ (1982). *Prisoners of Pain.* London: Sphere.

Zuercher, S. (2002). 에니어그램: 동반여정(김성웅 역). 서울: 다른 우리.

찾아보기

저자 소개

■ 고 영 순

한신대학교/동 대학원 신학과 졸업
McCormick Theological Seminary(MATS) 목회상담전공
Chicago Theological Seminary(Ph.D.) 목회상담전공
상명대, 서울사이버대, 명지대, 한신대 강사 역임
서울 가정법원 전문상담위원
한국목회상담협회(KAPC) 감독회원
크리스찬치유상담연구원 교수
숭실대학교 겸임교수

페르소나의 진실
-에니어그램의 성격심리-

2007년 3월 26일 1판 1쇄 인쇄
2007년 3월 31일 1판 1쇄 발행

지은이 · 고영순
펴낸이 · 김진환
펴낸곳 · 학지사
121-837 서울특별시 마포구 서교동 352-29 마인드월드빌딩 5층
대표전화 · 02)326-1500 / 팩스 02)324-2345
홈페이지 · http://www.hakjisa.co.kr
등   록 · 1992년 2월 19일 제2-1329호

ISBN 978-89-5891-450-1 03180

정가 13,000원

저자와의 협약으로 인지를 생략합니다.
잘못된 책은 구입처에서 교환하여 드립니다.

인터넷 학술논문 원문 서비스 뉴논문 www.newnonmun.com